MARIA INÊS ROSA

PENUMBRA: EXPERIÊNCIA MEMÓRIA DESCARTE DO TRABALHADOR

São Paulo, 2014

© Maria Inês Rosa, 2014
Biblioteca aula | Musa Sociologia | Volume 2

Projeto gráfico miolo Icléia Alves Cury
Capa Raquel Matsushita sobre *La mer*, Gustave Courbet (1872).
Diagramação Oficina Editorial

Edição conforme o Novo Acordo Ortográfico da Língua Portuguesa.

Dados Internacionais de Catalogação na Publicação (CIP)
Bibliotecária Juliana Farias Motta CRB7- 5880

R788p Rosa, Maria Inês.
    Penumbra : experiência memória : descarte do trabalhador / Maria Inês Rosa. – São Paulo : Musa, 2014.

    xvi, 218 p. (Biblioteca aula/ Musa sociologia; v. 2)
    Inclui bibliografia.
    ISBN: 978-85-7871-017-0

    1. Sociologia. 2. Trabalho – Aspectos sociais. 3. Trabalhadores – Condições sociais. 4. Poder e Subjetividade (Ciências Sociais). 5. Relações humanas – Aspectos sociais. 6. Desemprego. I. Título. III. Série.

                                                                  CDD – 301

Índice para catálogo sistemático:
1. Sociologia 301
2. Trabalho – Aspectos sociais 311.110981

Todos os direitos reservados.
Impresso no Brasil, 1ª edição, 2014.

Musa Editora Ltda.
Tel/fax (5511) 3862.6435
musaeditora@uol.com.br
www.musaambulante.com.br |
www.musaeditora.com.br

Em memória de meus irmãos,
Laodicena P. Rosa Ferreira e
Santo J. Rosa

O homem não é jamais um começo.
Todo homem é um herdeiro.
Norbert Elias. *Qu'est-ce que la Sociologie?*
La Tour d'Aigues: Ed. de L'Aube, 1991. p. 34

Sumário

Agradecimentos   IX

Prefácio   XI

Capítulo 1 Palavras introdutórias: a condição social do trabalhador   1
  1.1 Permanências, mudanças   1
  1.2 Palavra – Testemunha da condição social do trabalhador   17

Capítulo 2 Tempo de vida de não desemprego: transmissão, experiência, regime de trabalho assalariado   23
  2.1 Transmissão de conhecimentos e valores sem dimensão: não ruptura entre gerações   23
    2.1.1 Suspensão da hospitalidade: palavra instrumentalizada – hostilidade   60
  2.2 Regime de trabalho despótico e língua do código de fábrica   70
    2.2.1 De algumas situações   70
  2.3 Interregno   89
  2.4 Mudanças e liminaridade   90

Capítulo 3 Tempo de vida de desemprego: descarte do trabalhador e experiências   117
  3.1 Busca de emprego   117
    3.1.1 Condensação, penumbra, solidão   117
    3.1.2 O trabalho avulso   139
    3.1.3 A longa duração do tempo de vida de desemprego   140
      3.1.3.1 O embuste   144
      3.1.3.2 Não registro na Carteira de Trabalho   145
      3.1.3.3 Peregrinações, desesperanças, esperanças   148

Epílogo   189
1 Recomeço   189
2 Na penumbra, a "voz silenciosa" da justiça: sua promessa   194

Referências bibliográficas   211

Agradecimentos

A minha gratidão para algumas pessoas que contribuíram afetiva e intelectualmente à realização deste trabalho.

Ao trabalhador, pelos seus testemunhos, cujas palavras teceram a sua narração. Sem a sua presença não teria sido possível a realização da pesquisa nem as nossas palavras escritas na narração, ora apresentada.

A Dra. Dora Landa, nossa Coordenadora de estudos de Psicanálise e Psicanalista, que, nas especificidades das atividades de trabalho real nestes espaços, acompanhou os nossos vaivéns intelectuais e afetivos. Ideias foram colocadas e trocadas.

A Arlete de Jesus Brito, pela amizade e a curiosidade intelectual pelos caminhos que construíamos e percorríamos em nossas reflexões.

A pessoas, amigas e conhecidas, que nos indagavam sobre o andamento de nosso trabalho, um modo de manifestação de seu interesse.

A Marina H.P. Fernandes Cilumbriello, pela digitação dos manuscritos dos capítulos 1 e 2.

A pessoas, anteriores a esse momento, que foram nossos professores, pelas disciplinas ministradas: José de Souza Martins (Sociologia da Vida Cotidiana, 1975, Curso de Ciências Sociais, FFLCH-USP), Michel Thiollent (Sociologia do Trabalho, 1977, Curso de Pós-graduação, Mestrado em Sociologia, IFCH-Unicamp), Sérgio Adorno (Legalidade e Moralidade na Construção da Ordem Social Burguesa, 1988, Curso de Pós-graduação, Doutorado em Sociologia, FFLCH-USP). Nesses encontros, heranças intelectuais foram transmitidas para nossa formação acadêmica.

Prefácio

A condição social, humana, do trabalhador é mais uma vez objeto de nossas reflexões.

As palavras, e em interdependência com os silêncios, na narração dos testemunhos do trabalhador, que apresentamos, permitiu-nos desenvolvê-las no entrecruzamento com as palavras escritas de nossa narração. A palavra, *testemunha* que é nos testemunhos, conduziu-nos à apreensão de mudanças e permanências internas ao uso de si capitalístico, do homem, nessa condição, no tempo de vida de não desemprego/de trabalho assalariado e no tempo de vida de desemprego. Esse arco da vida do trabalhador estende-se da adolescência, com quinze anos, até a sua plena maturidade, aos cinquenta e um anos de idade. Nesse momento, não mais se encontrava sob as injunções do tempo de vida de desemprego de longa duração, e submetido que estivera à situação de penúria à sua sobrevivência imediata e de seus dependentes. A *sua* palavra sobre esses tempos *diz* de si e do outro, visto que ela *é* relação ao outro. Nessa sua particularidade, ela declina a história pessoal do trabalhador e, juntamente, a de outros trabalhadores que, como ele, viveram e vivem as coerções, pressões, injunções desse uso, nesses tempos. Declina, em suma, a "história social individual" e/ou a memória "social individual" do *Si*: eu, tu, ele, ela, nós, vós, eles, elas – da classe trabalhadora, de sua condição social, no passado recente e no presente que, no entanto, se transportam aos caminhos mais longínquos dessa história. Palavra declinada pela manifestação desse trabalhador, fazendo-a a partir de si próprio, vale dizer, de suas singularidades, biografia, formação, experiências, memória – de sua subjetividade –, tecendo análises, explicações, apresentando dúvidas, desesperanças, esperanças, e expressando sofrimentos vividos nesses tempos de vida sob essa condição, que é a sua e a do outro.

Essa declinação, narração, abarca as décadas de 70, 80, 90 do século XX, e a primeira deste século, adentrando-se na década presente e, por conseguinte, abrange aqueles tempos de vida do trabalhador. Sob aquelas mudanças e permanências do uso de si capitalístico, destacamos, dentre outros aspectos, do tempo de vida de não desemprego os (re)encontros entre as gerações adulta e jovem e o desenrolar da *transmissão* de uma *herança* que é social (coletiva) e individual e, pela palavra, relação ao outro que é, e em sua hospitalidade. Têm lugar nessa transmissão os valores sem dimensão/imateriais, do bem comum, e, pois, não mercantis, e os de uma língua particular, a de ofício; um e outro são interdependentes entre si e se interpenetram. Experiências coletivas e individuais constroem-se, renovam-se, modificam-se e sedimentam-se. A não ruptura entre gerações faz-se presente. Esses (re)encontros e esses desdobramentos são postos em xeque, e, juntamente, aprofunda-se e generaliza-se o descarte do trabalhador e de suas experiências construídas e amealhadas ao longo do tempo de vida de não desemprego, de trabalho. E o são pelas mudanças nesse uso que se figuraram desde aquelas décadas até o presente momento, no quadro das relações capital e trabalho e a da troca da compra/venda da força de trabalho. O tempo de vida de desemprego em que foi lançado o trabalhador, sobressaindo o de longa duração, é consequência dessas mudanças. Nesse tempo, esteve "na penumbra", segundo suas palavras.

    Essas mudanças se dão para além das fronteiras nacionais, ou seja, abrangem o "mundo do trabalho" capitalista, não importando a região e país, todos são interdependentes entre si, sem o que não se teria configurado o modo de produção capitalista e suas relações humanas, aí incluídas essas relações e as de trabalho. Instaura-se o desemprego generalizado e crônico. O trabalhador é tido como supérfluo e, na crise atual desse modo e de seu sistema econômico, ampliam-se esse descarte e essa ruptura entre gerações. Suspendem-se aqueles (re)encontros de experiências mútuas, empobrecendo-as. Empobrece-se o trabalhador não somente por ser reduzido ao estrito campo da necessidade, mas ao da "pobreza de experiência".

    Os caminhos que percorremos, ao longo da narração do texto, debruçam-se sobre esses aspectos e outros deles decorrentes. Têm como constantes as relações capital e trabalho (no espaço do *locus* de trabalho) e a sua antessala, a da compra/venda da força de trabalho, e as consideramos interdependentes entre si, como o é o segundo polo da primeira relação, o trabalho. Essa virá à tona no tempo de vida de não desemprego, sob o regime de trabalho assalariado. Já essa segunda relação se mostrará no tempo de vida de desemprego, e em sua crueza, tentando reduzir o trabalhador desempregado à posição de *homo clausus* e àquela situação de penúria, ambas minoradas pela manifestação e prática de valores sem dimensão, em relações interpessoais por parte de pessoas que lhe são próximas. Dentre esses valores, destacam-se os da hospitalidade/amizade e da preocupação com o outro, o trabalhador.

Ver-se-á que ambos os tempos e/ou essas relações, com as especificidades que lhes são próprias, movem-se sob a concepção e representação do corpo do homem, na condição de trabalhador assalariado, assimilado ao funcionamento de uma máquina. São elas *herdeiras* de uma outra concepção e representação do corpo humano nessa condição e na qualidade de escravo, aquelas que o consideraram "uma máquina animada". Continuidade, no tempo, da *transmissão* da abstração e da negação do trabalhador como *sujeito* – de seu corpo-si/corpo-próprio – e "mestre do possível" – que é, no uso que dele é feito, a esse questionando e opondo-se. Elas respaldam o descarte do trabalhador e, pois, suas experiências, como se faz com uma máquina já obsoleta e desgastada. O dinheiro, equivalente geral da relação social da troca mercantil e capitalista, também realiza essas abstrações e negação e as garante, e as reproduz, sob a forma salário, nessa relação de compra/venda da força de trabalho. O uso de si capitalístico, do trabalhador, acrescenta mais dinheiro ao despendido nessa transação graças ao tempo de trabalho excedente, não pago, a mais valia. Sob a égide dessa continuidade que é também a dessas relações sociais, configurou-se o poder despótico do capital sobre o trabalho cuja língua é a do "código de fábrica", interno ao quadro hierárquico e de mando das relações de trabalho, conformando o regime de trabalho, o assalariado. As mudanças nesse uso os reconfiguram, porém o mesmo ocorre com os usos possíveis que aí *se* faz o trabalhador, na condição de sujeito e "mestre do possível" que é nessas relações.

Fizemo-nos acompanhar das palavras escritas de autores vários, calcadas em campos de conhecimentos distintos. E cada uma, em suas particularidades, contribuíram com nossas reflexões, entendimento, análise de aspectos, que reputamos fundamentais, da condição social, humana, do trabalhador na sociedade em que estamos mergulhados, plasmada que está pela tendência, a dominância, da hostilidade em direção ao outro sob essa condição. Tremula a "voz silenciosa", antes da palavra, da justiça que porta a hospitalidade e a responsabilidade do "Um-para-outro", nas relações humanas.

CAPÍTULO 1

Palavras introdutórias: a condição social do trabalhador

1.1 Permanências, mudanças

Perguntamos ao trabalhador, operário, profissão Fresador-Ferramenteiro: como vivera esses meses no desemprego? – "Na penumbra"[1]. No momento em que proferiu essas palavras, trabalhava e usufruía da relação de emprego e de seu desdobramento jurídico, o contrato de trabalho, que atesta o vínculo empregatício oriundo dessa relação[2]. Dito de outro modo, havia o registro dessa relação por meio desse contrato no seu documento Carteira de Trabalho e Previdência Social[3], prova institucional-legal, primeira, do tempo de vida de não desemprego, de trabalho, na condição de trabalhador assalariado.

A condição de trabalhador assalariado precede essa relação e esse desdobramento jurídico. Ela é da ordem de um longo processo histórico que resulta no despojamento do trabalhador das condições de trabalho e de existência, obrigando-o a se colocar no mercado, o de trabalho, para a venda de seu único bem, do qual não foi despojado, a sua capacidade de trabalho ou força de trabalho. Ela se

---

[1] Essas palavras foram ditas, escutadas e escritas em nosso Diário de campo exatamente em 1º/05/2006, dia em que se comemora o Dia do Trabalhador.
[2] ROSA, Maria Inês. *A indústria brasileira na década de 60: as transformações nas relações de trabalho e a estabilidade (de emprego)*. Dissertação (Mestrado em Sociologia). Instituto de Filosofia e Ciências Humanas, Universidade Estadual de Campinas, 1982. f. 144-224.
[3] No decorrer da narração de nosso trabalho, referiremos a esse documento pelos dois primeiros termos: Carteira de Trabalho.

tornara mercadoria. Vende-a para o dono, proprietário do dinheiro e dessas condições. Aí já se instaura a relação social da troca mercantil capitalista: de um lado, o trabalhador que tem de próprio essa mercadoria e, de outro, o proprietário dos meios de produção, meios de trabalho, e do dinheiro.

A relação trabalho e capital é uma relação social construída nesse longo processo histórico e dele resultante. Referir-se às categorias capital e trabalho é, já, remeter-se a esse processo e considerar cada um dos termos como relação social e/ou relação humana e, em (inter)dependência, configurando essa relação: a relação capital *e* trabalho. Ela é constituída e mediada por esse processo histórico e suas mudanças até o momento presente. Inaugura-se *nessa* relação social da troca mercantil capitalista, e efetiva-se no processo imediato de trabalho pelo uso da mercadoria força de trabalho[4]. Porém é o uso de Si, do ser/do "sujeito"[5] por inteiro que é convocado nesse uso, o que resulta ser o trabalho não somente execução, porque uso dessa mercadoria, mas também uso de si por outro:

> (...) quando se diz que o trabalho é uso de si, isso quer dizer que ele é o lugar de um problema, de uma tensão problemática, de um espaço de possíveis sempre a se negociar: há não excecução mas uso, e isso supõe um espectro contínuo de modalidades. *É o indivíduo no seu ser que é convocado*; são, mesmo

---

[4] MARX, Karl. *O Capital (Crítica da Economia Política). Livro 1: O processo de produção capitalista. Vol. 1*. Rio de Janeiro: Civilização Brasileira, 1971. cap. I, p. 41-93; cap.II, p. 94-104.; ROSA, Maria Inês. *Trabalho, subjetividade e poder*. São Paulo: Editora da Universidade de São Paulo/Letras & Letras, 1994. passim; IDEM, Uso de si no trabalho e densificação: nova modalidade. In: FIGARO, Roseli. (Org.). *Gestão da Comunicação no mundo do trabalho, educação, terceiro setor e cooperativismo*. São Paulo: Atlas, 2005. p.117-134, particularmente p. 124. Sobre a relação trabalho e capital ou relação capital e trabalho, confrontar nota 90, capítulo 2; nota 58, capítulo 3, a seguir.

[5] SCHWARTZ, Yves. Travail et usage de soi. In: IDEM, SCHWARTZ, Yves. *Travail et philosophie. Convocations mutuelles*. Toulouse: Octares, 1992. p. 43-66. Publicado: *Próposições*, Campinas, vol.11, n. 2 (32), jul-2000. p. 34-50; ROSA, Maria Inês. *Usos de si e testemunhos de trabalhadores. Com estudo crítico da Sociologia Industrial e da Reestruturação Produtiva*. São Paulo: Letras & Letras, 2004. particularmente cap.4, p. 123-149; cap.5, p.161-227; cap. 6, p. 229-240; IDEM, Usos de si no trabalho e densificação: nova modalidade. In: FÍGARO, Roseli. (Org.). *Gestão da comunicação no mundo do trabalho, educação, terceiro setor e cooperativismo*. p. 121-133. A palavra sujeito é colocada entre aspas porque as subjetividades social e individual são sempre inacabadas, tal qual a sociedade humana, de acordo com Norbert Elias. Cf. do autor: *Qu'est-ce que la sociologie?* La Tour d'Aigues: Ed. de l'Aube, 1991, p. 223. Disso compartilhamos, entretanto, no transcurso da narração de nosso trabalho, dispensaremos as aspas, mas sempre tendo na memória essas incompletudes.

no inaparente, recursos e capacidades infinitamente mais vastos que os que são explicitados, que a tarefa cotidiana requer, mesmo que este apelo possa ser globalmente esterilizante em relação às virtualidades individuais. Há uma demanda específica e incontornável feita a uma entidade que se supõe de algum modo uma livre disposição de um capital pessoal. Tal é a justificação da palavra "uso" e tal é aqui a forma indiscutível de *manifestação de um "sujeito"*[6].

Esse uso de si por outro é uso de si capitalístico[7], pelo capitalista e, em seu nome, por seus representantes no quadro da divisão hierárquica funcional nos setores de produção e da administração, na empresa, estendendo-se para o quadro mais amplo da divisão social do trabalho.

A condição de trabalhador assalariado não diz respeito estritamente à relação de emprego e ao seu desdobramento jurídico, o contrato de trabalho, mas a esse processo histórico-social e econômico da relação capital e trabalho e/ou desse processo histórico de despojamento[8], que reduz o homem, sob essa condição, a possuidor da mercadoria força de trabalho. Todavia, o trabalhador ter o registro dessa relação, sob forma desse contrato, na Carteira de Trabalho, significa ter as garantias tanto de direitos, sob a forma salário[9] e de salários indiretos[10], quanto de

---

6 SCHWARTZ, Yves. Travail et usage de soi. In: IDEM, *Travail et philosophie. Convocations mutuelles.* p. 53 (destaques nossos). Publicado: *Pró-posições*, Campinas, v. 11, n.2 (32), jul.-2000. p. 41; ROSA, Maria Inês. *Usos de si e testemunhos de trabalhadores. Com estudo crítico da Sociologia Industrial e da Reestruturação Produtiva.* cap. 4, p.136-137.

7 Referiremos, no transcurso da narração de nosso trabalho, ao uso de si por outro enquanto uso de si capitalístico, do trabalhador, o que significa o uso de si pelo capital.

8 MARX, Karl. *O capital (Crítica da Economia Política). Livro 1: O processo de produção capitalista. Vol. 1.* cap. I, p. 41-93; cap.II, p. 94-104; IDEM, *O Capital (Crítica de Economia Política). Livro 1: O processo de produção capitalista. Vol. 2.* Rio de Janeiro: Civilização Brasileira, 1971. cap. XXIV, p. 828-882; SIMMEL, Georg. *Philosophie de l'argent.* Paris: PUF, 1987. passim. Esse autor analisa esse processo histórico em torno, sobretudo, da relação social da troca até a sua complexificação pelo meio, e único, o dinheiro na qualidade de equivalente geral e constitutivo da vida e das subjetividade social e individual.

9 MARX. Karl. *O Capital (Crítica da Economia Política). Livro 1: O processo de produção capitalista. Vol. 2.* cap. XVII: p. 617-625; IDEM, *O capital (Crítica da Economia Política). Livro 1: O processo de produção capitalista. Vol.1.* cap. I, p. 41-93, particularmente p. 79-93; cap. IV, p.165-197; cap. V, p. 201-223; GERAS, Norman. Essência e aparência: aspectos da análise da mercadoria em Marx. In: COHN, Gabriel. (Org.). *SOCIOLOGIA: para ler os clássicos.* Rio de Janeiro: LTC Ed., 1977. p. 259-282.

10 Constituem-se em "salários indiretos" porque integram a forma salário. Cf. ROSA, Maria Inês. *A indústria brasileira na década de 60: as transformações nas relações de trabalho e a estabilidade (de emprego).* cap. 1, f. 52-143, particularmente f. 81-106.

conquistas de regulamentação histórico-social sob o Direito do Trabalho daquela relação social de troca, a da compra/venda da mercadoria força de trabalho. A particularidade dessa última está no fato de, graças àquele uso de si capitalístico, do trabalhador, acrescentar mais dinheiro ao despendido com a sua compra por meio de tempo de trabalho excedente, não pago, a mais valia[11]. Trabalhar sem esse registro, como ocorreu com esse trabalhador e tantos outros[12], constitui sus-

---

11 Cf. nota 9 do presente capítulo. Cf. nota 14 do presente capítulo, a seguir.
12 Cf. LÚCIO, Clemente Ganz; SOUZA, Marcelo Galiza Pereira de; MAIA, Rosane de Almeida. *A informalidade e o movimento sindical.* São Paulo: (S.N.), 2009. 20 p. site http://www.dieese.org.br/cedoc/026370.pdf, 07/11/2012. Salienta-se o debate sobre a "informalidade" no mercado de trabalho em que se situa esses trabalhadores sem quaisquer direitos previstos na legislação do Direito do Trabalho (CLT) e proteções legais correspondentes. Eles não têm registro na Carteira de Trabalho, expressão institucional-legal do vínculo empregatício, sob o contrato de trabalho. Destaca-se a crescente existência de trabalhadores desenvolvendo atividades de trabalho real na "informalidade" e nessa condição de não sujeito de direito. Isso já constitui o "fenômeno da informalidade", segundo os autores, cuja (re)produção se dão em relação de interdependência e interpenetração com o chamado "assalariamento padrão" (setor formal), em que os trabalhadores usufruem esses direitos. Nos interstícios dessas situações de trabalho e, pois, dessa relação são consideradas a existência de outras e diversas situações de trabalho, todas constituindo e caracterizando a lógica em que se (re)produz a economia capitalista brasileira. Depreende-se que esse "fenômeno" é a deslegalização e o que se denomina de "flexibilização" dos direitos do trabalhador (da CLT). Já em 2005, houve um crescimento significativo desse "fenômeno" e, pois, de trabalhadores sem esses registro e vínculo empregatício: "Para o total de ocupações do país (90,9 milhões), 41,2% eram formais e 58,8% informais (...)" (p. 4-5). Remetemos o leitor para as notas 7, 17 do capítulo 3. Elas se reportam a análise empreendida por Karl Marx sobre o "exército de reserva" ou "superpopulação relativa" ou, ainda "população trabalhadora excedente" e as caracteriza em torno de três categorias. Salienta que elas são constitutivas do modo de produção capitalista e de sua reprodução e, pois, de seus regimes econômico e de trabalho assalariado e estão em relação de interdependência entre si e com a população, que no momento, não integra esse "exército". Essas situações sofrem mudanças em função mesmo dos interesses do capital e de sua (re)produção bem como aquela outra situação, a que não as integra, diretamente. Uma dessas categorias é a estagnada. Cremos que a situação de tempo de vida de não desemprego/trabalho, sem registro na Carteira de Trabalho, do trabalhador Fresador-Ferramenteiro corresponda a essa categoria podendo ser pensada a luz dessas mudanças, sob o "fenômeno da informalidade". Nesse sentido, as outras duas categorias, a flutuante e a latente, também poderão ser pensadas considerando-se esse fenômeno. Sobre a desregulamentação dos direitos do trabalhador e o seu estiolamento, por meio da "flexibilização", confrontar, a seguir: notas 33, 34, 36, 38, 40, 41, 42, 43 do presente capítulo. Aproveitamos para agradecer Vilma Silva Batista, Auxiliar de Biblioteca, do Dieese (Departamento Intersindical de Estatísticas e de Estudos Socioeconômicos), São Paulo, capital, que, quando contatada por nós, pesquisadores, prontamente nos forneceu a indicação desse estudo sobre a problemática do "fenômeno da informalidade".

pensão dessas garantias e regulamentação e de seus efeitos de proteção jurídica desse uso de si capitalístico, do homem, na condição de trabalhador assalariado, apresentando-se nessa relação econômica desigual e de subordinação[13], já no mercado de trabalho. Porém essa relação se efetiva nesse uso, nos processos de trabalho, no sistema produtivo ou na divisão social do trabalho. A forma salário e a mais valia dão-se em interdependência, interpenetram-se e são constituidores dessa relação:

> (...) A forma salário apaga, portanto, todo vestígio da divisão da jornada de trabalho em trabalho necessário e trabalho excedente, em trabalho pago e trabalho não pago. *Todo trabalho aparece como pago.* (...) Na escravatura, a parte da jornada de trabalho em que o escravo apenas compensa o valor de seus próprios meios de subsistência, trabalhando na realidade para si mesmo, aparece como trabalho destinado a seu dono. Todo o seu trabalho tem a aparência de trabalho não pago. No trabalho assalariado, ao contrário, mesmo trabalho excedente ou não remunerado parece pago. No primeiro caso, a relação de propriedade oculta o trabalho do escravo para si mesmo; no segundo, *a relação monetária dissimula o trabalho gratuito do assalariado.* (...) *Acresce que o trabalhador é pago, depois de ter fornecido seu trabalho.* Em sua função de meio de pagamento, o *dinheiro* realiza subsequentemente o valor ou o preço do artigo fornecido e, no caso considerado, o valor ou o preço do trabalho fornecido. Finalmente, o valor-de-uso que o trabalhador fornece ao capitalista, não é na realidade sua força de trabalho, *mas a função dela, determinado trabalho útil,* como o do alfaiate, do sapateiro, do tecelão etc.(...)[14].

Em outras palavras, que acentuam esse caráter dissimulador do trabalho gratuito, tempo de trabalho excedente, não pago, a mais valia nessas interdependência e interpenetração do uso de si capitalístico, do trabalhador, na criação de "determinado trabalho útil":

---

13 MARX, Karl. *O Capital (Crítica da Economia Política). Livro 1: O processo de produção capitalista. Vol. 1.* cap. V, p. 201-223; SUPIOT, Alain. *Critique du droit du travail.* Paris, PUF, 1994. particularmente cap. 1, p. 45-66; cap. 3, p. 111-149; ROSA, Maria Inês. *A indústria brasileira na década de 60: as transformações nas relações de trabalho e a estabilidade (de emprego).* cap. 3, f. 144-224.

14 MARX, Karl. *O capital (Crítica da Economia Política). Livro 1: O processo de produção capitalista. Vol 2.* cap. XVII, p. 622-623 (destaques nossos).

(...) esconde (a forma salário) o aspecto *essencial* das relações capitalistas, a exploração. Esta resulta da diferença entre o valor da força de trabalho que o capitalista compra para utilizá-la durante um dado tempo, e o valor maior que dita força de trabalho cria quando é utilizada durante esse tempo. Mas como, na forma salário, parece que o capitalista paga, não a força de trabalho, mas o próprio trabalho, *a desigualdade da troca assume abusivamente a máscara da troca equitativa*[15].

Remontemos às décadas de 60 e 70, do século passado, sobre a ausência do registro do contrato de trabalho na Carteira de Trabalho e/ou do registro do trabalhador, no quadro da indústria brasileira. O não cumprimento desse direito pela classe patronal se destaca dentre os demais por ela não cumpridos[16]. É o ilegalismo patronal ou a vigência do "código de fábrica", de seu despotismo[17], que não deixaram de ser praticados por essa classe até o momento presente.

Nessa época já era praticamente exíguo, senão inexistente, o número de fiscais ou de inspetores, diante do número de empresas existentes para inspecionar o cumprimento dos direitos do trabalhador por parte da classe patronal. Para a cidade de São Paulo, em 1965, havia 126 inspetores, o mesmo número de 1961. Desses, 110 estavam em efetivo exercício e os 16 restantes ou se revezavam em férias ou exerciam cargos de chefia. Esses inspetores teriam que inspecionar cerca de 124.585 empresas dessa cidade, onde havia a concentração industrial no Brasil. Documento sigiloso é elaborado e assinado por diversos sindicalistas, enviado ao governador, propugnando a necessidade da fiscalização dos direitos

---

15 GERAS, Norman. Essência e aparência: aspectos da análise da mercadoria em Marx. In: COHN, Gabriel (Org.). *SOCIOLOGIA: para ler os clássicos*. p. 274-275, destaque da primeira palavra do autor, os demais são nossos. Cf. nota 14 do presente capítulo, particularmente cap. IV, p. 165-186; cap.V, p.210-223.
16 Confrontar dados coletados na grande imprensa dessas décadas. In: ROSA, Maria Inês. *A indústria brasileira na década de 60: as transformações nas relações de trabalho e a estabilidade (de emprego)*, particularmente cap. 2, f. 52-143, especificamente f. 81, 110-114.
17 MARX, Karl. *O Capital (Crítica da Economia Política). Livro 1: O processo de produção capitalista. Vol. 1*. cap. XIII, p. 485, 487-489; ROSA, Maria Inês. *A indústria brasileira na década de 60: as transformações nas relações de trabalho e a estabilidade (de emprego)*. cap.1, particularmente f. 36-52, com destaque f. 42-43; cap. 2, f. 52-119, com destaque f. 55, 86, 93, 107; cap. 3, f. 119-183, particularmente f. 121-127.

do trabalhador[18], então tidos como "encargos" sociais por essa classe, tônica por ela reiterada até o momento atual[19]. Ela reduz os direitos sociais do trabalhador a "encargos" porque eles são tidos como ônus à acumulação do capital, à acumulação capitalista e sua reprodução, com base na extração da mais valia, no uso de si capitalístico, do trabalhador.

É sob essa tônica que a classe patronal travava, já na década de 20, em 1927, a discussão e o debate sobre a lei de férias. A argumentação enfatiza que o trabalhador não necessita de férias porque não há um desgaste "cerebral", mas só "muscular"; o tempo de férias será um ócio que lhe fará muito mal porque ele despertará instintos não dominados. Afora o fato de que pouco trabalha[20]. E aponta-se também que

> durante 8 horas que desempenha a sua tarefa, o nosso operário não é compelido a dar o máximo possível de rendimento: somos um povo de sentimentais e não existe nas nossas indústrias aquela férrea e inflexível disciplina que vigora em outros centros industriais. O operário brasileiro trabalha como pode e ninguém o força, como alhures, a produzir *até o esgotamento das suas forças*[21].

Além de, segundo esse debate, o trabalhador "pouco trabalha(r)", argumenta-se que os dias úteis de trabalho são diminuídos devido às férias, feriados, faltas, etc. E se arrolam o número dos dias de feriados (75 dias em 365 dias no ano), porém se destaca que são, de fato, 95 dias porque

> há feriados ocasionais, há os dias pitorescamente chamados de enforcados, há faltas por doenças ou por motivos menos poderosos, há enfim, um total de 80 dias em que o operário descansa. Juntemos a estes 80 dias os 15 dias

---

18 O Estado de São Paulo, 09/12/1965. In: ROSA, Maria Inês. *A indústria brasileira na década de 60: as transformações nas relações de trabalho e a estabilidade (de emprego)*. cap. 2, f. 110-112.
19 ROSA, Maria Inês. Desregulamentação e legalização das normas organizacionais do trabalho: a cidadania em questão. *Pró-posições*, Campinas, v. 13, n. 3 (39), set./dez. 2002. p. 31- 44.
20 Cf. NOGUEIRA, Otávio Pupo. *A indústria em face da lei do trabalho*. São Paulo: Escolas Profissionais Salesianas, 1935, p. 65. In: ROSA, Maria Inês. *A indústria brasileira na década de 60: as transformações nas relações de trabalho e a estabilidade (de emprego)*. cap. 3, f. 167-168.
21 NOGUEIRA, Otávio Pupo. *A indústria em face da lei do trabalho*. p. 65 (destaques nossos).

que o trabalhador pré-fixou para férias e teremos um total de 95 dias de descanso por ano (....) [22].

Em 1961, a Fiesp (Federação das Indústrias do Estado de São Paulo), realiza estudo que aponta os direitos do trabalhador como "encargos", ônus, sob o prisma dessa argumentação. Em 1965, ainda sob o crivo dessa argumentação, a Federação das Associações Comerciais do Estado de São Paulo arrola os direitos do trabalhador em torno de "encargos diretos" e "encargos indiretos" (os direitos do trabalhador)[23]. Atualmente os motivos dessa argumentação se travestem sob o embate da desregulamentação e/ou deslegalização e/ou flexibilização dos direitos do trabalhador[24].

Retornemos àquelas décadas de 50 e 60 do século passado. Para o Estado de São Paulo, 200 mil trabalhadores nas indústrias (cerca de 20% da mão de obra total) não são registrados[25]. Na cidade de Guanabara (hoje cidade do Rio de Janeiro), em 70.009 estabelecimentos ocupando 829.623 trabalhadores, há 124.149 sem registro na Carteira de Trabalho[26]. A ausência desse registro (do contrato de trabalho) tem como consequência o não pagamento de outros direitos (salários indiretos) como auxílio-doença, auxílio-maternidade, aposentadoria, indenização, férias, previdência social (esse último pelo não recolhimento ao Instituto de Previdência Social (IPS), hoje denominado de Instituto Nacional de

---

22 NOGUEIRA, Otávio Pupo. *A indústria em face da lei do trabalho*. p. 65. In: ROSA, Maria Inês. *A indústria brasileira na década de 60: as transformações nas relações de trabalho e a estabilidade (de emprego)*. cap. 3, f. 167-168.
23 Informações extraídas respectivamente dos jornais O Estado de São Paulo, 18/10/1961; Folha de São Paulo, 07/11/1965. In: ROSA, Maria Inês. *A indústria brasileira na década de 60: as transformações nas relações de trabalho e a estabilidade (de emprego)*. cap. 3, respectivamente f. 166, 167, 168.
24 Cf. SUPIOT, Alain. *Critique du droit du travail*. Paris; PUF, 1994. cap. V, p. 186-228, particularmente p. 194-195; p. 205-211; ROSA, Maria Inês. Desregulamentação e legalização das normas organizacionais do trabalho: a cidadania em questão. *Pró-posições*, Campinas, vol.13, n. 3 (39), set./dez. 2002. p. 31-44.
25 O Estado de São Paulo, 09/12/1966. In: ROSA, Maria Inês. *A indústria brasileira na década de 60: as transformações nas relações de trabalho e a estabilidade (de emprego)*. cap. 2, f. 110.
26 Jornal do Brasil, 26/11/1969. In: ROSA, Maria Inês. *A indústria brasileira na década de 60: as transformações nas relações de trabalho e a estabilidade (de emprego)*. cap. 2, f. 110-111.

Seguro Social (INSS). Já em 1959, noticia-se o não recolhimento desse último direito devido a essa ausência de registro[27].

Atualmente, primeira década do século XXI, tendo-se já adentrado na segunda, o número dos inspetores e/ou fiscais do trabalho, denominados de auditores fiscais do trabalho (AFTs) continua exíguo na fiscalização do cumprimento dos direitos do trabalhador. Há um total de 3038 AFTs em efetivo exercício na atividade de trabalho para toda a indústria brasileira "mas uma parte dela (encontra-se) em atividades 'internas'". Concentram-se 17% no Estado de São Paulo, 3% no Estado do Rio de Janeiro e 10% no Estado de Minas Gerais[28]. Nesse contexto, desnecessário se faz salientar que o "código de fábrica" e/ou o despotismo do capital sobre o trabalho ou o ilegalismo patronal, o não cumprimento dos direitos do trabalhador, encontram um terreno fértil para a sua prática.

Nos anos recentes, meados da década de 90 do século passado em diante, confluem a ação estatal e a da classe patronal (empresarial) na busca da efetivação da desregulamentação dos direitos do trabalhador, do *corpus* jurídico configurado na CLT (Consolidação das Leis do Trabalho). A desregulamentação também é denominada de flexibilização e tem como consequência fundamental a deslegalização e o estiolamento do direito do trabalho[29], sobretudo o do contrato de trabalho. Haja vista o que ocorre com o contrato de trabalho em torno de novas modalidades contratuais (Lei 9.601/1998) que, no nível jurídico, legaliza as normas organizacionais da empresa no trabalho (o "código de fábrica" e sua língua), no atual contexto de mudanças do uso de si capitalístico, do homem, na condição de trabalhador[30]. Está posto em questão o caráter específico do "objeto"

---

27 Última Hora, 11/07/1959. In: ROSA, Maria Inês. *A indústria brasileira na década de 60: as transformações nas relações de trabalho e a estabilidade (de emprego).* cap. 2, f. 112.
28 Site www.prevencaoonline.net/..../0-numero-de-afts-fiscais-do.html, 26/01/2011. Reporta-se às informações do Aviso nº. 1 da Secretaria de Inspeção do Trabalho – SIT/MTE, publicado no Diário Oficial da União, de 20/11/2011.
29 SUPIOT, Alain. *Critique du droit du travail.* p. 212; ROSA, Maria Inês. Desregulamentação e legalização das normas organizacionais do trabalho: a cidadania em questão. *Pró-posições*, Campinas, v. 13, n.3 (39), set./dez. 2002. p.31-44.
30 ROSA, Maria Inês. Trabalho – nova modalidade de uso de si: debates/confrontos de valores. *Pró-posições*, Campinas, v. 11, n. 2 (32), julho 2000. p. 51-60. IDEM, *Usos de si e testemunhos de trabalhadores. Com estudo crítico da Sociologia Industrial e da Reestruturação produtiva.* cap. 4, p. 123-159; cap. 5, p. 161-227; cap. 6, p. 229-253; Epílogo, p. 255-323; IDEM, Usos

do Direito do Trabalho – este uso – em relações de desigualdade e de subordinação econômica, social e política. É esse "objeto" que faz esse Direito pautar-se pelos direitos *do político*, do *bem comum*, que não são dimensionáveis, não são quantificáveis, e estão em tensão constante com os valores dimensionáveis, quantitativos, os valores mercantis capitalistas, os da racionalidade da (re)produção da mais valia[31]. Àquela confluência junta-se a ação sindical:

> (...) o Sindicato dos Metalúrgicos do ABC (...) decidiu – com o apoio da CUT (Central Única dos Trabalhadores) – preparar um projeto de flexibilização da CLT que será enviado ao Congresso dentro de três ou quatro meses. (...)
> Para a CUT, a proposta permite *adequar* a CLT *a um universo empresarial mais complexo*, em cujo âmbito as *relações trabalhistas* tendem a ser cada vez mais diferenciadas (...). Com relação aos projetos apresentados pelo governo FHC (Fernando Henrique Cardoso) e Lula (Luiz Inácio da Silva) o anteprojeto do Sindicato dos Metalúrgicos do ABC só tem uma diferença. Ele *permite que o princípio de que o negociado prevalece sobre o estatuído seja introduzido* progressivamente, começando nos setores econômicos onde as *relações de trabalho* estão *mais avançadas*[32].

Ou, ainda

> (...) A proposta (o projeto de Lei proposto pelo Sindicato dos Metalúrgicos do ABC com apoio da CUT) é fruto da prática de um modelo de relações de trabalho diferente do usual que esse sindicato e as empresas *parceiras* têm desenvolvido *nos últimos 15 anos* (...).
> (...) A nova lei oferecerá garantias e segurança jurídica para que empresários e trabalhadores *"reformem" normas específicas*, adaptando a sua aplicação *às necessidades específicas compartilhadas* (...).

---

de si no trabalho e densificação: nova modalidade In: FÍGARO, Roseli. (Org.). *Gestão da comunicação no mundo do trabalho, educação, terceito setor e cooperativismo*. p. 121-133.

31 SUPIOT, Alain. *Critique du droit du travail*. passim e particularmente cap. V, p. 187-228; ROSA, Maria Inês. Desregulamentação e legalização das normas organizacionais do trabalho: a cidadania em questão. *Pró-posições*, Campinas, v. 13, n. 3 (39), set./dez. 2002. p. 31-44; IDEM, *Usos de si e testemunhos de trabalhadores. Com estudo crítico da Sociologia Industrial e da Reestruturação Produtiva*. particularmente cap. 6, p. 229-253; Epílogo, p. 255-323.

32 O Estado de S. Paulo, 02/01/2011, p. A 3 (destaques nossos).

É possível aplicar o modelo no Brasil inteiro? Claro que não, e nem esse é o objetivo dessa proposta (...).

(...) Mais do que *trocar o legislado pelo* negociado, *substituirão a legislação pela representacão*[33].

"O negociado prevalece sobre o estatuído" (o *corpus* jurídico configurado na CLT)" ou o "legislado pelo negociado" constituem-se na legalização da prática, essa já existente, da negociação de acordos, com base nas normas organizacionais da empresa[34] calcadas no "código de fábrica" cuja língua são essas normas[35], e esses acordos são as negociações setoriais, entre capital e trabalho empreendidos pelas empresas e pelos sindicatos, "nos últimos 15 anos".

Essa prevalência estiola o princípio universal do direito, o de que todos são iguais perante a lei, criando condições de não mais isonomia no interior da classe trabalhadora. Ela estiola também o "objeto" do Direito do Trabalho, o uso de si capitalístico, do trabalhador, em relações sociais de subordinação econômica, política e social, que por isso mesmo é um ramo especial da disciplina Direito[36]. O Direito do Trabalho está sempre sob aquela tensão entre os valores sem dimensão[37], o do político, o do bem comum, e os dimensionáveis, os mercantis capitalistas. Na desregulamentação e/ou flexibilização do *corpus* jurídico

---

33 ZYLBERSTAJN, Hélio. Reforma Trabalhista. In: O Estado de S. Paulo, 18/01/2011, p. A2 (destaques nossos).
34 Cf. ROSA, Maria Inês. Desregulamentação e legalização das normas organizacionais do trabalho: a cidadania posta em questão. *Pró-posições*, Campinas, v. 13, n. 3(39), set./dez. 2002. p. 31-44.
35 Cf. nota 17 do presente capítulo.
36 Sobre o estiolamento e deslegalização do direito do trabalho, confrontar SUPIOT, Alain. *Critique du droit du travail.* cap.V, p.212; atinente ao "objeto" indefinível da disciplina Direito do Trabalho porque seu esteio é o "bem não patrimonial" que é o ser vivo humano, na condição de trabalhador assalariado, confrontar: cap. V, p. 188-228. Reflexões em torno dessa problemática confrontar nota 34 do presente capítulo.
37 Sobre os valores sem dimensão, com temporalidade própria, e referidos ao campo/esfera do político e do bem comum e, em tensão, com a temporalidade dos valores dimensionáveis (quantitativos) do mercado e de sua temporalidade (a mercantil) que empreendem subjugar a temporalidade singular do trabalhador, a ergológica, na atividade de trabalho real, confrontar SCHWARTZ, Yves. Concordance des temps? Le travail, le marché, le politique In: IDEM, *Le paradigme ergologique ou un métier de Philosophe.* Toulouse: Octares Ed., 2000. p. 505-516, particularmente item 5, p. 513-515 e p. 716-719; IDEM. Travail, activité et economie. Les neutralisations du travail. Mimeo. 14 páginas.

da CLT, há a dominância da concepção ou definição de trabalho como execução, que se funda na relação social da troca mercantil capitalista – da compra/venda da mercadoria força de trabalho. Essa dominância exclui a concepção de trabalho como uso de si capitalístico, uso de si, do trabalhador, no processo imediato de trabalho na qual se ancora o Direito do Trabalho, expressando os valores sem dimensão e, assim, fornecendo garantias de proteção jurídica e de regulamentação de conquistas históricas ao *uso* que é feito do trabalhador, de *Si* – da classe trabalhadora –, na atividade de trabalho real à obtenção da mais valia, não importa se em "setores econômicos onde as relações de trabalho estão mais avançadas" ou naqueles em que não o estão.

É devido a essa exclusão que no "modelo" ou "proposta" de desregulamentação se "substituirão a legislação pela representação". Essa *aparece* equivalendo e igualando as diferentes posições dos agentes/sujeito na relação social capital e trabalho que, por sua *natureza* histórico-social, se constituiu e se constitui, fincou-se e se finca no conflito e em interesses contraditórios e antagônicos porque o primeiro polo da relação empreende, sempre, a obtenção do sobretrabalho (tempo de trabalho excedente, não pago, a mais valia) nesse uso. Essas equivalência e igualização vem ao encontro quer da suspensão daquele princípio universal do Direito pela ênfase nos particularismos de interesses de setores da indústria e da empresa brasileiros – da classe patronal – quer da concepção do trabalho, estritamente, como execução. Essa, como salientado, funda-se na relação social mercantil da compra/venda da força de trabalho e, pois, na relação entre proprietários, de um lado, o capital (o capitalista), de outro, o trabalho (o trabalhador) enquanto portadores de mercadorias diferenciadas. Contudo, abstraem-se essas diferentes posições e as diferenças entre essas mercadorias graças à mediação do equivalente geral, o dinheiro. A representação move-se pela concepção juridicista do trabalho assalariado e das relações sociais de distribuição[38] em que o trabalhador se encontra isolado, atomizado na qualidade de portador da mercadoria força

---

38 MARX, Karl. Introducción general a la crítica de la economia política, 1857. *Cuadernos Pasado y Presente/1*, Cordoba, 1969. p. 43-44. Sob a perspectiva do autor confrontar: ROSA, Maria Inês. *A indústria brasileira na década de 60: as transformações nas relações de trabalho e a estabilidade (de emprego)*. cap. 1, f. 22-25.

de trabalho, defrontando-se com o seu comprador, o proprietário do dinheiro e das condições de trabalho e/ou de seus representantes/intermediários, como as agências de emprego. Esses últimos constituem a categoria capital, a do primeiro polo da relação social capital e trabalho.

O "objeto" do Direito do Trabalho é indefinível, porque é ele o uso de si, do corpo-si, por outro, pelo capital – o uso de Si capitalístico, do ser vivo humano, na condição de trabalhador assalariado, em relações sociais de subordinação econômico-social dando-se mediante àquela *natureza* da relação capital e trabalho: a da extração da mais valia e/ou do tempo de trabalho excedente, não pago, e sob a forma salário. Essa não captura ou não enquadramento desse "objeto" pelas normas do Direito do Trabalho também se dá naquele campo dos valores sem dimensão, os *do* político, os do bem comum, em "tensão" com os valores quantificáveis, os mercantis capitalistas: defrontam-se duas racionalidades e/ou lógicas diferentes e conflitantes. Esses últimos valores empreendem capturar ou enquadrar, definir esse uso e, pois, definir o indefinível – o Si, o sujeito, a pessoa do trabalhador. Por isso as renormalizações do Direito do Trabalho não se situam no campo da desregulamentação e/ou flexibilização e/ou deslegalização que se pauta por aquela concepção de trabalho, ou seja, a do trabalho como execução que, por sua vez, se funda naquela relação social da compra/venda da força de trabalho. E, não obstante, essa concepção persegue capturar e enquadrar o uso de si por si mesmo, o "mestre do possível"[39] que é o trabalhador no uso de si capitalístico que dele é feito. Já as renormalizações do Direito do Trabalho consideram as mudanças desse uso nas atividades de trabalho real no intrincado dessa concepção de trabalho e dessa relação social, porém no esteio mesmo de seu "objeto":

> O direito do trabalho consiste, em suma, em remeter este "bem" (o uso de si capitalístico, da pessoa, do ser vivo humano por inteiro/do sujeito) em sua pele, em reinserir a dimensão corporal e, portanto, *extrapatrimonial* do trabalho no jogo das categorias do direito e das obrigações e, a partir daí, para aí reinserir, por círculos concêntricos, todos os outros aspectos da pessoa do trabalhador[40].

---

39 LEVINAS, Emmanuel. *Le temps et l'autre*. Paris: Quadrige/PUF, 1994. p. 59.
40 SUPIOT, Alain. *Critique du droit du travail*. cap. II, p. 67 (destaque nosso). Tradução livre; ROSA, Maria Inês. Desregulamentação e legalização das normas organizacionais do trabalho:

A não ser assim, transpõe-se aquela concepção atomicista e distributiva, que exprime a expressão jurídica das relações sociais de produção capitalistas, sob a forma de relação de emprego, e a antessala dela, a relação da compra/venda da força de trabalho, para a análise da situação de trabalho capitalista – o regime assalariado[41], que é a forma salário e a mais valia. Esse regime abarca todo trabalhador, com ou sem o registro do trabalho na Carteira de Trabalho, e sob o trabalho domiciliar renovado[42]. Regime esse ou formas essas em que "Todo o trabalho aparece como trabalho pago", em que "a relação monetária dissimula o trabalho gratuito do assalariado", o tempo de trabalho excedente, não pago, a própria mais valia, em que *"a desigualdade da troca assume abusivamente a máscara da troca equitativa"*[43]. Além dessa transposição, fragilizam-se, senão estiolam-se as garantias de proteção jurídica e de regulamentação de conquistas históricas do uso de si capitalístico, do ser vivo humano, na condição de trabalhador assalariado, nas atividades de trabalho real. As renormalizações a serem empreendidas pelo Direito do Trabalho e, no esteio de seu "objeto", movem-se na tensão e conflito entre a dupla concepção do trabalho assalariado, a desse regime. Vale dizer, movem-se, de um lado, pela concepção do trabalho como execução, que é a do mercado de trabalho, dos métodos e normas organizacionais, e do "código de fábrica", sua língua; de outro lado, pela concepção do trabalho como uso de si por outro e, juntamente, uso de si por si mesmo, respectivamente uso de si capitalístico, pelo capital, e o uso que se faz, e por si mesmo, o trabalhador nesse

---

a cidadania em questão. *Pró-posições,* Campinas, v. 1, n. 3 (39), set./dez. 2002. p. 31-44. Sobre as especificidades do "objeto" do Direito do Trabalho e a sua não definição, confrontar SUPIOT, Alain. *Critique du droit du travail.* passim. Cf. nota 36 do presente capítulo.

41 MARX, Karl. Introducción general a la crítica de la economía política, 1857. *Cordoba: Cuadernos Pasado y Presente/1,* 1969. p. 43-44. O autor explica que a estrutura da produção determina as relações sociais de distribuição, não sendo elas senão o seu anverso. Sob esse prisma, confrontar: ROSA, Maria Inês. *A indústria brasileira na década de 60: as transformações nas relações de trabalho e a estabilidade (de emprego).* cap. 1, f. 22 -23.

42 MARX, Karl. *O capital (Crítica da Economia Política). Livro 1. O processo de produção capitalista. Vol. 1.* cap. XIII: particularmente p. 528-530. Cf. nota 41 do presente capítulo. Sobre o trabalho domiciliar renovado, podendo ser pensado a luz do "fenômeno da informalidade", confrontar: LÚCIO, Clemente Ganz; SOUZA, Marcelo Galiza Pereira de; MAIA, Rosane de Almeida. *A informalidade e o movimento sindical.* p. 7, 8, 10,11.

43 Cf. notas 14, 15, 41, 42 do presente capítulo.

uso, "mestre do possível" que é, em relações socioeconômicas de subordinação. As renormalizações remetem, imediatamente, a essas proteção e regulamentação. Essas, além de contemplarem e pautarem-se no "objeto" do Direito do Trabalho e na tensão e conflito entre valores distintos e antagônicos com racionalidades e, pois, tempos e lógicas diferentes (os do *valor do bem comum, do Si – do político* que remete àquele "'bem' (...) extrapatrimonial", sob a dimensão corporal, ao *corpo-si*; e os dos valores mercantis, da quantificação e da medida, o da mais valia) obstacularizam, senão tendem a limitar, o exercício do poder patronal e seu poder de desligamento nessas relações sociais desiguais e de subordinação no uso de si capitalístico, do trabalhador, na atividade de trabalho real. Esses poderes veem-se, mais uma vez alargados, sob a atual nova modalidade desse uso[44]. Mudanças no uso de si (do trabalhador) em torno do *uso* da força de trabalho (das capacidades físicas, intelectuais, mentais) no processo produtivo imediato foram analisadas quando da introdução da máquina (Revolução Industrial), já no último quartel do século XIX, à obtenção da mais valia relativa. Introdução que se colocou como "método" de contrarrestar o não prolongamento das horas da jornada de trabalho, prolongamento esse próprio da mais valia absoluta[45], sob essa outra forma de mais valia: a do aumento, no interior da jornada de trabalho, do tempo de trabalho excedente, não pago. O não prolongamento da

---

[44] ROSA, Maria Inês. *A indústria brasileira na década de 60: as transformações nas relações de trabalho e a estabilidade (de emprego).* cap.3, f.144-224; IDEM, *Usos de si e testemunhos de trabalhadores. Com estudo crítico da Sociologia Industrial e da Reestruturação Produtiva.* cap. 4, p. 123-159; cap. 5, p. 161-227; cap. 6, p. 229-253; Epílogo, p. 255-323.

[45] Sobre a introdução da máquina no processo produtivo e a revolução que efetua, confrontar: MARX, Karl. *O capital (Crítica da Economia Política). Livro 1. O processo de produção capitalista. Vol. 1.*cap. XIII, p. 423-579. Destaca-se na análise do autor que essa revolução deixa, em aberto, mudanças à obtenção da mais valia pelo capital. Sob esse prisma, confrontar: ROSA, Maria Inês. *Usos de si e testemunhos de trabalhadores. Com estudo crítico da Sociologia Industrial e da Reestruturação Produtiva.* cap. 5, p. 165-166. Sobre a mais valia absoluta sob a forma de prolongamento da jornada de trabalho e a luta da classe trabalhadora para a limitação das horas da jornada de trabalho e, por conseguinte, a redução desse prolongamento, nesse século, confrontar: MARX, Karl. *O capital (Crítica da Economia Política). Livro 1. O processo de produção capitalista. Vol. 1.* cap. VIII, p. 260-345; IDEM, *El capital. Libro I. Capítulo VI* (Inédito).Córdoba: Siglo XXI Argentina Editores S.A., 1974. cap.VI, item I: p.1-101. O autor analisa a mais valia absoluta e a mais valia relativa, respectivamente em termos de subsunção formal e real do trabalho ao capital.

jornada fora reinvindicação da classe trabalhadora, por mais de vinte anos nesse século. Todavia, ambas as formas de mais valia não são excludentes. O novo método de obtenção de mais valia gerou a versatilidade e a intercambialidade[46] do trabalhador e, juntamente, o fortalecimento do poder de desligamento patronal, o par com o do "código de fábrica".

Retornemos ao século XXI. São esses poderes que recaem sobre o trabalhador Fresador-Ferramenteiro, passados cinco meses (primeiro semestre de 2008) de trabalho sem o registro na Carteira de Trabalho. Encontra-se no desemprego, no tempo de vida de desemprego/de não trabalho assalariado, que durou dois anos e três meses. Longa duração e "penumbra", segundo suas palavras. Narraremos essa situação de desemprego/esse tempo de vida, acompanhando o trabalhador desde fim desse semestre a fevereiro de 2010. Porém nos referiremos a um outro tempo de uma outra situação social de vida, ao tempo de vida de não desemprego/de trabalho assalariado. Ambos os tempos e/ou situações se respaldarão, sobretudo, na narração dos testemunhos do trabalhador. Desse modo, consideramos o tempo de vida de não desemprego desde a idade de quinze anos do trabalhador, quando começou a trabalhar no "mundo" da fábrica. Esse acompanhamento foi possível graças a essa narração para nós *endereçada* e *dita*: a do ano de 1990, reportando-se o trabalhador também para esse começo e, nessa ocasião, contava com trinta e um anos de idade; a do ano de 2006, já tendo quarenta e sete anos, e as dos anos de 2009 e 2010, mergulhado que estava no tempo de vida de desemprego de longa duração, contando, nestes anos, com cinquenta e cinquenta e um anos de idade, respectivamente. As intermitências do tempo de vida de desemprego, não obstante não terem sido longas em relação a esse tempo de desemprego de longa duração, deixaram marcas e perdas na existência do trabalhador.

---

46 MARX, Karl. *O Capital (Crítica da Economia Política). Livro 1: O processo de produção capitalista, Vol. 1.* cap. XIII, p. 423-579. Sobre a versatilidade da força de trabalho confrontar: MARX, Karl. *El capital*, livro I, cap. VI (Inédito). p. 47-48, p. 71-72; ROSA, Maria Inês. *A indústria brasileira na década de 60: as transformações nas relações de trabalho e a estabilidade (de emprego).* cap. 3, particularmente f. 183 -224, onde a autora analisa a versatilidade e a intercambialidade do trabalhador sob o taylorismo. Sobre o "código de fábrica", confrontar nota 17 do presente capítulo.

Penumbra: experiência, memória. Descarte do trabalhador

Esses tempos e/ou situações, a de não desemprego (de trabalho assalariado) e a de desemprego (de não trabalho assalariado), se interpenetram e são interdependentes e configuram a existência não somente desse trabalhador, mas de *todos*, no complexo funcional das relações humanas, sociais, da sociedade[47] capitalista contemporânea e de seu modo de produção correspondente e de regime de trabalho, o assalariado.

1.2 Palavra – testemunha da condição social do trabalhador

São essas interdependência e interpretação dessas relações humanas que constroem a sociedade e esse complexo funcional que nos autorizam a acompanhar esses tempos ou situações específicas com base nos testemunhos de sua narração, de um único trabalhador[48] que vimos já enunciado, o operário cuja profissão é

---

47 ELIAS, Norbert. *Qu'est-ce que la sociologie?* La Tour d'Aigues: Ed. de l'Aube, 1991. p. 67; p. 85-86; p. 92-95; p. 156; p. 132; IDEM, *La Societé des individus*. Paris: Fayard, 1991. cap. I, p. 37-108.
48 GINZBURG, Carlo. *O queijo e os vermes. O cotidiano e as ideias de um moleiro perseguido pela Inquisição*. São Paulo: Companhia de Bolso, 2006. Esse autor assim procede nesse livro tocante, sobre o trabalhador Sr. Domenico Scandella, conhecido por Menocchio, que exercia diversas atividades de trabalho real, requerendo cada uma dados conhecimentos específicos. O trabalhador, em seu *testemunho – palavra endereçada ao outro/aos inquisidores –*, destaca entre elas, as atinentes ao trabalho de Moleiro à sua sobrevivência imediata, no decorrer dos interrogatórios a que foi submetido, em dois momentos, no século XVII, pelo Santo Ofício, a chamada inquisição da igreja católica apostólica romana. Eles resultaram em sua morte, colocado vivo, na fogueira. A perspectiva teórica do autor, nesse contexto histórico-social da Idade Média, é a da interpenetração e interdependência das relações humanas sob o crivo das culturas erudita e popular, ora se apresentando também em torno das polarizações entre ambas. Aliás as palavras "queijo" e "vermes" são proferidas pelo senhor Domenico Scandella durante os interrogatórios ao *explicar* aos inquisidores o modo que se formou o mundo em que vivemos, e *analisando-o*, com base na cultura popular que construiu sua subjetividade (individual e social) e, inacabada, interpenetrada e interdependente com a cultura erudita e que a ela se contrapunha, nas renormalizações e/ou reelaborações que dela fazia, e, para além dessa situação de dominação, em sua vida. Uma outra situação social: o *testemunho – palavra escrita –* do soldado-oficial e historiador Marc Bloch, sobre a derrota da França, na 2ª Guerra Mundial. Efetua uma análise, dentre outros aspectos, das dificuldades de admissão pelas Forças Armadas Francesas, sobre as mudanças no modo de fazer a guerra, bem como sobre as mudanças da história e da sociedade francesa e de seus valores. É o testemunho/análise de *quem participou*, na condição de soldado-oficial, nessa guerra e na 1ª Guerra Mundial. Considera a tão complicada e complexa teia das relações humanas – a questão de sua interdependência e

17

a de Fresador-Ferramenteiro. Sob esse prisma, nos testemunhos, o trabalhador dizer desses tempos é já *dizer* do outro, isto é, de si e de outrem – de *Si*, de todos os trabalhadores sob a situação ou tempo de não desemprego e na situação ou tempo de não emprego. É ainda *dizer* não somente de si como também do outro nessas situações/tempos de vigência contemporânea da forma social do regime assalariado (regime econômico capitalista). Isso porque é a língua – a palavra – *relação ao outro* ou em direção ao outro/sujeito[49], sob qualquer circunstância da vida humana. A palavra, relação ao outro, já é o uso da língua construindo essa relação e dando significados aos sentidos do código simbólico padronizadores e explicativos[50] dessa forma social. É ela tecedora dessa relação humana particular e do compartilhar comum da língua. A palavra, a língua, é, pois, a relação ao outro, ao sujeito, relação interpessoal e ao *Si*[51]. Este último exprime essa relação

---

sua interpenetração – nos Estados Maiores das Forças Armadas e na Sociedade Francesa. Marc Bloch morreu fuzilado em 8 de março de 1944, pela Gestapo. Cf. BLOCH, Marc. *A estranha derrota*. Rio de Janeiro: Zahar, 2011.

49 LEVINAS, Emmanuel. Verité du dévoilement et verité du témoignage. *Archivio de Filosofia*. Padova, n. 1-2, 1972. p. 107; LEVINAS, Emmanuel. Le visage et l'exteriorité. In: IDEM, *Totalité et infini. Essai sur l'extériorité*. Paris: Martinus Nijhoff/La Haye, 1961. p. 161-231; IDEM. *De l'existence à l'existant*. Paris: J. Vrin, 1993; IDEM, *Liberté et commandement*. [S.I.]: Fata Morgana, 1994; IDEM, *En découvrant l'existence avec Husserl et Heidegger*. Paris: J. Vrin, 1994; LANDA, Fábio. Loucura da língua e o assassinato do vivente. *Pró-posições*, Campinas, v. 13, n. 3 (39), 2002. p. 12; ROSA, Maria Inês. *Usos de si e testemunhos de trabalhadores. Com estudo crítico da Sociologia Industrial e da Reestruturação Produtiva*. cap. 4, p. 151-159; IDEM, Privilégio e apagamento do "sujeito". *Educação: teoria e prática*. Rio Claro, v. 18, n. 31, jul./dez.2008. p. 87-102; IDEM, Formar, não treinar: o lugar da palavra. *Pró-posições*, Campinas, v. 21, n. 3 (63), set./dez.2010. p. 155-172; BENJAMIN, Walter. O narrador. Considerações sobre a obra de Nikolai Leskov. In: IDEM, *Magia e técnica, arte e política. Ensaios sobre literatura e história da cultura. Obras Escolhidas, Vol. 1*, São Paulo: Brasiliense, 1985. p. 197-221; BENJAMIN, Walter. Experiência e pobreza. In: IDEM, *Magia e técnica, arte e política. Ensaio sobre literatura e história da cultura. Obra escolhidas, vol. 1*. p. 114-119; ELIAS, Norbert. *Teoria Simbólica*. Oeiras: Celta Ed., 1994. p. 97-100.

50 ELIAS, Norbert. *Teoria Simbólica*. passim; SCHWARTZ, Yves. *Expérience et connaissance du travail*. Paris: Messidor/Ed. Sociales, 1988. p. 224-233; ROSA, Maria Inês. *Usos de si e testemunhos de trabalhadores. Com estudo crítico da Sociologia Industrial e da Reestruturação Produtiva*. cap. 4, p. 150-253; IDEM, Formar, não treinar: o lugar da palavra. *Pró-posições*, Campinas, v. 21, n.3 (63), set./dez, 2010. p. 159.

51 RICOEUR, Paul. Individu et identité personnelle. *Sur l'individu*. Colloque de Royaumont. Paris: Seuil 1987. p. 67; ROSA, Maria Inês. *Usos de si e testemunhos de trabalhadores. Com estudo crítico da Sociologia Industrial e da Reestruturação Produtiva*. cap.4, p.159; IDEM, Uso de si no trabalho e densificação: nova modalidade. In: FÍGARO, Roseli (Org.). *Gestão da*

humana particular que engloba o outro declinado na e pela língua: eu, tu, ele, ela, nós, vós, eles, elas[52], esteja o outro presente ou não. A sua ausência já é sua existência presente ou passada, num tempo próximo ou imemorial[53]. A palavra, sendo essa relação, é *testemunha* do *Si* de que dá testemunho o trabalhador cuja narração é a de sua condição social de trabalhador assalariado, declinando o Si – que é história social – e também história individual do trabalhador, porque a palavra dita no testemunho é testemunha da historicidade de sua singularidade, formação e vivências subjetivas, sob essa condição social. Palavra, testemunha do Si, e, pois, da "história social individual"[54] no uso de si por outro, pelo capital – uso de si capitalístico, do trabalhador –, nessa condição do regime econômico-social e político do assalariado, isto é, da relação social capital e trabalho.

A palavra é testemunha, no testemunho, narrando a experiência e exprimindo a memória da "história social individual", do Si, portando aproximações, similitudes, diferenças de cada um no compartilhar da condição do ser vivo hu-

---

comunicação no mundo trabalho, educação, terceiro setor e cooperativismo. p. 119-123; ROSA, Maria Inês. Privilégio e apagamento do "sujeito". *Educação: teoria e prática*. Rio Claro, v. 18, n.31, jul./dez. 2008. p. 87-102; IDEM, Formar, não treinar, o lugar da palavra. *Pró-posições*, Campinas, v. 21, n. 3(63), set./dez., 2010. p. 159.

52 ELIAS, Norbert. *Teoria Simbólica*. p. 47-49, 69-70; RICOEUR, Paul. Individu et identité personnelle. *Sur l'individu*. p. 54-72, particularmente p. 58-59, 66-68.

53 LEVINAS, Emmanuel. Le visage et l'exteriorité. In: IDEM, *Totalité et infini. Essai sur l'exteriorité*. p. 161-131; IDEM, Verité du dévoilement et vérité du témoignage. *Archivio de Filosofia*. Padova, 1972. p. 107; IDEM, *Le temps et l'autre*; IDEM, *Liberté et commandement*; IDEM, *De l'existence à l'existant*. O autor reitera a relação ao outro e a um terceiro, Outro, esse último podendo-se também entender como "memória muito geral, a da humanidade, uma memória que não dispõe nem de porta-voz nem de pessoal de enquadramento adequado" referido por POLLAK, Michael. Memória, esquecimento, silêncio. *Estudos Históricos*. Rio de Janeiro, v. 2, n. 3, 1989. p. 14; ROSA, Maria Inês. *Usos de si e testemunhos de trabalhadores. Com estudo crítico da Sociologia Industrial e da Reestruturação Produtiva*. cap. 4, p. 151-159; DERRIDA, Jacques. *Adieu à Emmanuel Levinas*. Paris: Galilée, 1997. passim.

54 POLLAK, Michael. Memória, esquecimento, silêncio. *Estudos Históricos*. Rio de Janeiro, v. 2, nº 3, 1989. p. 13; DERRIDA, Jacques. *Adieu à Emmanuel Levinas*. Esse autor, pela palavra escrita, homenageia, em seu "adeus", Emmanuel Levinas e dele *traz* seu legado filosófico, sua obra. Destaca, dentre outros aspectos, a linguagem, a palavra, relação ao outro como não violência, hospitalidade, e o que é denominado de "fecundidade paternal", a humanidade e seu passado imemorial e o presente, o Outro e/ou o Terceiro, sua relação ao outro. Está-se no campo da herança e da transmissão desse passado no presente. Vide particularmente p. 163-169.

mano sob esse regime social. Palavra particular, e também geral[55] *transmitindo* essa experiência/memória do cadinho do uso de si por si mesmo que se faz esse trabalhador, "mestre do possível" que é, bem como os demais trabalhadores, nesse uso de si capitalístico. Perdas, hostilidade, hospitalidade, solidariedade (amizade) sofridas, vividas, testemunha a palavra, por vezes suspensa no seu silêncio. Todavia quer ela, testemunha que é, exprimir esses sentimentos malgrado essa suspensão que quebra a ilusória linearidade[56] da história social e da história individual, da "história social individual", do Si, no encadeamento da narração no testemunho. Aí ela exprime ao mesmo tempo aqueles seus caracteres nessas transmissão e narração e juntamente exprime que o homem não é *homo clausus*[57]. É essa "condição" que a relação social da troca mercantil capitalista – no mercado de trabalho e fora dele, no social – empreende (re)produzir pela mediação do equivalente geral da troca, o dinheiro[58], e sob a forma salário, abstraindo a relação ao outro/sujeito, ao Si, que é a língua.

O trabalhador no seu testemunho é o *narrador* daquelas situações/tempos de vida de não desemprego e de desemprego, respectivamente de trabalho

---

55   DERRIDA, Jacques. *Anne Dufourmantelle invite Jacques Derrida à répondre. De l'hospitalité*. Paris: Calmann-Levy, 1997. p.119.
56   GAGNEBIN, Jeanne Marie. História e cesura. In: IDEM, *História e narração em Walter Benjamin*. São Paulo: Ed. Perspectiva, 2004. p.100-102. A autora analisa obras de Walter Benjamin e ressalta a problemática da cesura no discurso (na linguagem) e na perspectiva da história desenvolvida pelo autor. Por meio da cesura são questionados os entendimentos lineares e totalizantes mediante os quais se pretende abarcar a totalidade dos acontecimentos passados e os do *hic et nunc*, os do aqui e agora. É a cesura o "sem-expressão", e não o inexpressível para Benjamin, de acordo com a autora.
57   ELIAS, Norbert. *Teoria Simbólica*. p. 85; IDEM. *Qu'est-ce que la Sociologie?* p. 92-95, 144-145, 156. Destaque-se que o autor, na problematização da não cisão, de um lado indivíduo, e de outro, a sociedade, analisa a humanização, enquanto um longo processo histórico de duração, e suas mudanças ancoradas na linguagem (que ora se reporta como comunicação), tida como relação ao outro, e nas relações humanas, sociais, sendo elas interdependentes e interpenetrando-se. A linguagem e essas relações estão sob o mesmo crivo analítico dessa interdependência e interpenetração e, pois, essas mudanças, e *testemunham* essa não cisão – a não existência do *homo clausus* – e esse processo histórico e a impossibilidade, juntamente, de não ruptura entre gerações, ou seja, do legado de uma geração para outra e de sua transmissão, sempre renovado.
58   MARX, KARL. *O Capital (Crítica da Economia Política). Livro 1: O processo de produção capitalista, Vol. 1*. cap. I, p. 41-93; SIMMEL, Georg. *Philosophie de l'argent*. particularmente cap. 1, p. 21-124; cap.2, p. 125-233; cap.3, p. 234-341.

assalariado e de não trabalho assalariado. Em sua narração, destaquemos, mais uma vez, é a palavra testemunha e relação ao outro, ela *transmite* aspectos vários da experiência. A narração é memória, tempo vivido, contra o esquecimento[59]. E a entrevistadora – pesquisadora, que somos nós, por força dessa relação e da palavra nessa particularidade, situa-se também como *narradora* e, em sua narração, faz uso da palavra escrita[60] e dá o seu testemunho. Afetação mútua, de um e de outro, isto é, *de quem* testemunha e *de quem* escuta e, nesse ato, ambos se tornam testemunhas pela língua, relação ao outro/sujeito, ao *Si*.

Acompanhemos esses tempos/situações vividos pelo trabalhador Fresador-Ferramenteiro, cujo acompanhamento é também o dessa relação. Para isso, efetuamos, junto ao trabalhador, entrevistas com o uso do gravador (exceção feita para a última delas, em que as palavras do trabalhador as escrevemos no ato da realização da entrevista). Elas foram realizadas nos anos de 1990 (janeiro), 2006 (agosto e setembro), 2009 (outubro) e 2010 (março); a primeira entrevista teve lugar quando o trabalhador se encontrava no tempo de vida de não desemprego; a segunda, desdobrada em dois momentos, foi realizada passados três meses de o trabalhador não mais se encontrar no tempo de vida de desemprego; já a penúltima se encontrava nele mergulhado. Nesse último ano e mês, o trabalhador, após o tempo de vida de desemprego, dois anos e um mês (de agosto a dezembro de 2007 a janeiro de 2010), trabalhava e, de novo, sem ter o vínculo empregatício e, portanto, sem o registro do contrato de trabalho no documento Carteira de Trabalho. Estipulava-se que essa condição seria pelo período de dois meses. E isso se efetivou, ou seja, firmou-se o contrato de trabalho e, por conseguinte, esse registro nesse documento, *prova* do vínculo empregatício e também do uso de si capitalístico.

O diário de campo também foi um outro modo de trabalho efetuado para o acompanhamento desses tempos/situações. Desde o ano de 2006 (maio), fizemos anotações sistemáticas e minuciosas após os encontros das entrevistas;

---

59 BENJAMIN, Walter. O narrador. Considerações sobre a obra de Nikolai Leskov. In: IDEM, *Magia e técnica, arte e política. Ensaios sobre literatura e história da cultura. Obras escolhidas, vol. 1*. p. 197-221.
60 RICOEUR, Paul. Individu et identité personnelle. *Sur l'individu*. p. 54-72.

após telefonemas realizados com o intuito de se ter notícias do trabalhador, sobretudo em vista das dificuldades de sobrevivência em que vivia, pelo longo tempo de vida de desemprego. As anotações se estenderam até 2012 (fevereiro). Elas abrangeram também o tempo de vida de não desemprego.

Acompanhamentos diferenciados, pois, foram feitos. Podemos dizer que com eles realizamos aproximações, visto que um e outro acompanhamento deu-se pela palavra. Num, a palavra do entrevistado e a da entrevistadora se dão numa particular relação de trabalho, na situação de trabalho de entrevista. Essa particularidade é da palavra relação ao outro/sujeito que faz do depoimento, de pronto, testemunho[61]. Ela imediatamente os afetava mutuamente[62] e os (re)questionava, em torno dos temas organizadores das entrevistas e das questões que deles decorriam e se faziam nessa situação. Aí a palavra não escrita[63], *testemunha* que é no ato da atividade de trabalho real dessa situação de trabalho, também fazia do depoimento do trabalhador testemunho[64]. No outro acompanhamento, a palavra escrita da entrevistadora dá-se intermediada pela distância e a não presença do outro, do trabalhador. Aí a palavra portava essa relação e essa não presença e procurava registrar palavras ditas, instantâneas e momentos daqueles tempos de vida do trabalhador, profissão – Fresador-Ferramenteiro.

Palavra-falada e palavra-escrita, portadas na narração do presente trabalho, interdependentes entre si – e cada uma com suas especificidades, fincadas nas subjetividades de *quem/sujeito* profere a primeira e de *quem/sujeito* a escuta e faz uso da segunda, e ancoradas nos lugares sociais que ambos ocupam nessa interdependência. As palavras confluem à elaboração dessa narração e são relação ao outro/ao sujeito e na condição de *testemunhas* do tempo passado e do aqui e agora.

---

61 ROSA, Maria Inês. *Usos de si e testemunhos de trabalhadores. Com estudo crítico da Sociologia Industrial e da Reestruturação Produtiva.* cap. 3, p. 77-121; cap. 4, p. 156-159.
62 DERRIDA, Jacques. *Adieu à Emmanuel Levinas*; LANDA, Fábio. Loucura da língua e o assassinato do vivente. *Pró-posições*, Campinas, v. 13, n.3 (39), 2002. p. 11-17.
63 RICOEUR, Paul. Travail et parole. *Esprit*. Paris, jan-1953. p. 101-102.
64 ROSA, Maria Inês. *Usos de si e testemunhos de trabalhadores. Com estudo crítico da Sociologia Industrial e da Reestruturação Produtiva.* cap. 4, particularmente p. 150-159.

CAPÍTULO 2

Tempo de vida de não desemprego: transmissão, experiência, regime de trabalho assalariado

> O homem não é jamais um começo.
> Todo homem é um herdeiro[1].

2.1 Transmissão de conhecimentos e valores sem dimensão: não ruptura entre gerações

> Foram me *ensinando* a mexer com os instrumentos de medição, *foram me ensinando* a trabalhar em máquina (fala enfático). A fiação a gente tem que ter *muita sensibilidade na mão* porque a gente fia à mão (exigência do tipo de produto que está sendo feito) (....) então, você tem que ter *sensibilidade* para fiar pequenos blocos. Então, fui aprendendo, aprendendo nisso (...) sempre quis aprender mais (...). Quanto mais eu aprendia, melhor para mim.
> Fresador-Ferramenteiro (destaques nossos)

O trabalhador narra e suas palavras testemunham a sua iniciação paulatina no encontro entre conhecimentos e experiência[2] à realização das atividades

---
1 ELIAS, Norbert. *Qu'est-ce que la Sociologie?* p. 34.
2 SCHWARTZ, Yves. De l'inconfort intellectuel, ou: comment penser les actvités humaines? In: COURS-SALIES, Pierre (Org.). *La liberté du travail.* Paris: Ed. Syllepse, 1995. p. 99-149; SCHWARTZ, Yves. *Expérience et connaissance du travail.* Paris: Messidor/Ed. Sociales, 1988; ROSA, Maria Inês. *Usos de si e testemunhos de trabalhadores. Com estudo crítico da Sociologia Industrial e da Reestruturação Produtiva.* particularmente cap. 4, p. 132-150; cap. 5, p. 161-227; cap. 6, p. 229-253.

de trabalho real, as da língua particular de ofício[3]. Tudo lhe era mistério, desconhecido. Nesse tempo, trabalhava nas atividades de trabalho de Auxiliar-Geral:

> Limpava a máquina, varria o chão, é, buscava café, passava óleo em peças.
> Fresador-Ferramenteiro

Entretanto, o seu corpo-si e/ou corpo-próprio[4], ou seja, o seu ser por inteiro se debruçava sobre esse mistério com vistas a "ter muita sensibilidade na mão". "Você tem que ter sensibilidade" e "foram me ensinando a mexer com instrumentos de medição, foram me ensinando a trabalhar na máquina". Contava, então, com quinze anos de idade, era o ano de 1975. Essa iniciação, aprendizagem dessa língua particular, transcorria no decorrer dos poros da jornada de trabalho, das 7h às 17 horas, no setor de Ferramentaria de uma empresa do ramo ótica e mecânica de alta precisão. Fora registrado na Carteira de Trabalho, o que significa que se cumprira o direito do trabalhador: o do contrato de trabalho. Após transcorrido um ano e meio, o trabalhador já exercia as atividades de trabalho real de Retificador:

> (...) trabalhava de Retificador,
> Fresador-Ferramenteiro

---

3   Em relação ao termo ofício, inspiramo-nos em SCHWARTZ, Yves. Introduction. Métier et Philosophie. In: IDEM, *Le paradigme ergologique ou un métier de Philosophe*. p. 7-68. O autor não considera ofício referido ao trabalho do artesão, mas o considera na complexidade do que designa por atividade humana que atravessa o tempo, a história, e que escapa aos enquadramentos de modelos filosóficos e teóricos e às racionalizações sobre o trabalho. Ele é da ordem do uso de si por si mesmo requerendo sempre esta atividade, também industriosa, do sujeito, no caso, na condição de trabalhador: "(...) é um verdadeiro "trabalho", trabalho sobre "si" (...)", p. 32, na relação com o outro, consigo, e nas relações humanas, sociais, de acordo com nossas palavras. Esse ponto de vista ergológico imbrica-se com o ponto de vista filosófico, desenvolvidos pelo autor, ao longo do texto, e o termo ofício é problematizado em articulação com conceitos apresentados em outros momentos de sua obra, como por exemplo: "corpo-si", "dramáticas de uso de si"; "ingredientes" e/ou polos 1, 2, 3; uso de si por outro/ uso de si por si. Sublinhemos, em nosso entendimento, a transmissão, se assim podemos dizer, desse ofício (*métier*), sob a perspectiva do sujeito e/ou dessa ordem, que se dá no encontro entre experiência (polo 2) e conhecimentos vários (polo 1).

4   Sobre o "corpo-si", confrontar SCHWARTZ, Yves. Travail et l'usage de soi. In: IDEM, *Travail et philosophie. Convocations mutuelles*. p. 43-66. Publicado: *Pró-posições*, Campinas, v. 11, n.2 (32). p. 34-50, jul-2000. Sobre "corpo-próprio", confrontar RICOEUR, Paul. Individu et identité personnelle. In: *Sur l'individu*. Colloque de Royaumont. Paris: Seuil, 1987. p. 65. Optamos por não colocar entre aspas ambos os termos, ao longo da narração do texto.

Penumbra: experiência, memória. Descarte do trabalhador

e com quase dezessete anos de idade. E isso graças ao fato de que, como afirma, sempre quis aprender mais (...). Quanto mais eu aprendesse, melhor para mim". Ele se refere às escalas de promoções e às hierarquias de funções no interior do setor de Ferramentaria. Todavia o movia não somente o interesse promocional e funcional que também compreendia a melhoria salarial. Aquele seu debruçamento de si mesmo, de seu corpo-si, sobre o mistério dessa língua particular, era impelido pela pulsão de saber e/ou o instinto epistemofílico[5], alimentado pelo *encontro* com o outro, o membro da geração adulta, que

> (...) era um cara superbacana (...) humano para caramba, sabe? Ele foi vendo que eu fui aprendendo (...) e fez um esquema de promoção para mim.
> Fresador-Ferramenteiro

Esse trabalhador "cara superbacana", "humano", era o seu chefe imediato. Ele propicia ao trabalhador Fresador-Ferramenteiro, já não mais iniciante, saciar a pulsão de saber direcionada para o encontro entre conhecimentos e experiência[6] de atividades de trabalho específicas, as de um dado trabalho e língua respectiva. Não o tolhia pelo exercício do poder de chefia que realizava, no interior da divisão hierárquica das funções no setor de Ferramentaria. É sob esse prisma que pontua o trabalhador ser o chefe "cara superbacana", "humano". Assim, esse trabalhador, na qualidade de chefe, aí exerce a sua autoridade[7] graças à posse da língua particular de ofício e não obscurecida, senão subsumida, por esse exercício de poder que tende a prevalecer nessa divisão.

> (...) às vezes, eu já tinha aprendido e tal, fazia o serviço normal e *ia* até a produção para *ver* o problema que dava na ferramenta. Mesmo eu não sendo daquela função, (a do trabalhador adstrito à produção de ferramenta) eu ia ver o que que era porque, às vezes, a gente *só no olhar* a ferramenta, o que que está acontecendo na ferramenta (...) a gente já percebe o problema que está tendo.
> Fresador-Ferramenteiro (destaques nossos)

---
5 FREUD, Sigmund. *Três ensaios sobre a teoria da sexualidade*. Rio de Janeiro: Imago, 2002. p. 71-72.
6 Cf. nota 2 do presente capítulo.
7 ARENDT, Hannah. Que é autoridade? In: IDEM, *Entre o passado e o futuro*. São Paulo: Ed. Perspectiva, 1979. p. 127-187.

25

Mais uma vez, era nos poros da jornada de trabalho que ele saciava a curiosidade inerente àquela pulsão de vida:

> fazia o serviço normal (as atividades de trabalho real que *devia* fazer) e ia até a produção para ver o problema que dava na ferramenta (...) às vezes, a gente só no olhar a ferramenta o que que está acontecendo na ferramenta (...) a gente percebe o problema que está acontecendo.
>
> Fresador-Ferramenteiro

Ressalte-se que "no olhar[8] apreende, de imediato, o problema que ocorreu com a ferramenta na sua feitura. Isso só é possível devido àquele encontro satisfatório[9] com o chefe, já detentor de conhecimentos específicos das atividades de trabalho real, de *seu* trabalho, que lhe foi *transmitindo* a língua particular de ofício, ancorada, por sua vez, na língua universal, a do humano[10]. Sem essa não haveria a transmissão da língua particular – de suas normas antecedentes[11] – vale dizer, dos conhecimentos prévios para a realização das atividades de trabalho

---

8   Sobre outros aspectos de análise sobre o "olhar" a que se reporta o trabalhador, confrontar ROSA, Maria Inês. *Trabalho, subjetividade e poder.* cap. 2, p. 86-87, 97. É ressaltado também o "olhar" como aproximação/amizade ao outro, no sequestro do tempo de vida, sob o domínio do tempo de trabalho quantitativo (abstrato), nas atividades, no *locus* do espaço de trabalho: cap. 2, p. 69-70. Em destaque outros aspectos do "olhar", sob a nova modalidade de uso de si: ROSA, Maria Inês. *Usos de si e testemunhos de trabalhadores. Com estudo crítico da Sociologia Industrial e da Reestruturação Produtiva.* cap. 5, p. 171-196.
9   Cf. nota 83 do presente capítulo.
10 Inspiramo-nos em DERRIDA, Jacques. *Anne Dufourmanelle invite Jacques Derrida à répondre. De l'hospitalité.* p. 81-85, 117-133. Quanto à existência de duas línguas, a mais ampla, geral, a do humano, e a particular, nesse último caso consideramos a de ofício. Essa não existe sem aquela que é já relação ao outro, é hospitalidade, plasmando-a com essa especificidade. A língua define "le chez soi" (a morada interior) pois a portamos onde quer que nos movamos e habitemos: é relação a mim-mesmo, ao outro, ao país originário etc., é ela, ainda, a última morada e a portamos. p. 81-83. Tradução livre. Também confrontar p.117-133. Cf. nota 55 do capítulo 1. De ora em diante, referiremos a essa obra do autor pelo segundo título.
11 Sobre a dupla dimensão da norma, a de média e a do tempo criador (subjetivo), confrontar SCHWARTZ, Yves. Des concepts d' "horizont". In: IDEM, *Expérience et connaissance du travail.* cap 20, p. 679-741: especificamente p. 695-712. As normas antecedentes concernem à dimensão de média da norma. Cf. ROSA, Maria Inês. *Usos de si e testemunhos de trabalhadores. Com estudo crítico da Sociologia Industrial e da Reestruturação Produtiva.* cap. 4, p. 123-159, especificamente p. 124-150. A autora considera essa dupla dimensão e a desenvolve no entrecruzamento com os testemunhos de trabalhadores e também ao longo dos capítulos subsequentes. Nesse sentido, ROSA, Maria Inês. Formar, não treinar: o lugar da palavra. *Pró-posições*, Campinas, v. 21, n.3 (63) set./dez. 2010. p. 155-172.

real que lhe são próprias. Muito menos, não haveria o *encontro* entre gerações, no caso, a do jovem trabalhador, ainda adolescente, membro da geração jovem, e a do trabalhador profissional, membro da geração adulta, que transmite esses conhecimentos. Nessa transmissão eram *ensinadas* ao jovem trabalhador adolescente, essas normas da língua particular de ofício. Esse encontro, na situação de trabalho, mostra a inexistência da ruptura entre gerações, em outros termos, mostra a interdependência entre gerações e a interpenetração de conhecimentos e de experiências entre ambas. Um outro encontro imemorial aí se renova: o da experiência coletiva (*Erfahrung*) com a experiência individual (*Erlebnisse*)[12] que é também o do encontro entre conhecimentos e experiência. Esses conhecimentos correspondem ao ingrediente 1 ou polo 1 e/ou registro 1, ou ainda ao patrimônio histórico de conhecimentos vários e específicos de um passado imemorial, modificados, acrescentados ao longo da história passada e recente, sejam eles epistêmicos, técnicos, sociais. São conhecimentos ancorados na experiência coletiva, os da tradição, que, por sua vez, interpenetram os específicos da experiência individual. Essa corresponde também à experiência que cada sujeito realiza, no uso que faz de si por si mesmo[13], "mestre do possível"[14] que é, no caso, nessa transmissão

---

12 BENJAMIN, Walter. Experiência e pobreza. In: IDEM, *Magia e técnica, arte e política. Ensaios sobre literatura e história da cultura. Obras Escolhidas, vol. 1.* p. 114-119; BENJAMIN, Walter. O Narrador. Considerações sobre a obra de Nikolai Leskov. In: IDEM, *Magia e técnica, arte e política. Ensaios sobre literatura e história da cultura. Obras Escolhidas, vol. 1.* p. 197-221; BENJAMIN, Walter. Sobre a linguagem em geral e sobre a linguagem humana. IDEM, *Sobre arte, técnica, linguagem e política.* Lisboa: Antropos/Relógio d'Água, 1992. p.177-196. GAGNEBIN, Jeanne Marie. Mémória, história, testemunho. In: IDEM, *Lembrar, escrever, esquecer.* Rio de Janeiro: Ed. 34, 2006. cap. 4, p. 49-57. A autora, ao referir-se a essas duas experiências, coloca entre parênteses as respectivas menções na língua alemã; JEDLOWSKI, Paolo. *L'esperienza nella modernità. Walter Benjamin e la "fine dell'esperienza".* IDEM, *Memoria, esperienza e modernità. Memorie e società nel XX secolo.* Milano: Franco Angeli, 2007. cap. 1, p. 13-42; LÖWY, Michel. Walter Benjamin crítico do progresso: à procura da experiência perdida. In: IDEM, *Romantismo e messianismo.* São Paulo: Editora da Universidade de São Paulo/Ed. Perspectiva. cap. 9, p. 189-202. Paolo Jedlowski destaca que há, na obra do autor, atrofia da experiência, não sua desaparição em relação à dualidade, tradição e modernidade.

13 SCHWARTZ, Yves. Les ingrédients de la compétence: un exercice nécessaire pour une question insoluble. *Éducation Permanente*, n. 133, p. 9-34, 1997-4. Publicado: *Educação & Sociedade*, Campinas, n. 65. p. 101-139, dez.1998; ROSA, Maria Inês. *Usos de si e testemunhos de trabalhadores. Com estudo crítico da Sociologia Industrial e da Reestruturação Produtiva;* IDEM, Formar, não treinar: o lugar da palavra. *Pró-posições*, Campinas, v. 21, n.3 (63). p.155-171.

14 Cf. nota 39 do capítulo 1.

onde tem lugar o encontro entre gerações. Esse uso concerne ao ingrediente 2 ou polo 2 e/ou registro 2[15].

A experiência coletiva é portada por *quem* transmite e ensina a língua particular de ofício que também porta a experiência individual, e *quem* acede e aprende ambas, mergulhado nesse encontro, as portará, o que significa que uma e outra experiência constituem as gerações, adulta e jovem[16]. Uma relação de interdependência entre "sujeitos", de quem ensina e de quem recebe o ensinamento, tem lugar no momento do encontro, e se estabelece a *ligação* dos fios invisíveis da tradição fundantes na transmissão de conhecimentos (experiência coletiva) que possibilita ao ser vivo humano, ao sujeito, ir tecendo a sua experiência individual, porém numa interdependência e numa interpenetração com a experiência coletiva, a passada e a daqui e agora. Lembremo-nos da

> (...) lenda muita antiga (provavelmente uma fábula de Esopo) do velho vinhateiro que, no seu leito de morte, confia a seus filhos que um tesouro está escondido no solo do vinhedo. Os filhos cavam, cavam, mas não encontram nada. Em compensação, quando chega o outono, suas vindimas se tornam as mais abundantes da região. Os filhos então reconhecem que o pai não lhes legou nenhum tesouro, mas sim uma preciosa *experiência*, e que sua riqueza advém dessa experiência[17].

"Uma preciosa *experiência*", que é a transmissão pelo pai, velho ancião (geração adulta) para os seus filhos (geração jovem) que continuarão a sua transmissão e "transmissibilidade" a "(...) da tradição retomada e transformada, em cada geração"[18]. Encontro entre gerações em que a *palavra* é relação ao outro e

---

15 Cf. nota 13 do presente capítulo.
16 ROSA, Maria Inês. Formar, não treinar: o lugar da palavra. *Pró-posições*, Campinas, v. 21, n. 3 (63), set./dez.2010. p. 155-172.
17 GAGNEBIN, Jeanne Marie. Memória, história, testemunho. In: IDEM, *Lembrar, escrever, esquecer*. cap. 4, p. 39-57, particularmente p. 50 (destaque da autora). A autora analisa os dois artigos de Walter Benjamin: "Experiência e pobreza" e "O narrador" citados na nota 12 do presente capítulo.
18 GAGNEBIN, Jeanne Marie. Memória, história, testemunho. In: IDEM, *Lembrar, escrever, esquecer*. p. 50. Walter Benjamin, por vezes, considera que se interrompeu a transmissão e a transmissibilidade da experiência coletiva (*Erfahrung*, a tradição), aquela "preciosa experiência", aquele tesouro. Para Paolo Jedlowski, em sua obra citada na nota 12, essa ambiguidade

Penumbra: experiência, memória. Descarte do trabalhador

garantidora dessa continuação, desse precioso tesouro, dessa riqueza. E ela se faz presente no encontro do jovem-trabalhador (aprendiz) com o "velho" trabalhador que lhe transmite a língua particular de ofício, ligando aqueles fios invisíveis da tradição (da experiência coletiva) graças àquela interpenetração e interdependência dessa língua com a língua universal humana[19], constituindo um tesouro, "uma preciosa experiência", compartilhada por ambas as gerações[20]. Nesse encontro, o tempo de trabalho abstrato e/ou tempo de trabalho quantitativo[21] é suspenso e vem à luz o tempo desse tesouro, o do trabalho particular concreto e/ou o do tempo de trabalho qualitativo, sem o qual nenhuma atividade

---

do autor tem lugar porque há, de sua parte, a admissão da transformação dessa experiência, bem como a da experiência individual (*Erlebnisse*) que foi transformada em fugacidade e na experiência do choque. Ela se atrofiou, não desapareceu. Haveria ambiguidade no que concerne a essa interrupção. Acreditamos que Walter Benjamin oscila, havendo até ambivalência, no que tange à problemática da ruptura entre gerações e, pois, da transmissão/transmissibilidade da experiência, da tradição, e da perda dessa última, na relação com a experiência individual. Nessas oscilação e ambivalência entrevê-se a esperança de não realização dessas ruptura e perda malgrado as mudanças nas atividades humanas de trabalho, no contexto da consolidação do regime econômico capitalista e da fetichização das relações humanas, sociais. Sobre esse contexto, confrontar a obra de Michael Löwy acima citada na nota 12. Nessas relações sobressai o dinheiro, equivalente geral de troca, como meio absoluto que abstrai as particularidades/singularidades, na relação social da troca mercantil e capitalista. Cremos que há em Walter Benjamin a presença da concepção de trabalho marxiana, *herdeira* da filosofia platônica, de sua *transmissão*: o trabalho é execução, e o trabalhador é reduzido à força de trabalho e subsumido o uso dessa força ao tempo de trabalho abstrato. Todavia, entrevê-se nas análises do autor a impossibilidade de realização dessa situação que é a do sujeito passivo, como uma caixinha receptora dos comandos desse tempo e da máquina, trabalho morto, o que significaria que a transmissão/transmissibilidade da experiência coletiva e da experiência individual se renovariam em função das transformações no trabalho e na sociedade, como um todo. Essa *esperança* faz-se presente nessas análises. Talvez, o cerne daquelas oscilação, ambiguidade e ambivalência do autor esteja nessa herança, na transmissão dessa sua tradição filosófica que ele reitera. Confrontar os artigos citados na nota 12 de Walter Benjamin. Também do autor: "Experiência". In: BENJAMIN, Walter. *Reflexões sobre a criança, o brinquedo e a educação*. São Paulo: Duas Cidades/ Ed. 34, 2002. cap. 2, p. 21-25.

19 Cf. nota 10 do presente capítulo.
20 ELIAS, Norbert. *Teoria simbólica*. Cf. notas 50, 52 do capítulo 1.
21 Confrontar a análise que efetuamos da tensão entre esses tempos de trabalho, no processo imediato de trabalho: ROSA, Maria Inês. *Trabalho, subjetividade e poder*. Inspiramo-nos em NAVILLE, Pierre. *Le nouveau Léviathan 1. De l'alienation à la jouissance (la genèse de la Sociologie du Travail chez Marx et Engels)*. Paris: Anthropos, 1970, 2ª. parte, capítulos X-XII, respectivamente p. 369-396; p. 397-417; p. 418-437.

humana se realizaria, no caso, a do trabalho[22]. Mesmo estando sob o império daquele tempo, o do abstrato e/ou o do trabalho humano em geral, como testemunham as palavras do trabalhador Fresador-Ferramenteiro: "fazia o serviço normal", sob o controle desse tempo na jornada de trabalho e, em seus poros, "ia até a produção para ver o problema que dava na ferramenta". Esse tempo de trabalho abstrato/quantitativo abstrai essa busca de acesso à língua de ofício – a experiência individual: de seus possíveis singulares e de sua história, no caso, a desse jovem trabalhador se fazendo no presente, no aqui e agora, mediante o encontro – a transmissão e a transmissibilidade – daqueles fios invisíveis da tradição, da história da humanidade, nas atividades de trabalho real, sob o regime econômico capitalista e seu regime de trabalho correspondente, o assalariado.

Há tensão permanente entre esses tempos porque o primeiro é da ordem do valor e de seu equivalente geral, o dinheiro, que já na esfera social da relação da troca no mercado de trabalho abstrai essas singularidades e particularidades do trabalho particular e experiência individual e seus possíveis singulares – *de quem o realiza* – e as reduz a trabalho humano, trabalho geral, a mercadoria força de trabalho[23].

Essas abstrações são efetivadas no uso dessa força como uso de si capitalístico[24], do ser vivo humano em sua totalidade, nas diversas atividades de trabalho real. Entretanto esse uso dá-se, sobretudo, calcado na segunda ordem de experiência, a individual, regida pelo tempo de trabalho qualitativo e, portanto, já, aquele encontro e seus frutos: os da transmissão e os da transmissibilidade de suas línguas – a universal e a particular de ofício, interdependentes e se interpenetrando, a "tradição retomada e transformada, em cada geração", ou seja, a presença de sua sedimentação e continuidade, modificadas. O valor que é regido pela apreensão do trabalho humano como execução e, como tal, passível de men-

---

22 SCHWARTZ, Yves. Travail et l'usage de soi. In: IDEM, *Travail et philosophie. Convocations mutuelles.* passim. O autor nomeia a atividade humana de ergológica. Cf. ROSA, Maria Inês. *Usos de si e testemunhos de trabalhadores. Com estudo crítico da Sociologia Industrial e da Reestruturação Produtiva.* passim.
23 MARX, Karl. *O capital (Crítica da Economia Política). Livro 1: O processo de produção capitalista.* Vol.1. cap. I, p. 41-93; SIMMEL, Georg. *Philosophie de l'argent.* Partie Analytique, p. 21-341.
24 Cf. notas 6, 7 do capítulo 1.

suração, quantificação, depende dessa experiência, por mais que, em sua realização, a abstraia. Por sua vez, a experiência é regida pela condição humana de que se é "mestre do possível", no aqui e agora nas atividades de trabalho real:

> (...) O aqui e agora é o fato de que eu sou mestre, *mestre do possível*, mestre de apreender o possível" [25],

concernente ao uso que o sujeito *se* faz de si mesmo, a sua responsabilidade na/pela experiência individual, sob os marcos dos valores – não mensuráveis, os valores sem dimensão[26]. "Mestre do possível" que se dá na (inter)dependência e prevalência do valor e de sua definição do trabalho como execução[27]. Valores em confronto que marcam e delimitam essa esfera de ação desse uso, a experiência individual, o "mestre do possível". Não obstante esse confronto e prevalência, no aqui e agora, esse uso e experiência, "mestre do possível", fazem-se sob os valores não dimensionáveis e remetem às pulsões de vida, ao sujeito não passivo, ao presente. Já os valores mensuráveis remetem às pulsões destrutivas, às de morte[28], que empreendem reduzir o sujeito à passividade e/ou a não experiência[29], ou seja, a não transmissibilidade e não acolhimento daquela "preciosa experiência", daquela riqueza não quantificável, a dos valores não mensuráveis, não mercantis capitalistas.

Essa "preciosa experiência" transmitida é-nos narrada pelo trabalhador Fresador-Ferramenteiro em 1990, já passados quinze anos, desde aquele seu encontro com o "velho" trabalhador detentor da língua particular de ofício. A sua narração, a sua palavra, *testemunha* o não esquecimento, a memória desse encon-

---

25 LEVINAS, Emmanuel. *Le temps et l'autre*. p. 59 (destaques nossos). Tradução livre. Cf. nota 14 do presente capítulo. Cf. nota 39 do capítulo 1.
26 Cf. nota 37 capítulo 1.
27 ROSA, Maria Inês. *Usos de si e testemunhos de trabalhadores. Com estudo crítico da Sociologia Industrial e da Reestruturação Produtiva*. cap. 4, p. 123-159; cap.5, p.161-227. IDEM, Usos de si no trabalho e densificação: nova modalidade. In. FÍGARO, Roseli. (Org.). *Gestão da comunicação no mundo do trabalho, educação, terceiro setor e cooperativismo*. cap. 11, p. 117-134. Cf. nota 6 do capítulo 1.
28 Inspiramo-nos em FREUD, Sigmund. *Mas alla del principio del placer*. Obras Completas. Vol. I. Madrid: Editorial Biblioteca Nueva, 1948. p. 1111-1139.
29 LEVINAS, Emmanuel. *Le temps et l'autre*. p. 56-60.

tro e a não ruptura entre gerações, podemos dizer da tradição. Testemunha, pois, a durabilidade e, com ela, a sedimentação dessa experiência na indissociabilidade – nas interdependência e interpenetração – com a experiência coletiva, ou seja, das línguas universal e particular, a primeira compartilhada pela comunidade das gerações[30], adulta e jovem, e a segunda compartilhada especificamente pelos trabalhadores que a ela acedem, quer adultos, quer jovens, todavia, na indissociabilidade das línguas e de sua transmissão.

Prosseguem a transmissão e transmissibilidade desse encontro – dessa "preciosa experiência" que é também a daquele encontro entre conhecimentos humanos, técnicos, sociais, específicos (os da língua particular de ofício) e não específicos (os da experiência coletiva, da tradição) – constituindo a experiência individual desse trabalhador nas atividades de trabalho real na área de Retífica, durante quatro anos e dez meses (até o ano de 1977) e na área de Corte e Repuxo durante oito anos (de 1977 a 1986), no setor de Ferramentaria. Nesse tempo de trabalho, já na última área, ascendera na escala hierárquica funcional: Meio-Oficial Fresador e Oficial Fresador. Essas transmissão e transmissibilidade são rememoradas pelo trabalhador na narração de seu testemunho:

> (...) O (cita o nome do trabalhador, membro da geração adulta) me *ajudou muito* (fala com ênfase e emoção). Porque, às vezes, eu estava fazendo o serviço para ele, eu chegava para ele, falava: ó (cita o nome desse trabalhador) eu matei (errei) a peça. Ele falava: 'ah, vamos ver o que é que você errou'. Ele chegava, pegava o desenho, 'olha' (diz no diminutivo o nome do jovem trabalhador), porque ele me chama de (pelo seu nome no diminutivo), 'ó (diz de novo o diminutivo do nome do jovem trabalhador) você errou aqui, tal, você devia ter feito assim, assado, a próxima peça você faz desse jeito, assim, assim'.
> Fresador-Ferramenteiro (destaques nossos)

"Eu estava fazendo o serviço para ele" quer dizer que já exercia as atividades de trabalho real no setor de Ferramentaria, na área de Corte e Repuxo, e as peças a serem produzidas eram demandadas pelos outros trabalhadores do setor que delas necessitavam para realizarem, por sua vez, as atividades de trabalho

---

30 Cf. nota 20 do presente capítulo.

real. Prossegue a transmissão/transmissibilidade da língua particular de ofício junto àquela "preciosa experiência" nessas atividades. Em outros termos, prossegue o encontro entre gerações. Nesse momento, contava o jovem trabalhador em torno de vinte e dois anos de idade.

A palavra "ajudou" exprime a *hospitalidade* e/ou *acolhida* por parte do "velho" trabalhador, geração adulta, do jovem trabalhador. Pela hospitalidade recebida ele continua a aprender a língua particular de ofício que lhe é transmitida. Ela é-lhe ensinada, tal qual naquele primeiro encontro satisfatório: "foram me ensinando a trabalhar em máquinas (...). Então, fui aprendendo, aprendendo (...)", as normas antecedentes dessa língua à realização das atividades de trabalho real. Nessas atividades dão-se, conjuntamente, as atividades de trabalho real de ensinar pela geração adulta: aqui o "velho" trabalhador é também professor[31]. E em suas atividades de trabalho real de ensinar é a língua relação ao outro/ ao sujeito – ao jovem trabalhador e vice-versa: hospitalidade de *quem* ensina e de *quem* recebe o ensinamento e/ou acolhimento mútuo de ambas as gerações. Ela, "(....) a língua é hospitalidade"[32] dela fazendo a relação ao outro presente na transmissão da língua particular de ofício, indissociada da língua geral, humana, da experiência coletiva. Aí se ligam aqueles fios invisíveis da tradição, aquela "preciosa experiência", que se constroem na experiência individual, tanto na do trabalhador/aluno quanto na do trabalhador/professor. Hospitalidade já da língua relação ao outro que, como tal, transmite, ou melhor, é ela transmissão[33] das normas antecedentes dessa língua particular.

---

31 ROSA, Maria Inês. *Usos de si e testemunhos de trabalhadores. Com estudo crítico da Sociologia Industrial e da Reestruturação Produtiva.* cap. 5, p. 201-206; IDEM, Formar, não treinar: o lugar da palavra. *Pró-posições,* Campinas., v. 21, n. 3(63), set./dez. 2010. p. 158-161.
32 DERRIDA, Jacques. *De l'hospitalité.* p. 119. Tradução livre. O autor refere-se a obra de Emmanuel Levinas. Cf. LEVINAS, Emmanuel. *Totalité et infini. Essai sur l'extériorité.* p. 282, onde o autor afirma: (...) a essência da língua é bondade, ou ainda, que a essência da língua é amizade e hospitalidade (...). Tradução livre.
33 Sobre a transmissão dessas normas: SCHWARTZ, Yves. Transmissão e ensino: do mecânico ao pedagógico. *Pró-posições,* Campinas, v. 16, n. 3 (48), set./dez.2005. p.229-244; ROSA, Maria Inês. Formar, não treinar: o lugar da palavra. *Pró-posições,* Campinas, v. 21, n. 3 (63), set./dez.2010. p. 155-172.

É sob a primazia da língua relação ao outro e/ou é ela hospitalidade, acolhimento, que a transmissão é *formação* na atividade de trabalho real de ensinar[34] que tem lugar nas atividades de trabalho real. A atividade de trabalho de ensinar é realizada por aquele "velho" trabalhador, membro da geração adulta. Ele conduz o aluno, no caso o jovem trabalhador, ao acervo da língua particular de ofício – de suas normas, de seus procedimentos e protocolos, aos seus conhecimentos prévios – à realização das atividades de trabalho real atinentes ao setor de Ferramentaria, na área de Corte e Repuxo. Nessa condução, calcada nessa primazia, a dúvida, a reflexão, próprias da atividade de pensar têm lugar: "Vamos ver o que que você errou (...) olha, você errou aqui, tal, você devia ter feito (...) desse jeito, assim, assim". Entrecruzam na transmissão e, pois, formação, *a atividade de pensar* com a *atividade de conhecer* esses procedimentos e protocolos das normas, dos conhecimentos da língua particular de ofício, não estando, pois, essas atividades dissociadas.[35] E nessa indissociabilidade há o (re)trabalho dos conhecimentos e seu (re)questionamento no encontro entre conhecimentos e experiência individual, a do jovem trabalhador, nessa transmissão pela atividades de trabalho real de ensinar para o bem pensar e o bem fazer em atividades de trabalho real. Aí um tempo outro se manifesta, o da temporalidade pessoal, a ergológica[36], que é da ordem dos possíveis singulares (da subjetividade), da formação e história do jovem trabalhador em *formação*. Ou seja, esse tempo é da ordem do sujeito, que não se enquadra na mensuração, na quantificação do tempo de trabalho abstrato, o do valor. É o uso de si que se faz, *"mestre do possível"* que é, nas relações de

---

34 ROSA, Maria Inês. Formar, não treinar: o lugar da palavra. *Pró-posições*, Campinas, v. 21, n. 3 (63), set./dez.2010, p 155-172. A autora efetua a distinção entre formar e treinar, com base na distinção entre a atividade de pensar (a primeira) e a atividade de conhecer (a segunda), calcada na língua, relação ao outro, e considerando a dupla dimensão da norma, citada na nota 11 do presente capítulo.

35 Sobre a distinção entre atividade de pensar e atividade de conhecer, confrontar ARENDT. Hannah. Pensamento e considerações morais. In. IDEM, *Responsabilidade e julgamento*. São Paulo: Companhia das Letras, 2004. p. 226-257. Cf. nota 34 do presente capítulo.

36 SCHWARTZ, Yves. De l' inconfort intellectuel, ou comment penser les activités humaines? p. 99-149; IDEM, Travail, activité et économie. Aix-em-Provence, 1998. p.1-11. Publicado In: SCHWARTZ, Yves. *Le paradigme ergologique ou un métier de Philosophe*. p. 505-516; ROSA, Maria Inês. *Usos de si e testemunhos de trabalhadores*. Com estudo crítico da Sociologia Industrial e da Reestruturação Produtiva. p. 71 e passim. Denominamos também essa temporalidade de pessoal (subjetiva).

Penumbra: experiência, memória. Descarte do trabalhador

trabalho mercantis capitalistas, por isso ele diz "eu matei (errei) a peça". O velho trabalhador, aí professor, diz-lhe: "vamos ver o que que você errou". A palavra *acolhe* o jovem trabalhador que foi "aprendendo, aprendendo", como afirmara anteriormente, na narração de seu testemunho. No acolhimento e/ou hospitalidade da e pela palavra do outro, da geração adulta – do "velho" trabalhador – em direção à geração jovem – à do jovem trabalhador – manifesta-se a capacidade de preocupação[37] da primeira em relação à segunda ensinando-a, formando-a, conduzindo-a a esses bem pensar e bem fazer, sem os quais *nenhuma* atividade de trabalho real se realiza. Capacidade de preocupação essa portada já na língua relação ao outro/hospitalidade, realizando a *transmissão* da língua particular de ofício e compartilhando-a com o jovem trabalhador, na interdependência da língua universal, a experiência coletiva, a "preciosa experiência", aquele tesouro deixado pelo velho pai, enfermo no leito, aos filhos. Quando o jovem trabalhar reitera que o "velho" trabalhador lhe chamava pelo diminutivo: " (...) porque ele me chama de (seu nome no diminutivo)" ele alude tanto a hospitalidade que é a língua – a palavra – quanto a essa capacidade. Uma e outra fazendo com que ambas as gerações se aproximem e compartilhem desse "tesouro", dessa "preciosa experiência", dos fios invisíveis da tradição legados, que se modificam e se reno-

---

[37] Inspiramo-nos em WINNICOTT, Donald Woods. O desenvolvimento da capacidade de se preocupar (1963). In: IDEM, *O ambiente e os processos de maturação. Estudos sobre a teoria do desenvolvimento emocional.* Porto Alegre: Artmed, 1983. cap.6, p.70-77. O autor analisa o desenvolvimento dessa capacidade do ser vivo humano, quando bebê, na relação com a mãe, em sua maturação biológica, emocional (psíquica), intelectual que implica a responsabilidade com o outro. Nesse momento, essa relação ainda não é edípica, é dual, segundo o autor. Esses sentimentos surgem pelo/com o sentimento de culpa devido aos sentimentos destrutivos em direção à pessoa da mãe, ou a pessoa que venha substituí-la, na ambivalência afetiva, vividos pelo bebê. São esses sentimentos sobrepujados pelos primeiros. Podem também não o serem o que implica a fragilidade desta "capacidade" e mesmo em sua ausência. Estamos considerando "a capacidade de se preocupar" enquanto capacidade de preocupação com outro/responsabilidade com o outro, no contexto das relações interpessoais na relação entre geração adulta e geração jovem na transmissão/acolhimento do outro, do jovem desta geração, no espaço do *locus* de trabalho. A manifestação dessa preocupação pressupõe já a realização daquela capacidade, naquela relação dual, sem a qual inexistiria a capacidade de preocupação com o outro/sujeito nesse espaço e no social. Em nosso entendimento, essa relação bebê/mamãe, mesmo dual, já porta o terceiro, no caso o passado imemorial da humanidade, seus traços/restos na memória e na subjetividade da cuidadora (mãe ou sua substituta), mesmo que renovados e modificados em função do processo histórico/civilizatório da humanidade e contextos culturais distintos.

vam, no aqui e agora, ao longo da história e, no caso, nas atividades de trabalho real, na transmissão da língua particular de ofício.

Nesse compartilhamento pelas gerações adulta e jovem desse *bem comum* de ambas as línguas – universal (experiência coletiva) e particular de ofício (experiência individual) – vem à tona que o trabalho é uso de si por outro, pelo capital – uso de si capitalístico – e, no mesmo ato, uso de si por si mesmo e não execução, o que faz dele experiência[38] e, conjuntamente, assim se constrói a experiência do trabalho. Essas experiências estão encravadas e são herdeiras da transmissão/transmissibilidade dessas línguas, da tradição – daqueles fios invisíveis – que as constituíram, de suas mudanças, e do novo que portarão, porque são valores sem dimensão configuradores desse *bem comum* que elas são.

E, mais uma vez, o jovem trabalhador, em sua narração, dá testemunho dessa transmissão/transmissibilidade e desse compartilhamento:

> (nomeia o segundo "velho" trabalhador acima referido e um outro) são pessoas que me *ajudaram bastante*, lá dentro (fala enfaticamente e emocionado essas duas últimas palavras). O (nomeia um outro "velho" trabalhador) me *ensinou* a trabalhar na Retífica, ele e o (nomeia um outro "velho" trabalhador (...) foram os primeiros que me *ajudaram* (....). O (nomeia outro "velho" trabalhador) também. Às vezes, eu chegava para ele: ó (nomeia-o, novamente) eu matei (errei) a peça. 'Ah, matou a peça? Vamos ver se a gente acha material aí, nem precisa falar com o chefe'. Só para ele num dar bronca em mim.
>
> Fresador-Ferramenteiro (destaques nossos)

A palavra "ajudaram" exprime, como salientado, a hospitalidade. Ela é também dita como sinônimo de ensinar: "me ensinou a trabalhar" isso porque a atividade de trabalho real de ensinar é de formação, dando-se pela língua, relação ao outro, ao sujeito[39] – ao jovem trabalhador/aluno que é conduzido por esses

---

[38] Cf. nota 6 do capítulo 1. SCHWARTZ, Yves. *Le travail comme expérience et les critères du taylorisme*. In. IDEM, *Le paradigme ergologique ou un métier de Philosophe*. Texte 14, p. 333-358. ROSA, Maria Inês. *Usos de si e testemunhos de trabalhadores.Com estudo crítico da Sociologia Industrial e da Reestruturação Produtiva*. cap. 5, p. 161-227, particularmente p. 178-195.

[39] ROSA, Maria Inês. Formar, não treinar: o lugar da palavra. *Pró-posições*, v. 21, n. 3 (63) – set./dez. 2010. p. 155-172. IDEM, *Usos de si e testemunhos de trabalhadores. Com estudo crítico da Sociologia Industrial e da Reestruturação Produtiva*. cap. 5, p. 161-227.

"velhos" trabalhadores, e os dois anteriores mencionados, membros da geração adulta, pela transmissão/transmissibilidade, ao acesso e ao compartilhamento da língua particular de ofício, de seus conhecimentos prévios, científicos e técnicos. É também o compartilhamento das experiências individuais desses membros e dos aí ausentes que com eles compartilharam esses conhecimentos e suas experiências individuais. Transmissão e transmissibilidade da tradição dessa língua renovada, dela fazendo um bem – um valor imaterial[40] – sem dimensão, não quantificável, de cada um desses membros e dos ausentes. É ele conhecimento e experiência "social individual"[41].

A palavra "ajudaram" é testemunha da hospitalidade, da acolhida e também, conforme destacado, manifestação da capacidade de preocupação com o outro, no caso do jovem trabalhador por parte de membros da geração adulta. Todavia a palavra, a língua, relação ao outro e/ou é "a língua hospitalidade", é testemunha da (inter)dependência entre a geração adulta, e a geração jovem e de que ambas são reféns[42] uma da outra já nessa relação a qual permite essa transmissão/transmissibilidade do conhecimento e experiência "social individual", a experiência coletiva e a experiência individual.

> Uma coisa que, *sei lá* (emocionadíssimo), você *aprende isto, aprende* assim *que fica em você, sabe são coisas que é dita* que fica (silêncio).
> Fresador-Ferramenteiro (destaques nossos)

"Sei lá", "que fica" palavras ouvidas, "ditas(s)" "que fica(m)" as quais remetem a esse bem comum, resultado renovado do encontro entre experiência coletiva e experiência individual e/ou encontro entre conhecimento e ex-

---

40 Inspiramo-nos em MARTINS, José de Souza. Simples e velha honestidade. In: O Estado de S. Paulo, 15/07/2012, p. J6.
41 POLLAK, Michael. Memória, esquecimento, silêncio. *Estudos Históricos*. Rio de Janeiro, v. 2, n. 3, 1989. p. 13. O autor refere-se à "história social individual", e a ela nos reportaremos. Porém nos referiremos à experiência "social individual" e memória "social individual" no decorrer de nossa narração. Cf. nota 54 do capítulo 1.
42 LEVINAS, Emmanuel. *Autrement qu'être ou au-delà de l'essence*. Paris: Le Livre de Poche, 1990. particularmente p. 177, 180, 220, 221, 246-248. Cf. DERRIDA, Jacques. *De l'hospitalité*. passim e particularmente p. 97; DERRIDA, Jacques. *Adieu à Emmanuel Levinas*, particularmente p. 102 e passim.

periência "social individual". Bem comum – valor imaterial, sem dimensão. Elas significam e remetem também à sedimentação, melhor diríamos, à introjeção desse valor "que fica em você", gruda em seu corpo próprio e/ou corpo-si[43] ou, ainda, "corpo-ego"[44], ou seja, constitui o trabalhador como sujeito/ "mestre do possível": "você *aprende* assim que *fica em você*, sabe são coisas que é *dita*". Palavras "dita(s)" na relação ao outro que deixam *rastros* na memória, rememoradas graças a essa introjeção desse valor incomensurável, sem dimensão, em sua transmissão, tecendo a subjetividade. Elas aludem, rememoram e testemunham a situação vivida pelo então jovem trabalhador Fresador-Ferramenteiro, o da dispensa pela empresa do "velho" trabalhador que também o ajudara. Ele, após dispensado, limpou a bancada onde trabalhara, ao contrário do outro "velho" trabalhador dispensado, o que muito o espantou, visto que fora dispensado pelo fato de estar lavando as mãos, pouquíssimos minutos antes de se encerrar o expediente da jornada de trabalho:

> (...) você está indo embora e está limpando tudo?!!! Ele virou para mim, *eu nunca esqueço disto*, virou para mim e falou: 'ué, eu entrei aqui como homem (nomeia-o pelo diminutivo) (...) ele entrou *como homem* (refere-se a esse outro trabalhador dispensado) mas não está saindo como homem, está saindo como moleque'.
> Fresador-Ferramenteiro (destaques nossos)

"Eu nunca esqueço disto (...) São coisas que é dita que fica (silêncio)". Silêncio desses *rastros* deixados pelas palavras escutadas, portanto esse valor imaterial/sem dimensão que constitui a sua subjetividade, os seus possíveis singulares, sua história, sua biografia – seu corpo-ego, "mestre do possível" porque se figurando em relações sociais, aí compreendidas as de trabalho, que são de

---

43 Cf. nota 4 do presente capítulo.
44 Inspiramo-nos em FREUD, Sigmund. *O ego e o Id*. Rio de Janeiro: Imago, 1997. p. 26. O autor aí se refere a "ego corporal". Se bem entendemos, ego e corpo são inseparáveis, o primeiro *é um existente* graças ao segundo e vice-versa. Nesse sentido, confrontar WINNICOTT, Donald, Woods. *O ambiente e os processos de maturação. Estudo sobre a teoria do desenvolvimento emocional*. cap. 7, p. 79-87, particularmente p. 82; cap. 8, p. 88-98, particularmente p. 93 e passim. Cf. LAPLANCHE, J.; PONTALIS, J.-B. *Vocabulário da Psicanálise*. São Paulo: Martins Fontes, 2001. p. 136. A seguir, não mais colocaremos esse termo entre aspas.

subordinação econômica, política. Aí o corpo-si é usado capitalisticamente. Uso esse presentificado na divisão e organização capitalista de trabalho pelas relações hierárquicas funcionais e de exercício de poder da língua do "código de fábrica"[45], que, enquanto poder em seu caráter disciplinar não conhece e não reconhece limites do poder em seu caráter coercitivo e/ou repressivo[46], como ocorreu no exercício de poder de desligamento do capital exercido por aquele chefe, por ocasião dessa dispensa. É sob o crivo dessas relações humanas, sociais, na situação de trabalho na fábrica, que as palavras ditas: "não está saindo como homem, está saindo como moleque" significam "no aqui e agora (...) eu sou mestre do possível, mestre de apreender o possível", se autolegislando[47], à sua maneira, no uso de si que cada ser vivo humano se faz no uso de si capitalístico nessas relações sociais heterônomas.

> O que me ensinaram (fala enfático) *sempre tentei passar para as pessoas* quando estavam precisando alguma coisa. E o (nomeia o trabalhador pelo apelido) foi um cara que eu tentei *ajudar* (...) (ele) tinha quase o mesmo tempo de casa (de anos de trabalho na empresa) que eu.
>
> Fresador-Ferramenteiro (destaques nossos)

---

[45] Cf. nota 17 do capítulo 1. De ora em diante não mais colocaremos aspas nessa palavra. A seguir, retomaremos a problemática da língua do código de fábrica.

[46] Sobre as diferenças entre o caráter disciplinar e o caráter repressivo do poder confrontar FOUCAULT, Michel. *Vigiar e punir*. Petrópolis: Editora Vozes Ltda, 1977. passim. Para o autor, o primeiro constitui-se em uma anatomia política e dispensa a representação, atua *no* corpo, e como contradireito, e o normaliza, isto é, o produz. Eis a sua positividade. O segundo calca-se no nível jurídico-discursivo, dos enunciados ou regras da lei ou do direito, que representa e apresenta o *indivíduo* como constituído de direitos desde que a ele submetido. Pauta pela negatividade. IDEM, *História da sexualidade I. A vontade de saber*. Rio de Janeiro: Graal, 1979. passim. Nesse sentido, confrontar ROSA, Maria Inês. *Trabalho, subjetividade e poder*. p. 93 e passim. Aí se encontra bibliografia específica relativa a esse duplo caráter do poder na perspectiva foucauldiana, além de a autora, sob essa ótica, considerar e analisar as relações de trabalho como relações de poder construindo o modo de ser do trabalhador e, nele, o modo de ser profissional, o modo de ser moral, o dever ser profissional. A tensão é uma constante nessa construção, e ela tem lugar na interlocução com os testemunhos de trabalhadores.

[47] SCHWARTZ, Yves. Discipline épistémique, discipline ergologique. Paideia et politeia. In: MAGGI, Bruno (Org.). *Manières de penser, manières d'agir en éducation et en formation*. Paris: PUF, 2000. p. 45; ROSA, Maria Inês. *Usos de si e testemunhos de trabalhadores. Com estudo crítico da Sociologia Industrial e da Reestruturação Produtiva*. p. 140-141.

O trabalhador, então jovem trabalhador, integra já a geração adulta e, como ela, transmite a esse trabalhador e a outros o que lhe "ensinaram": "sempre tentei passar para as pessoas". Destaca, em particular, esse trabalhador que tentou "ajudar", ou seja, manifesta a hospitalidade e a capacidade de preocupação com o outro na transmissão/ensino da língua particular de ofício nas atividades de trabalho real. Era "mestre do possível" na transmissão desse bem comum que é essa língua, que compartilha com a geração adulta. Laços se constróem nesse compartilhamento, os da amizade. Eles aqui se manifestam ao frisar a sua "ajuda" a esse trabalhador, a quem nomeia, expressão de proximidadade/e desses laços. O mesmo ocorre quando rememora a "ajuda" do segundo "velho" trabalhador, membro da geração adulta, que o chamava pelo diminutivo de seu nome. E nesse momento refere-se ao tempo presente e ao já passado, quando assim era declinado o seu nome: "(...) Ele chegava, pegava o desenho: 'olha (diz no diminutivo o seu nome) porque ele me *chama* de (seu nome no diminutivo)". Aproximações acolhedoras renovadas pela palavra, relação ao outro/sujeito, que deixaram seus rastros, marcas, em sua memória, em seu corpo-ego/corpo-próprio, "que fica(m) em você", constituindo a subjetividade.

A amizade se escancara no dia em que o trabalhador Fresador-Ferramenteiro despediu-se desses trabalhadores, após haver sido dispensado pela empresa[48], onde trabalhou durante onze anos, de outubro de 1975 a agosto de 1986.

> Eu *passei* onze anos lá (emocionado), quando eu saí, eu cumprimentei um por um, tá. Mas *eu tinha muita amizade* (fala enfático), assim, com o pessoal da Retífica porque foi eles que me ensinaram (emocionado) o começo da minha vida, assim, profissional. Então eu, eu segurei, sabe, o máximo que eu pude (o choro), quando chegou na (área de) Retífica que quis, os olhos encheu de água, sabe, eu não conseguia falar (voz embargada). Só estendi a mão para o pessoal (...). Então, quando eu cheguei e fui cumprimentar o pessoal da

---

[48] ROSA, Maria Inês. *Trabalho, subjetividade e poder.* p. 77. Aí apresentamos somente o início da narração desse momento do testemunho que ora fazemos na íntegra. Porém, a amizade nela presente foi analisada sob o crivo da ruptura e da perda dos laços afetivos entretidos pelos trabalhadores, durante dez, quinze, vinte ou mais anos de trabalho em comum, no setor de Ferramentaria. Elas se deram por ocasião da dispensa de vinte e cinco trabalhadores, de uma vez, após passado um ano da dispensa do trabalhador Fresador-Ferramenteiro. Sobre a dispensa, confrontar p. 188-200.

seção eles viram que eu, não dava para mim falar (fica emocionado, a voz embargada de novo, segura o choro). Eu estava com um nó na garganta, até se eu fosse falar aí que ia abrir a boca. Aí eles viram que eu estava segurando (o choro), com os olhos cheio de água (...). Eu não falava nada porque não tinha condição de falar nada (...) *pelo sentimento* que eu tinha com eles, *quantos anos que a gente era amigos*. Não só do pessoal da Retífica, mais eles (da área de Corte e Repuxo).

Fresador-Ferramenteiro (destaques nossos)

"Passei onze anos lá", da adolescência à juventude, dos quinze anos aos vinte e seis anos de idade, e laços afetivos foram construídos: "eu tinha muita amizade". Desde esse momento de despedida, são passados quase quatro anos, e o trabalhador Fresador-Ferramenteiro, ao rememorá-lo, se transporta emocionado para esse tempo de encontro entre a experiência coletiva e a experiência individual, a experiência "social individual", na transmissão da língua particular de ofício. Memória entremeada pela amizade e gratidão da hospitalidade recebida por parte desses trabalhadores, membros da geração adulta. Faltava-lhe a palavra, naquele momento de funda emoção: "Eu não falava nada porque não tinha condições de falar nada (...) pelo sentimento que eu tinha com eles". Difícil de *se* dizer e de exprimir a perda[49], que ainda vivia, do longo convívio com os amigos nas atividades de trabalho real compartilhando as experiências e os conhecimentos do bem comum: a língua particular de ofício e os portados pela língua universal. Ele os portará consigo, porque integram a sua memória, e com ele porta também essa língua particular que lhe foi transmitida e, juntamente, a hospitalidade recebida e a manifestação da capacidade de preocupação desses "velhos" amigos/trabalhadores, para que acedesse aos conhecimentos epistêmicos, técnicos e humanos – valores sem dimensão – dessa língua. É essa relação da língua como relação ao outro que o conduziu a entreter laços afetivos nesse acesso e ao bem pensar e bem fazer nas atividades de trabalho real, que é frisada e também a sua permanência em seu corpo-si/corpo-ego pelas palavras *"sempre"* e *"até hoje"*:

---

49 ROSA, Maria Inês. *Trabalho, subjetividade e poder*. p. 188-200.

> Porque eu *sempre* gostei de retífica e gosto *até hoje.*
>
> Fresador-Ferramenteiro (destaques nossos)

A dispensa ocorreu numa segunda-feira, dia em que o trabalhador sairia uma hora e meia antes de encerrar a jornada de trabalho:

> Quando eu ia saindo, eles falaram para mim, o (cita o nome do chefe imediato) não sei se foi o (este chefe, lembrando) ou o rapaz que trabalha na chefia: 'ó, estão te chamando lá no DP (Departamento Pessoal)'. Aí fui no DP, pensei que era algum recado. Aí, cheguei lá, tal (...) a (cita o nome da funcionária) chegou (...) 'ah, (cita o seu nome) você foi dispensado da firma. A partir de amanhã você não precisa mais vir' (fala baixo, como se segurasse a emoção). Peguei, tal, olhei o papel de dispensa: ó (cita o nome da funcionária) *não está qual o motivo que eles estão alegando* aqui? *A única coisa que está escrito é por ordem administrativa,* mas o que vem a ser? O que aconteceu que me mandaram embora? (indignação). Depois de onze anos de firma e simplesmente chegar um papel, falar: 'ó, você foi dispensado por ordem administrativa!!!' (...) A hora que eu cheguei para o (cita o nome do trabalhador): pô, (cita-o de novo): 'o que foi (cita o nome do trabalhador Fresador-Ferramenteiro) você está meio chateado?'. Pô, me mandaram embora. 'Não!!!, você está brincando?' Não, mandaram. Peguei e mostrei o papel para ele. Inclusive o cara até chorou, sabe. Vi que escorreu lágrima assim dos olhos dele. O (cita o nome desse trabalhador) tinha quase o mesmo tempo de casa que eu. Parte quem ensinou o (cita-o de novo), fui eu (...).
>
> Fresador-Ferramenteiro (destaques nossos)

O poder de desligamento do capital dá-se sob o crivo do código de fábrica cuja língua – normas – é a do exercício do poder disciplinar que não (re)conhece limites, conforme salientamos anteriormente. Mas uma outra sua especificidade concerne a *indiferença* ao outro/ao sujeito sobre o qual ele incide, no caso o trabalhador assalariado, que tem de próprio, frente ao capital, as suas capacidades físicas, mentais, intelectuais, estando elas separadas das condições de trabalho, o objeto e instrumento de trabalho[50], ou seja, ele está deles separado. Quem os "une" é o poder do capital, seu poder econômico, porque proprietário

---

50 KARL, Marx. *O capital (Crítica da Economia Política). Livro 1: O processo de produção capitalista, Vol. 1.* cap. V, p. 201-223.

Penumbra: experiência, memória. Descarte do trabalhador

dessas condições e do dinheiro para comprá-las e também dessas capacidades sob forma mercadoria, a força de trabalho. Mercadoria contra mercadoria, essas capacidades, e a do dinheiro. Essa última tem como *lastro* a indiferença pelo simples fato de ser o equivalente geral de troca de todo e qualquer objeto não lhe importando as suas singularidades[51]. Na relação social da troca mercantil capitalista, as singularidades dessas capacidades são tomadas enquanto valor, valor de troca, consubstanciado-as no trabalho humano, geral. Todavia, "intromete-se" nela o uso que delas se fará nas atividades de trabalho real, nos trabalhos particulares/concretos, não mais abstraídos e reduzidos a trabalho geral, humano. Aí, é uso de si capitalístico, do trabalhador, que "une" esse último àquelas condições de trabalho, extraindo, no interior de cada jornada de trabalho, tempo de trabalho excedente, não pago[52], a mais valia, o que sobrepassa grandemente o preço diário, sob a forma salário[53], da mercadoria força de trabalho pago pelo capital naquela relação social da troca mercantil capitalista, na esfera do mercado de trabalho.

E essa indiferença em relação ao outro, nessa relação, se estende a toda e qualquer situação de trabalho, sob o regime social econômico mercantil capitalista, regime assalariado, até o presente. Ela configura tanto esse uso de si quanto a língua do código de fábrica em seu exercício de poder disciplinar. A indiferença tem como seu anverso a hostilidade, e, pois, a suspensão da língua relação ao outro, suspensão de sua hospitalidade.

O jovem trabalhador Fresador-Ferramenteiro situa-se como sujeito de direito a ter direitos[54] ao querer saber dos motivos de sua dispensa: "depois de onze anos na firma e simplesmente *chegar um papel*, falar: 'ó, você foi dispensado

---

51 KARL, Marx. *O capital (Crítica da Economia Política). Livro 1: O processo de produção capitalista. Vol.1.* cap. I, p. 41-93. SIMMEL, Georg. *Philosophie de l'argent.* cap. I, p. 21-124, cap. II, p. 125-233, cap. III, p. 234-341.
52 KARL, Marx. *O capital (Crítica da Economia Política). Livro 1: O processo de produção capitalista. Vol. 1.* cap. V, p. 201-223; cap. III, p. 105-161.
53 Cf. notas 14, 15 do capítulo 1.
54 LAFER, Celso. *A reconstrução dos direitos humanos.* São Paulo: Companhia das Letras, 1988. p. 153-154. Confrontar nesse sentido: ROSA, Maria Inês. *Trabalho, subjetividade e poder.* cap, 3: p. 113-153; cap. 4, p. 155-200 e (In)Conclusão: de algumas possibilidades, p. 201-216.

por ordem administrativa!!!'"[55]. Esse seu reclamo é o da língua do sujeito, ou seja, da língua relação ao outro/sujeito e ela conflita com a língua do código de fábrica que se ancora nessa indiferença própria da relação social da troca mercantil capitalista e do uso de si capitalístico, do homem, na condição de trabalhador assalariado. A língua do sujeito é a da hospitalidade, e a desse código é a da hostilidade que (con)figura o despotismo do capital na empresa e de seu poder de desligamento[56]. O despotismo do capital por meio da língua de seu código reduz o sujeito a agente que porta coisas, mercadorias, dentre elas a sua competência humana industriosa[57]. É-lhe indiferente descartá-la, e, pois, o sujeito, malgrado as reiterações de reclamos por parte do trabalhador: "(...) não está no (papel) qual o motivo que eles estão alegando aqui? A única coisa que está escrito é por ordem administrativa, mas o que vem a ser? O que que aconteceu que me mandaram embora? (indignação)". Reclamos por justiça em ser tido como sujeito de direito a ter direitos e por palavras que lhe sejam *ditas*[58] e que lhes expliquem os motivos de sua dispensa, de seu desligamento das condições de trabalho, do objeto e de instrumentos de trabalho, que lhe permitiam a sua sobrevivência na condição de trabalhador assalariado. Reclamos, enfim, por palavras que o acolham em sua humanidade, sujeito/"mestre do possível". Em vão, elas foram tornadas instrumento ou móvel de comunicação de uma "ordem administrativa", a da indiferença em relação ao sujeito/ao outro, no exercício do despotismo do capital sobre o trabalho. Palavras escritas exprimindo a hostilidade[59].

---

55 ROSA, Maria Inês. *Trabalho, subjetividade e poder*. Nesse momento, frisamos o exercício do poder disciplinador/normalizador, na perspectiva foucauldiana. Nesse sentido, confrontar p. 201-206.
56 KARL, Marx. *O capital (Crítica da Economia Política). Livro 1. O processo de produção capitalista. Vol. 1*. cap. XIII, p. 380-381 e p. 485; ROSA, Maria Inês. *A indústria brasileira na década de 60: as transformações nas relações de trabalho e a estabilidade (de emprego)*. cap. 2, f. 52-143; cap. 3, f. 144-224.
57 SCHWARTZ, Yves. Les ingrédients de la compétence: un exercice nécessaire pour une question insoluble. *Éducation Permanente*, n. 133, p. 9-34, 1997-4. Publicado: *Educação & Sociedade*, Campinas, n.65, p. 101-139, dez.1998.
58 Inspiramo-nos em LANDA, Fábio. Loucura da língua e o assassinato do vivente. *Pró-posições*, Campinas, v. 13, n. 3(39), set./dez. 2002. p. 11-17.
59 ROSA, Maria Inês. *Trabalho, subjetividade e poder*. Nesse momento, consideramos não na íntegra essa narração do testemunho do trabalhador e dela analisamos outros aspectos. Cf. (In)conclusão: de algumas possibilidades, p. 202.

Penumbra: experiência, memória. Descarte do trabalhador

O sentimento de impotência frente ao poder despótico do capital sobre o trabalho é manifestado na narração de sua dispensa, que o jovem trabalhador faz para o trabalhador, amigo: "Pô, me mandaram embora. 'Não!!!, você está brincando'. Não, mandaram. Peguei e mostrei o papel para ele. Inclusive, o cara até chorou, sabe". Mostrou-lhe a ordem, palavra escrita, indiferente e impessoal da língua do código de fábrica, desse poder despótico, que nega a presença do sujeito e a sua manifestação. Um e outro vivem esse sentimento, e chora o amigo, trabalhador, e ele, o jovem trabalhador, também o faz, indiretamente, pelo choro do amigo. Porém, um outro sentimento, igualmente a esse não nomeado, é vivido por ambos: o daquela perda, a do convívio, a da amizade, ao fio dos anos, experienciada dia a dia, nas relações de trabalho: "não tinha condição de falar nada (...) pelo *sentimento* que eu tinha com eles, quantos anos que a gente era amigos". Foi a um dos amigos que o trabalhador Fresador-Ferramenteiro instituiu como o *herdeiro* das ferramentas, dos instrumentos de trabalho que produziu à efetivação de dadas atividades de trabalho real:

> Deixei (as ferramentas que eram guardadas no armário) com o (nomeia o trabalhador-amigo), (...) quem eu tinha mais afeição (...) que a gente desde que eu entrei lá (na fábrica e nas áreas de Retífica e de Corte e Repuxo), nos onze anos que eu trabalhei lá, nós trabalhamos onze anos juntos.
>
> Fresador-Ferramenteiro

O trabalhador elegeu o herdeiro de "suas" ferramentas esse trabalhador-amigo por quem nutria funda afeição e que representava esse sentimento de perda de que ele "não tinha condição de falar". Nesse gesto tem-se a relação de igualdade com o outro/sujeito pela língua particular de ofício que ambos entretiveram e praticaram ao longo desse tempo, onze anos. A ele dá o seu adeus, enfim, com esse gesto. Deixa herança material, as ferramentas, e a não material, os valores sem dimensão/imateriais que encerram essa escolha e esse gesto.

Naquele dia da dispensa, em agosto de 1986, numa 2ª feira, o jovem trabalhador iria sair às 16 horas porque

> Eu estava saindo para fazer vestibular (para o ingresso no curso de Engenharia. Frequentou, durante quase oito meses, as aulas do "cursinho", segundo suas

palavras, preparação para esse exame, das 19 horas às 23h15min., de segunda a sexta-feiras. Chegava em casa entre meia-noite e meia-noite e quarenta minutos. Às 7 horas da manhã já estava no posto de trabalho, iniciando a jornada). Eu ia sair mais cedo, inclusive, porque, por causa da hora, que não ia dar tempo para chegar no horário (a jornada de trabalho se encerrava às 17 horas e a fábrica localizava-se na capital de São Paulo), (...) em Mogi das Cruzes, na (Universidade) Brás Cubas, eu e o (nomeia o outro trabalhador do setor de Ferramentaria). (...) (Era) o último dia (de exame), acho que era Matemática ou Física, *eu estava com a cabeça...*

Fresador-Ferramenteiro (destaques nossos)

Foi sob extrema tensão, "eu estava com a cabeça...", que realizou o exame vestibular. Acompanhara-o a situação social do poder de desligamento despótico do capital sobre o trabalho, que impõe a perda, quer se queira ou não, das condições imediatas e das não mediatas de sobrevivência, como a de prosseguir os estudos. No caso desse trabalhador, também impôs-lhe a perda dos laços afetivos de convívio[60], compartilhado na transmissão da língua particular de ofício na/ pela língua relação ao outro pelos "velhos" trabalhadores do setor de Ferramentaria, das áreas de Retífica e de Corte e Repuxo. Esse poder interdita escolhas que o trabalhador possa fazer em função de suas necessidades objetivas e subjetivas de existência. Escolhera o jovem trabalhador prosseguir os estudos após a conclusão dos estudos do sistema regular de ensino (Cursos Fundamental e Médio) e de realização de cursos técnicos em Fiação de Ferramentas (1980) e em Mecânica de Alta Precisão (1984), na escola Suíço-Brasileira, da rede de formação profissional Senai (Serviço Nacional da Indústria). Ele foi bem sucedido nesse exame, isto é, foi aprovado no vestibular, mas não pôde frequentar o curso de Engenharia devido às necessidades imediatas de sobrevivência. Em 1992, formou-se

---

60 Rosa, Maria Inês. *Trabalho, subjetividade e poder.* cap. 2, p. 77-79; cap. 4, p.188-200. Nesse momento da dispensa do trabalhador Fresador-Ferramenteiro e demais trabalhadores, demos primazia à perda dos laços afetivos construídos ao longo de anos de trabalho no mesmo espaço do *locus* de trabalho, setor de Ferramentaria. Esses laços possibilitaram a apropriação desse espaço como privado, entretanto não como segundo "lar", mas concernente à expressão dessa afetividade, sem contudo deixar de ser espaço de "labuta e pena" porque propriedade do capital. Todavia, com essa perda, há a perda das condições de sobrevivência, sob forma salário. Cf. notas 48 do presente capítulo.

Penumbra: experiência, memória. Descarte do trabalhador

em Técnico em Mecânica, na Escola Roberto Simonsen, integrante dessa rede de formação.

Os trabalhadores fabris, mais do que qualquer outra categoria social, estão condenados a viver o repetitivo, a protagonizar o caráter cotidiano e contra-histórico das relações sociais que respondem pela reposição das condições materiais e sociais do contínuo recomeço do processo de reprodução ampliada do capital e do próprio processo social[61].

Passados três anos e meio da dispensa e do adeus aos trabalhadores amigos, culminando com a transmissão – herança – das ferramentas que construíra e utilizara àquele trabalhador-amigo ao qual "eu tinha mais afeição", transmitindo com aquele gesto os valores sem dimensão da igualdade entre si, e o do bem comum da língua particular de ofício, o trabalhador Fresador-Ferramenteiro ainda sonha[62]. Ele sonha com aquele tempo de convívio e dos laços afetivos por ele criados.

> Eu sonhei que eu fui entrando, fui entrando na (cita o nome da empresa). O (nomeia pelo apelido e no diminutivo, aquele segundo "velho" trabalhador que lhe transmitiu/ensinou a língua particular de ofício). Veio, *brincou* comigo e tal. Eu fui lá para minha seção, onde eu trabalhava. Tudo isto, não sei, pode ser porque eu tenha ido na casa do (nomeia de novo esse "velho" trabalhador, pelo apelido) uns dois dias antes. Mas às vezes eu penso no pessoal, penso como é que era e, então, pô, foram onze anos, onze anos que, da vida da gente. Esses onze anos não passam, não vai ser assim alterado, *ficou, marcou*. Eu virava as costas, virava as costas para trabalhar, na hora que eu estava trabalhando, que virava, assim, encontrava meu pai do outro lado. Não dava (risos) dez

---

61 MARTINS, José de Souza. *Uma arqueologia da memória social. Autobiografia de um moleque de fábrica*. São Paulo: Ateliê Editorial, 2011. p. 449.
62 Para a análise do sonho, a seguir, inspiramo-nos na obra de FREUD, Sigmund. *A interpretação dos sonhos*. Vol. IV. Edição Standard Brasileira das Obras Psicológicas Completas de Sigmund Freud. Rio de Janeiro: Imago, 1972. Cf. também FREUD, Sigmund. *Os chistes e a sua relação com o insconsciente (1905)*. Vol. VIII. Edição Standard Brasileira das Obras Psicológicas Completas de Sigmund Freud. Rio de Janeiro: Imago, 2006. Parte C, cap. VI, p.151-169. Procedemos igualmente em: ROSA, Maria Inês. *Trabalho, subjetividade e poder*. cap. IV, p.196-200. Nesse momento, demos a conhecer somente o início do sonho do trabalhador Fresador-Ferramenteiro, e outros aspectos foram pontuados. Cf. (In)Conclusão: de algumas possibilidades. p. 197.

metros longe da onde eu trabalhava, da minha máquina da máquina dele. Eu assobiava da minha máquina (ri e continua rindo) e ele assobiava da dele. Ele só ficava procurando quem estava assobiando (ri). Eu sempre fui um cara, quando eu estou trabalhando, eu estou cantando, assobiando. Às vezes o gerente passa assim: 'ei, está prestando atenção no serviço?'. Eu falei o serviço é a máquina que faz, não é eu cantando que vai alterar (ri para dentro).

Fresador-Ferramenteiro (destaques nossos)

Retorna ao sonho quando nós, entrevistadores, perguntamos-lhe[63]:

E. – (...) e o sonho, acaba de me contar o sonho.

T. – Ahn, *só isto*, eu sonhei que eu estava lá. O (nomeia esse "velho" trabalhador pelo apelido) chegou. Eu *estava entrando* (no setor de Ferramentaria, área de Corte e Repuxo) *trabalhando não, como se* tivesse entrando, começando, como *se* eu entrasse de novo lá. Para mim entrar lá, eu só entraria com uma condição: tivesse pagando bem e que o (nomeia esse "velho" trabalhador pelo apelido, no diminutivo) fosse o encarregado.

E. – E no teu sonho o (nomeamos esse "velho" trabalhador pelo apelido, no diminutivo) era o encarregado?

T. – É (ri e nós também, risos de cumplicidade, de modo largado). Mesmo depois de três anos e meio, que eu saí de lá, a *gente* sempre quando encontro com o (nomeia o "velho" trabalhador pelo apelido, no diminutivo) a *amizade* é a mesma, sabe, o baixinho (chama-o de modo carinhoso, ri para dentro). Silêncio. Por isso que eu falo para você: *a gente* tinha, *nós* tínhamos uma amizade muito grande em torno *daquele pessoal*, pelo fato de trabalhar muito tempo junto.

(Destaques nossos)

O trabalhador inicia a narração do sonho, em seu testemunho, e, aparentemente, o "esquece" ao interrompê-lo e narrar aquele tempo de atividades de trabalho real e, nele, a do convívio afetivo. E o faz pelo recurso da associação livre[64] que, aí, é rememoração, *se* dizendo e *se* situando no tempo passado e no

---

63 E= Entrevistadora, nós pesquisadores; T = Trabalhador Fresador-Ferramenteiro.
64 A associação livre é um dos pilares da atividade de trabalho real da clínica psicanalítica e do pensamento psicanalítico. Cf. nota 62 do presente capítulo. Sob uma outra perspectiva, porém, herdeira da psicanálise, confrontar THIOLLENT, Michel. *Crítica metodológica, investigação social e enquete operária*. São Paulo: Polis, 1980. cap. III, p. 90-94.

Penumbra: experiência, memória. Descarte do trabalhador

tempo daqui e agora, no presente. Ele realiza um trabalho da memória[65], escarafuncha seus tempos vividos e os *rastros* deixados: "esses onze anos não passam, não vai ser assim alterado, *ficou, marcou*". Lembranças, sua memória, seu corpo-ego/corpo-si, que constituíram e constituem a sua subjetividade. Nesse trabalho da memória, as lembranças/a memória se exprimem na relação ao outro, aliás, é essa relação que a tornou e a torna possível[66]. Mediante esse duplo recurso, o da associação livre e o do trabalho da memória, o trabalhador interpreta o sonho tido. Em sua interpretação, há a elaboração da perda dos trabalhadores-amigos que, na ocasião, continuaram trabalhando no setor de Ferramentaria. Juntamente há a perda da hospitalidade deles recebida, quando do acesso à língua particular de ofício, que se espraiou para além desse momento e perdurou, pela amizade, nesses onze anos de trabalho. Essa elaboração se manifesta, sobretudo, pelo princípio de realidade[67] que esse trabalho da memória efetua: "como *se* tivesse entrando, começando, como *se* eu entrasse de novo lá". O termo *se* significa que não mais vive esse tempo de convívio e com ele a hospitalidade e a amizade: "nós tínhamos uma amizade muito grande em torno daquele pessoal, pelo fato de trabalhar muito tempo junto". Ele também porta um outro significado, um outro sentimento, o desejo de reviver esse tempo. Todavia, o primeiro significado desse termo demarca a entrada desse princípio de realidade: "eu estava entrando, *trabalhando*, não". O trabalhador, por meio desse princípio, demarca a situação já passada, no sonho ele está "entrando" e não "trabalhando": é a perda admitida porque já elaborada. Essas admissão e elaboração vêm-se reforçadas quando o trabalhador, para si mesmo, coloca condições para a realização desse

---

65 POLLAK, Michael. Memória, esquecimento, silêncio. *Estudos Históricos*. Rio de Janeiro, v. 2, n.3, 1989. p. 3-15. O autor refere-se a "trabalho da própria memória em si", p. 13; IDEM, Memória e identidade social. *Estudos Históricos*. Rio de Janeiro, vol. 5, n. 10, 1989. p. 200-215. Esse trabalho é visto como "um verdadeiro trabalho de organização" da memória, p. 204. Nesse sentido, confrontar ROSA, Maria Inês. *Usos de si e testemunhos de trabalhadores. Com estudo crítico da Sociologia Industrial e da Reestruturação Produtiva*. cap. 4, p. 150-159 e passim; IDEM, Usos de si e densificação do trabalho. *Psicologia Política*, vol. 4, n. 7, jan./jun.2004, p. 45-64, particularmente p. 48-49.
66 MARTINS, José de Souza. *Uma arqueologia da memória social. Uma autobiografia de um moleque de fábrica*. p. 456.
67 Cf. nota 28 do presente capítulo.

desejo: "Para mim entrar lá, eu só entraria com uma condição: tivesse pagando bem e que o (nomeia aquele "velho" trabalhador pelo apelido, no diminutivo) fosse o encarregado". Duas condições, exigências, que *se* faz o trabalhador, e que tem ciência de que não são passíveis de serem concretizadas, visto que o "velho" trabalhador e amigo, na hierarquia funcional e salarial do setor de Ferramentaria, já alçara ao posto de trabalho mais bem pago nas atividades de trabalho real que realizava e, no que tange ao salário, percebia tal qual os chefes desse setor. No que diz respeito aos salários, vieram se deteriorando ao longo desses onze anos que lá trabalhara[68]. As palavras "entrar lá" e "eu só entraria" também significam a aceitação da perda e sua elaboração visto que elas aludem às afirmação e explicação iniciais do trabalhador, no sonho: a de que ele "estava entrando, trabalhando, não". Vão no mesmo sentido os risos do trabalhador, no decorrer da narração do sonho, de imediato apreendido por nós, entrevistadores, e pela mútua cumplicidade e dando-se, no mesmo instante, os risos dele e os nossos enquanto o escutávamos. Eles tornam leve, e com humor, a aceitação da perda e sua elaboração que o sonho ainda porta daquele tempo de convivência e de solidariedade de "velhos" membros da geração adulta na transmissão e ensino da língua particular de ofício. Um ir e vir do passado no presente e vice-versa que também o alenta. Lembranças gratas.

Talvez sua aceitação da perda tenha sido beneficiada pelo convívio afetivo com os "velhos" trabalhadores fora da situação de trabalho fabril, no decorrer daqueles longos anos de trabalho. Esse convívio permanecera após dele ter sido separado o trabalhador pelo poder de desligamento do capital. A essa permanência se reporta o trabalhador no *aparente* esquecimento do sonho em sua narração, interrompendo-o com livres associações que são rememorações de fatos cotidianos feitos em seu estado de vigília:

> (...) Mesmo depois de três anos e meio que eu saí de lá, a *gente* sempre quando encontro com o (nomeia pelo apelido no diminutivo aquele "velho" trabalhador) *a amizade* é *a mesma*, sabe, o baixinho (chama-o de modo carinhoso, ri para dentro). Silêncio.
>
> Fresador-Ferramenteiro (destaques nossos)

---

68 ROSA, Maria Inês. *Trabalho, subjetividade e poder*. passim.

Penumbra: experiência, memória. Descarte do trabalhador

Silêncio daquilo que viveu, desse convívio na situação de trabalho, e de suas relações, sobretudo com o "baixinho", seu mestre, que sem pestanejar se dispunha, sempre, quando a ele recorria, a "ajudar", a acolhê-lo, e a transmitir os conhecimentos e experiência amealhados da língua particular de ofício. Hospitalidade na relação com o outro que manifestava a capacidade de preocupação com outrem e, juntamente, a solidariedade. Amizade se construindo nessa particular e interpessoal relação humana declinando-a pelo termo "a gente" que engloba o grupo de "velhos" trabalhadores que lhe deram "ajuda", que foram hospitaleiros: "a gente, nós tínhamos uma amizade muito grande em torno daquele pessoal, pelo fato de trabalhar muito tempo junto". Ao dizer "baixinho" carinhosamente ao seu "velho" mestre, manifesta a proximidade ao outro/ao sujeito própria dessa relação interpessoal, tantas e tantas vezes renovada, que é entrevista, quando ri para si mesmo, para dentro, e se cala. Silêncio. Desfia para si mesmo lembranças desse tempo, retendo-as. Elas são o objeto introjetado[69], constitutivo de si, de sua subjetividade. Retorna às rememorações desse tempo de convívio e entrelaça a figura paterna, o pai que também trabalhava no setor de Ferramentaria, com outras figuras paternas substitutivas que lhe asseguravam, mediante essa relação humana particular nas atividades de trabalho real e, nelas, a atividade de trabalho de ensinar, o acesso àqueles conhecimentos/experiências, àquela língua particular. E dentre essas figuras substitutivas destaca-se a do mestre – "baixinho". Era ele que, no momento da transmissão dessa língua, dizia-lhe

> 'ah, vamos ver o que que você errou'. Ele chegava, pegava o desenho (...) 'olha (diz no diminutivo o nome do jovem trabalhador) (...) você errou aqui, tal, você devia ter feito assim, assado, a próxima peça você faz desse jeito, assim, assim'.
> Fresador-Ferramenteiro

---

69 Esse termo evoca o termo objeto no sentido psicanalítico: pessoas amadas ou ideias queridas. Nesse sentido, confrontar LAPLANCHE, Jean; PONTALIS, J.B. *Vocabulário da psicanálise*. São Paulo: Martins Fontes, 2001. "(...) Não deve evocar a noção "coisa", de objeto inanimado e manipulável, tal como esta se contrapõe comumente às noções de ser animado ou de pessoa". p. 321. Cf. FREUD, Sigmund. *Duelo y melancolia*. Obras Completas, Vol. II. Madrid: Editorial Biblioteca Nueva, 1973, p. 2091-2100. IDEM, *Introducción al narcisismo*. Obras Completas, Vol. II. Madrid: Editorial Biblioteca Nueva, 1973, p. 2017-2033. Sobre a diferença entre introjeção e incorporação, confrontar LANDA, Fábio. *Ensaio sobre a criação teórica em Psicanálise. De Ferenczi a Nicolas Abraham e Maria Torok*. São Paulo: Ed. Unesp/ Fapesp, 1999. cap.1, p. 21-90.

O Mestre e Ferramenteiro condensa, no sonho, essas figuras paternas substitutas, aquele "a gente tinha, nós tínhamos uma amizade muito grande", o grupo de trabalhadores membros da geração adulta, que iniciou o trabalhador Fresador-Ferramenteiro, então adolescente e com quinze anos de idade, e depois jovem trabalhador, quando dessa transmissão, ligando os fios invisíveis da tradição dessa língua e os da língua universal que se renovavam e se modificavam. O Mestre, no dia a dia da jornada de trabalho, simbolizava e se constituía o ego de apoio[70] a essa iniciação e à aprendizagem da língua particular de ofício e sua realização nas atividades de trabalho real. O pai trabalhador realizava atividades atinentes as de Torneiro-Mecânico; já esse "velho" trabalhador, Mestre, efetuava as atividades concernentes às do trabalho real de Ferramenteiro. Ele, como esse trabalhador, guardava longa e larga experiência do trabalho e do trabalho como experiência – da língua de ofício e, desse modo, também participava, mesmo que indiretamente, dessa iniciação. Todavia, era o "velho" trabalhador Ferramenteiro, Mestre, que transmitia, na iniciação e no prosseguimento da transmissibilidade da língua particular de ofício, as suas especificidades à realização das atividades de trabalho real de Fresador-Ferramenteiro. Essa relação interpessoal se constituíra em ego de apoio àquelas iniciação/transmissão/aprendizagem. Entretanto, a presença do "velho" pai trabalhador, membro da geração adulta, contribuíra para esse asseguramento

> Eu virava as costas, virava as costas para trabalhar, *na hora que eu estava trabalhando, que virava, assim, encontrava* meu pai do outro lado. Não dava (risos) dez metros longe de onde eu trabalhava, da minha máquina da máquina dele. Eu assobiava da minha máquina (ri e continua rindo) e ele assobiava da dele. Ele só ficava procurando quem estava assobiando (ri).
>
> Fresador-Ferramenteiro (destaques nossos)

---

[70] Empregamos o termo "ego de apoio" inspirados em WINNICOTT, Donald Woods. *O ambiente e os processos de maturação. Estudos sobre a teoria do desenvolvimento emocional.* Todavia o retiramos de seu contexto psicanalítico pois o autor se reporta aos termos "apoio do ego", "ego auxiliar", ao analisar a relação mãe-bebê, concernentes aos cuidados dispensados pela mãe ou substituta para o bebê, em seu processo de maturação biológico, emocional, intelectual, sobretudo calcado em sua dependência absoluta, suavizada pela relativa, nesse processo. Nesse sentido, confrontar respectivamente cap. 1, p. 34; cap. 4, p. 54, 56.

Penumbra: experiência, memória. Descarte do trabalhador

Na impossibilidade da palavra, que é aproximação, no decorrer da jornada de trabalho, a língua relação ao outro dá-se pela linguagem da brincadeira por meio do recurso do assovio. A brincadeira traz um para perto do outro, o filho, jovem trabalhador, e o pai "velho" trabalhador, separados por praticamente "dez metros" na distribuição dos postos e, neles, os instrumentos de trabalho no *locus* de trabalho, onde efetuavam as atividades de trabalho real. Essa impossibilidade é imposta pelo tempo de trabalho quantitativo, cujo objetivo é o máximo de rendimento de cada trabalhador e de seu conjunto, o que interdita a existência de poros/tempos livres na jornada de trabalho para o encontro/aproximação que a palavra propicia. Contudo um e outro se realizam interpostos pela brincadeira e o olhar: "virava, assim, encontrava meu pai do outro lado". Linguagem da brincadeira e a do olhar que manifestam a palavra, a língua relação ao outro que, juntamente, é *dita* pelos risos na narração do testemunho. Não somente o filho, jovem trabalhador, e o pai, "velho" trabalhador, recorriam à linguagem da brincadeira pelo recurso do assovio à aproximação/encontro mas também os demais trabalhadores que pertenciam àquele grupo: "nós tínhamos uma amizade muito grande em torno daquele pessoal, pelo fato de trabalhar muito tempo junto". Por isso esse "velho" trabalhador "ficava procurando *quem* estava assobiando" pois não era somente o filho-trabalhador que recorria a essa linguagem na relação ao outro. Ela está presente no sonho: "o (nomeia pelo apelido e no diminutivo o "velho" trabalhador Ferramenteiro) veio, brincou comigo e tal". E afirma o trabalhador:

> Depois que eu fui embora (dispensado) teve dois ou três fresadores e eles não davam o serviço, eles não davam conta do serviço. Eu, com toda a minha brincadeira, tudo, eu dava conta do serviço para eles (...) Era só eu de Fresador-Ferramenteiro para a área de Corte e Repuxo. Então tinha o (cita o nome do trabalhador), tinha o (cita aquele "velho" trabalhador Ferramenteiro pelo apelido, no diminutivo), o (cita outro "velho" trabalhador pelo apelido), o seu (cita o nome do trabalhador), e o (cita outro nome do trabalhador), tinha até mais gente. E era, *sempre fui só eu como Fresador deles*. Eu dava serviço para todos eles.
>
> Fresador-Ferramenteiro (destaques nossos)

O trabalhador analisa a ocupação intensiva do tempo na jornada de trabalho diária, ou seja, do uso de si capitalístico de modo a impossibilitar que haja tempo livre ou poros na jornada ao dizer que "eu, com toda a minha brincadeira, tudo", "eu dava serviço para todos eles", sendo ele o único trabalhador Fresador-Ferramenteiro da área de Corte e Repuxo. Após dispensado, trabalhadores que o substituíram "não davam o serviço, eles não davam conta do serviço". O contrário ocorria com ele, porque na interdependência das relações de trabalho – de suas atividades de trabalho real específicas com as particulares de "todos eles", construiu-se o grupo, o coletivo, graças a esse encontro e aproximação entremeados pela linguagem da brincadeira e a camaradagem que ela propiciava, junto com a amizade. Também foi ele construído mediante a transmissão da língua particular de ofício, na hospitalidade/acolhimento que é a língua, relação ao outro e ao ego de apoio pelos trabalhadores da geração adulta, que no sonho é condensado na figura do "velho"/Mestre trabalhador Ferramenteiro. Toda essa tessitura de relações humanas e interpessoais acabava, de um lado, contribuindo para o máximo de rendimento/produtividade individual do trabalhador e do grupo, e de outro, constituía-se no uso de si por si mesmo de cada um, e do conjunto de trabalhadores, "mestre (s) do possível" afrontando o uso de si capitalístico no tempo de trabalho quantitativo, o do valor, que é o desse rendimento. Podemos dizer que essa construção do coletivo é um modo de lidar com a relação de não saúde[71] que configura esse uso de si, do trabalhador, na perseguição da mais valia e desse máximo de rendimento/de produtividade:

> T. – Se você entrar num lugar para trabalhar, se você não brinca, *você vai ser uma máquina também, e eu não sou assim.*

---

71 CANGUILHEM, Georges. Milieu et normes de l'homme au travail. *Cahiers Internationaux de Sociologie*, Paris, Ed. Seuil, vol. III, Cahier Double, Deuxième Année, 1947. p. 120-136. O autor considera como "relação de saúde" as renormalizações (o retrabalho) das normas racionalizadoras tayloristas (e as que lhes sucederam) efetuadas pelo trabalhador: "(...) como reações de defesa biológica quer como reações de defesa social e, nos dois casos, como reações de saúde". p. 128-129. Tradução livre. Essas "reações" concernem à existência da tendência, dominante, da não relação de saúde no uso de si capitalístico, do trabalhador, para o máximo de rendimento à extração da mais valia, que ora destacamos e frisando outros aspectos. Nesse sentido, e considerando esse ponto de vista do autor, confrontar: ROSA, Maria Inês. *Usos de si e testemunhos do trabalhador. Com estudo crítico da Sociologia Industrial e da Reestruturação Produtiva*. cap. 5, p. 139, 186 e passim, cap. 6, 234-253. Estamos considerando, ao longo da presente narração, essas "reações" também enquanto pulsões de vida contra essa tendência que se move e se constitui pela hostilidade própria das pulsões destrutivas, as de morte.

Penumbra: experiência, memória. Descarte do trabalhador

    E. – E vocês brincavam muito lá?

    T. – Brincava, a *gente* brincava. É para passar o tempo. Porque a gente sempre, pô, entra às sete horas da manhã, e saía, conforme a época, saía seis horas da tarde. Teve época de eu entrar, teve época de eu entrar sete horas da manhã e sair às nove e meia da noite, fazendo extra, dez horas.

(Destaques nossos)

    Testemunha o trabalhador, na narração de seu testemunho, a perseguição e/ou extração da mais valia absoluta, na forma de hora extra, além da já realizada internamente no decorrer da jornada, sob a forma da mais valia relativa[72]. A luz do dia e seu apagamento não eram vistos nem sentidos pelo trabalhador em função do máximo de rendimento, sob a dupla forma de extração de tempo de trabalho excedente, não pago, da mais valia. "Se você não brinca, você vai ser uma máquina também, eu não sou assim (...) a *gente* brincava". "A gente", ele e o conjunto de trabalhadores – o coletivo –, pelo recurso da linguagem da brincadeira e, através dela, afirmavam a sua condição humana[73], senão "você vai ser uma máquina", no tempo de trabalho que é comandado pela lógica da realização dessa extração. Essas lógica e extração conferem uma "natureza" específica ao exercício de poder do capital sobre o trabalho, a do seu caráter despótico no uso de si, do trabalhador, operário e não operário, nas mais diversas situações de trabalho, sob o regime econômico social capitalista e/ou sob o regime assalariado. Essa linguagem da brincadeira o confronta e demarca um outro tempo, o da temporalidade pessoal, ergológica, de cada trabalhador e de seu conjunto, firmando essa condição.

    (...) Quando de olhos fechados, folheio minhas lembranças, é uma galeria de figuras nitidamente individualizadas que desfilam diante de minha consciência: algumas destinadas para sempre ao sorriso, outras que, enquanto eu viver, serão doces à minha memória[74],

que o sonho do trabalhador Fresador-Ferramenteiro traz, e igualmente ele o faz mediante as associações livres enquanto rememorações em estado de vigília. Essas lembranças portam, tal qual o sonho, essa "galeria de figuras":

---

72 Cf. notas 52, 53 do presente capítulo.
73 ROSA, Maria Inês. *Trabalho, subjetividade e poder*. cap. 2, p. 78-79.
74 BLOCH, Marc. *A estranha derrota*. Rio de Janeiro: Zahar, 2011. p. 35.

(...) Lembrar é gostoso, mas pode ser algo leve, que te joga para a frente. Quando estou no piano, isso acontece muito. Toco uma nota, uma passagem, e uns pedaços de memória voltam, lembranças claras ou entrecortadas, um pouco de psicanálise (risos) (...)[75].

Situações e atividades de trabalho diferentes na relação com a língua particular de ofício que surgem à memória e são transmitidas pela palavra. As lembranças e essa "galeria de figuras" surgidas pelo trabalho da memória do trabalhador Fresador-Ferramenteiro são um trabalho também de "lembrar gostoso", num vai e vem do presente para o passado "e esses pedaços de memória voltam, lembranças claras ou entrecortadas", ao modo do trabalho psicanalítico, ou seja, "um pouco de psicanálise". Esse trabalho e o trabalho da memória tiveram como ensejo a palavra – a língua relação ao outro – na situação de trabalho de entrevista, por nós entretida com o trabalhador. Pela palavra, *testemunha*, o depoimento do trabalhador torna-se *seu* testemunho por ele narrado, nesse vai e vem que o transporta para o passado e o reconduz ao presente, ao aqui e agora. Ela engolfa a si mesmo e ao outro, "a gente". Esse duplo trabalho que efetua o trabalhador é "gostoso" porque se constitui naquelas aceitações das perdas e de suas elaborações. Lembranças e "galerias de figuras nitidamente individualizadas que desfilam diante de minha consciência: algumas destinadas para sempre ao sorriso", como a figura do "baixinho", aquele Mestre constante do trabalhador, a quem ele recorria à transmissão da língua particular de ofício. E quando a ele se refere dessa maneira, ri para dentro, lembrando-nos esse sorriso.

As lembranças e essa "galeria de figuras" o trabalhador as "folheia" na relação com o outro experienciada. Graças a essa relação, elas o constituíram como sujeito e, pois, constituíram a sua subjetividade/alteridade. Rememoremos que elas são portadas, no sonho, por aquela condensação da figura paterna em um dos "velhos" trabalhadores, geração adulta, esse Mestre da transmissão dessa língua particular que, por sua vez, reporta à "ajuda"/hospitalidade, e amizade recebidas. Também são elas trazidas pela figura do pai trabalhador, integrante dessa geração, e tendo a ela já ocorrido o pertencimento por parte do jovem

---

75 FREIRE, Nelson. Entrevista: O Estado de S. Paulo, 24/09/2011. p. D1.

Penumbra: experiência, memória. Descarte do trabalhador

trabalhador. Operários todos. Esses egos de apoio[76] se apresentavam de maneira diferenciada tanto devido àquela ocupação de cada uma dessas figuras na distribuição hierárquica de postos de trabalho e, em função das atividades de trabalho real efetuadas, quanto pela discriminação entre espaço privado, o do lar, e o espaço privado/público, o do *locus* de trabalho[77].

> O (nomeia o chefe Ferramenteiro) quando eu entrei lá dentro (na área de Retífica) setor de Ferramentaria, a primeira coisa que o (nomeia o chefe), chegou para mim, sentei lá na mesa dele, ele chegou para mim: 'olha (nomeia o então adolescente trabalhador) você está trabalhando aqui porque teu pai veio falar comigo, tudo. Eu conheço você e concordei de você trabalhar aqui. Vamos fazer uma experiência. Só que tem uma coisa, a partir do momento que você entrou do portão da firma para dentro você não tem que dar satisfação para o seu pai não, teu pai é lá fora, para quem você tem que dar satisfação é para mim, aqui dentro. Eu sou o seu chefe, não o teu pai, tá. Aqui não existe pai e filho não, pai e filho é do portão para fora, tá? (...) (nomeia o chefe) me falou isto para mim, eu sempre segui isso.
>
> Fresador-Ferramenteiro

A empresa, para a efetivação da relação social da compra/venda da força de trabalho, recorria às tabuletas onde se indicavam as "vagas", postos de trabalho, para os quais se estavam recrutando trabalhadores. Eram afixadas do lado de fora dos muros da empresa, em geral ao lado do portão central de entrada, com acesso ao departamento de Recursos Humanos. Também recorria às indicações

---

76 Cf. nota 70 do presente capítulo.
77 Cf. nota 60 do presente capítulo. Cf. ROSA, Maria Inês. *Trabalho, subjetividade e poder*. p. 117-118. Nessa obra, consideramos a distinção entre esfera pública e esfera privada e o campo do *labor* e do trabalho (esfera econômica), segundo Hannah Arendt. Realçamos o espaço do *locus* de trabalho como espaço público não somente o seu caráter de esfera privada, econômica. Com isso, consideramos que o trabalhador não está reduzido a *animal laborans*, a *labor* e a condição de *homo faber* mas também é ele sujeito de direito a ter direitos que constroi um campo de ação e de discurso comuns. E a apropriação desse espaço como privado, pessoal, por meio do convívio comum e afetivo é uma das expressões dessas construções, afora os momentos em que emergem os conflitos e reinvindicações, que não são somente econômicas mas de (re)afirmação dessas construções. Para a distinção entre esfera privada e esfera pública, confrontar ARENDT, Hannah. *A condição humana*. Rio de Janeiro: Forense Universitária/ Salamandra; São Paulo: Editora da Universidade de São Paulo, 1981. cap. II, p. 31-88, cap. V, p. 188-259.

de trabalhadores "antigos de casa", isto é, àqueles trabalhadores que lá trabalhavam há mais de dez anos. Esse último procedimento vigorou até o momento de recrutamento do jovem trabalhador Fresador-Ferramenteiro. Isso se constituía uma prática mais ou menos corrente entre as empresas fabris. A empresa era de grande porte. Em 1970, contava com um total de 1300 trabalhadores, a maioria na fábrica[78]. O trabalhador "antigo de casa", pai do jovem trabalhador, quando então realizava as atividades de trabalho real adstritas ao posto de trabalho de Auxiliar-Geral, recorreu a um dos chefes do setor de Ferramentaria: "você está trabalhando aqui porque teu pai veio falar comigo, tudo", disse o chefe do trabalhador. A solicitação do trabalhador fora feita no âmbito dessa política de indicações praticada pela empresa. Isso significa que o trabalhador-pai não influía nas relações de trabalho entre o chefe e o filho, adolescente trabalhador. O ego de apoio que ele representava ao filho se circunscrevia estritamente àquela sua presença cotidiana, no posto de trabalho onde realizava as atividades de trabalho real de Torneiro-Mecânico, distante há quase "dez metros" do posto de trabalho em que aquele efetuava as atividades de trabalho real na área de Retífica, primeiramente, depois, na área de Corte e Repuxo. É com base nessa política de recrutamento do trabalhador, na relação social da compra/venda da força de trabalho, bem como no exercício de poder que lhe é conferido no interior do quadro hierárquico das relações de trabalho no setor de Ferramentaria que o chefe impede qualquer possibilidade de suspensão daquela circunscrição do ego de apoio paterno e de possível embaralhamento entre as relações sociais e suas especificidades: as que têm lugar no espaço do lar, e as situadas no espaço do *locus* de trabalho na fábrica. Uma e outra suspensão dão-se em torno das relações afetivas entretidas na relação filial. Elas interditam o seu florescimento no *locus* do espaço privado e também público de trabalho[79]. O lugar dessas relações é no *oikos*, no lar. Todavia, mediante essas não suspensões e essa interdição, o que está em jogo é que não haja a concorrência, nesse *locus*, da autoridade paterna com a autoridade do chefe:

---

[78] Dessa década em diante, ocorre o processo de redução drástica do número de trabalhadores, contando a empresa, no início de 1990, com 380. ROSA, Maria Inês. *Trabalho, subjetividade e poder*. cap. 1, p. 44, 51.
[79] Cf. nota 77 do presente capítulo.

> (...) a partir do momento que você entrou do portão da firma para dentro *você não tem que dar satisfação* para o seu pai não, teu pai é lá fora, para quem *você tem que dar satisfação* é para mim, *aqui dentro. Eu sou o chefe* (...).
>
> Fresador-Ferramenteiro (destaques nossos)

"Para quem você tem que dar satisfação é para mim, aqui dentro. Eu sou o chefe. (...) eu sempre segui isso". A língua é relação ao outro e, aqui, ela explicita o deslocamento da autoridade do pai à pessoa do chefe, aceita pelo adolescente trabalhador, contudo, ela vem acompanhada pelo exercício de poder efetuado por esse chefe. Aliás, a autoridade do pai é apreendida como a de um chefe que se dá internamente nas relações humanas, no espaço privado do lar. Talvez, por isso, depreende-se que nessa relação da língua em direção ao outro haja a deferência para o "velho" trabalhador Torneiro-Mecânico ao acolher o chefe o seu pedido: "olha (nomeia o então adolescente trabalhador) você está aqui porque teu pai veio falar comigo, tudo". Por outro lado, a deferência alude a outras relações afetivas, às dos laços afetivos daquele convívio entretido, cotidianamente, entre membros da geração adulta e, nela, os trabalhadores "antigos de casa", no espaço do *locus* de trabalho, relações essas que contribuíram para a configuração e (re)construção do coletivo e de sua renovação, nesse *locus*:

> O grupo que era feito da Ferramentaria era um grupo que era lá muito tempo junto.
>
> Fresador-Ferramenteiro

Essa deferência estende-se ao filho-trabalhador do "velho" Torneiro-Mecânico: "Eu conheço você e concordei de você trabalhar aqui. Vamos fazer uma experiência". Conhecia-o já com base nas atividades de trabalho real das funções do posto de trabalho Auxiliar-Geral que efetuou durante um ano e meio e de sua iniciação na língua particular de ofício, que realizava no decorrer dos poros da jornada de trabalho. A palavra final para o recrutamento do trabalhador era dada pelo chefe imediato, com o qual viria a trabalhar, que o submetia ao "teste" (exame) de avaliação e a entrevista. Ele "concordou" que o adolescente trabalhador iniciasse a "experiência" na área de Retífica.

Esse acolhimento inicial é daquele chefe imediato, o do "cara super-bacana (...) humano para caramba, sabe" referido pelo trabalhador Fresador-

Ferramenteiro, que lhe propiciara saciar a pulsão de saber ao transmitir-lhe a língua particular de ofício nas atividades de trabalho real, no encontro entre experiência coletiva e experiência individual e respectivos conhecimentos humanos, teóricos, técnicos e os daqui e agora, nas atividades de trabalho real. "Vamos fazer uma experiência", nas palavras desse chefe, foi a experiência desse encontro/hospitalidade que deixou seus *rastros*, senão marcas, no corpo-ego/corpo-si do trabalhador Fresador-Ferramenteiro, *ditas* por ele: "porque eu sempre gostei de retífica e gosto até hoje".

2.1.1 Suspensão da hospitalidade: palavra instrumentalizada – hostilidade

Outras marcas foram deixadas no corpo-ego/corpo-si do trabalhador que agrediam esse encontro entre essas experiências e sua hospitalidade. Agressões que o suspendiam e, por conseguinte, também agrediam o jovem trabalhador:

> Ihhh, passei praticamente três anos comendo o pão que o diabo amassou (na área de Corte e Repuxo) com o (nomeia o chefe), gritava comigo, tal: 'você é burro (imita o chefe berrando com ele e xingando-o), você não sabe trabalhar, não sei o quê', virava as costas e saía me xingando. (...) Sabe, às vezes tem que *aguentar coisas para aprender*, mesmo que a gente fique revoltado com aquilo.
>
> Fresador-Ferramenteiro (destaques nossos)[80]

Esse chefe, igualmente ao jovem trabalhador, aprendera em atividades de trabalho real a língua particular de ofício e também partilhava da geração adulta. Ele não agia como aquele outro chefe que, escutando outro membro da sua geração, acolheu o então adolescente trabalhador transmitindo-lhe essa língua ou, segundo suas palavras, "vamos fazer uma experiência", aquela do encontro da experiência "social individual" – experiência coletiva e experiência individual. Conduziu-o a debruçar-se sobre ela, alimentando sua pulsão de saber, de vida.

---

[80] ROSA, Maria Inês. *Trabalho, subjetividade e poder*. p. 79-80. Nesse momento, analisamos essa narração do testemunho do trabalhador com base na perspectiva foucauldiana do poder, destacando o seu caráter produtor do modo de ser moral ou dever ser do trabalhador, o ser profissional. Cf. nota 46 do presente capítulo.

Penumbra: experiência, memória. Descarte do trabalhador

E, após esse encontro com esse chefe, seguiram-se outros com aqueles "velhos" trabalhadores da geração adulta a essa transmissão, neles tendo lugar a atividade de trabalho de ensinar:

> A gente estava aprendendo, (...), na época eu nunca tinha feito Senai (Serviço Nacional da Indústria), não tinha feito curso de desenho, nada. (...) Então, se eu fazia errado, tal, ele (o chefe) me xingava.
>
> Fresador-Ferramenteiro

O jovem trabalhador, quando se refere ao fato de "na época eu nunca tinha feito Senai, não tinha feito curso de desenho, nada" alude a dadas normas antecedentes da língua particular de ofício que se davam nessa transmissão pela atividade de trabalho de ensinar nas atividades de trabalho real. Relembremos que aí se encontravam as atividades de conhecer com a atividade de pensar[81], ou seja, não se dissociava a atividade de conhecer essas normas – seus conhecimentos prévios à realização das atividades de trabalho real, já conhecimentos acumulados e sedimentados na experiência coletiva e na experiência individual – da atividade de pensar, que as requestiona, as modifica, as renova, em suma, retrabalha os conhecimentos. Esse encontro ancorado, por sua vez, já no encontro entre essas experiências, em sua transmissão/transmissibilidade por aqueles membros da geração adulta, dava-se sob a primazia da hospitalidade que é a língua, a relação ao outro, que acolhe esse trabalhador para o acesso a esses conhecimentos e os que surgem, no aqui e agora, em atividades de trabalho real. Ambos os encontros o faziam caminhar, "mestre de apreender o possível"[82], e manifestavam a capacidade de preocupação com o outro/sujeito, no caso com o trabalhador em processo de maturidade pessoal, intelectual, de aprendizagem e de formação. O encontro com esses membros da geração adulta foi satisfatoriamente bom[83]

---

[81] Sobre a distinção entre a atividade de pensar e a atividade de conhecer, confrontar: ARENDT, Hannah. Pensamento e considerações morais. In: IDEM, *Responsabilidade e julgamento*. São Paulo: Companhia das Letras, 2004. p. 226-257; ROSA, Maria Inês. Formar, não treinar: o lugar da palavra. *Pró-posições*, Campinas, v. 21, n. 3(63), set./dez.2010. p. 155-172. Cf. notas 34, 35 do presente capítulo.
[82] Cf. nota 25 do presente capítulo.
[83] WINNICOTT, Donald Woods. *O ambiente e os processos de maturação. Estudos sobre a teoria do desenvolvimento emocional*. O autor refere-se ao termo "suficientemente bom" aos cuidados dispensados pela mãe ou sua substituta ao bebê, particularmente quanto à dependência dele

e rememorado pelo adulto trabalhador Fresador-Ferramenteiro com gratidão, expressando a hospitalidade deles recebida: "são coisas que é *dita* que fica. Silêncio". Rememoração em que "lembrar é gostoso, mas pode ser algo leve, que te joga para a frente". Porém ocorre o oposto quando lhe vem à lembrança aquele encontro e tratamento violento recebido por aquele outro chefe imediato. Vem-lhe à memória as marcas de um tempo de sofrimento devido a esse tratamento, o da hostilidade eivada pelas pulsões destrutivas da parte de quem o infligia, num encontro certamente não satisfatoriamente bom: "Você é burro", "você não sabe trabalhar", "virava as costas e saía me xingando".

O chefe, no uso de si por si mesmo e, pois, "mestre do possível, mestre de apreender o possível", não suscitava a pulsão epistemofílica e/ou o instinto de saber do jovem trabalhador em sua relação com a língua particular de ofício em atividades de trabalho real. Ao contrário, mediante a ostentação da hostilidade, agredia-a para, assim, no intuito, deliberado ou não, de criar sentimentos de desamparo *no* trabalhador diante de seus não saberes preliminares nessa relação: "a gente (ficava) *revoltado* com aquilo". Não obstante, o jovem trabalhador fez prevalecer essas pulsões de vida:

> Se *hoje... eu posso dizer que eu sou um profissional*, na época, o que eu aguentei! (...).
>
> Fresador-Ferramenteiro (destaques nossos)[84]

Demarca o trabalhador Fresador-Ferramenteiro essa prevalência que o fez, no uso de si por si mesmo, "mestre de apreender o possível" nas adversidades, no caso, em relações de trabalho de subordinação, quando afirma "hoje (...) eu posso dizer que eu sou um profissional".

(seja a absoluta ou a relativa, porém a primeira é primordial) a esses cuidados à sua sobrevivência física, emocional, psíquica, intelectual: "(...) cuidado materno que não é suficientemente bom". (p. 53); "(...) mãe não é suficientemente boa". (.56); "(...) mães que não têm essa tendência de prover cuidado suficientemente bom não podem ser tornadas suficientemente boas pela simples instrução" (p.48-49). Ressoa no emprego do termo encontro satisfatoriamente bom por nós utilizado esses cuidados no que tangem, especificamente, ao acolhimento/a hospitalidade ao outro acompanhado da capacidade de preocupação com o outro, guardados os respectivos contextos desses cuidados. Cf. nota 9 do presente capítulo.

84 ROSA, Maria Inês. *Trabalho, subjetividade e poder*. p. 79. Consideramos esse momento da narração do testemunho do trabalhador, analisando outros aspectos.

Penumbra: experiência, memória. Descarte do trabalhador

As palavras de hostilidade do chefe imediato, sob o âmbito da destrutividade, exprimem a suspensão da língua, relação ao outro/ao sujeito e a hospitalidade que ela é. Exprimem também a suspensão da capacidade de preocupação com o outro que ela comporta e acompanha essa relação. É a aridez da hostilidade em direção ao outro, fazendo vir à tona o estranhamento pela diferença do outro que ainda necessita do reasseguramento no seu caminho para o acesso à língua particular de ofício nas atividades de trabalho real. Indiferença por suas dificuldades experimentadas nessas atividades com base no encontro entre as atividades de conhecer e de pensar. Indiferença essa que acaba por negar o tempo pessoal, ergológico, do trabalhador – a manifestação de sua presença – a realização desse encontro – do encontro da experiência "social individual" e/ou do encontro entre experiência coletiva e experiência individual: "você não sabe trabalhar". Por tudo isso, diz: "passei praticamente três anos comendo o pão que o diabo amassou". Desdém ao sujeito/ à sua alteridade. Ausência de compaixão e de solidariedade, valores sem dimensão/imateriais nessa suspensão da língua, relação ao outro, praticada por esse chefe imediato.

Essa dupla suspensão e esses seus desdobramentos, cujos *traços* deixados são rememorados pelo trabalhador, têm lugar devido à língua ser transmutada em móvel ou instrumento[85], e instrumento destrutivo do outro, pela prevalência daquelas pulsões, as destrutivas, as de morte. Por meio dessa transmutação interdita-se a atividade de pensar, isto é, o entendimento, a reflexão, o questionamento, e com isso se a dissocia da atividade de conhecer. Aquelas palavras do chefe: "você é burro", "gritava comigo e tal", "você não sabe trabalhar, não sei o quê" exprimem essa instrumentalização da palavra, da língua, relação ao outro e essa interdição. Elas também abstraem, como salientado, a temporalidade pessoal do jovem trabalhador, que então estava tendo acesso à língua particular de ofício e, juntamente, já trabalhava nas atividades de trabalho real que a requeriam. Era-lhe interditado o erro: "Então, se eu fazia errado, tal, ele (esse chefe) me xingava". Quando um dos "velhos" trabalhadores, membro da geração adulta, o "ajuda(va)", o acolhia transmitindo-lhe essa língua e lhe dizia: "ah, matou (errou)

---

85 ROSA, Maria Inês. Formar, não treinar: o lugar da palavra. *Pró-posições*, Campinas, v. 21, n.3 (63), set./dez.2010, p. 155-172.

a peça? Vamos ver se a gente acha material aí, nem precisa falar com o chefe". E o trabalhador Fresador-Ferramenteiro explica que esse trabalhador assim falava e agia "só para ele (esse chefe imediato) num dar bronca em mim". Esse "velho" trabalhador aludia a essa situação de instrumentalização da língua e as suspensões da língua relação ao outro e a capacidade de preocupação com o outro que ela comporta praticadas por esse chefe, com a ferocidade que essa instrumentalização abre, a da hostilidade e da destrutividade. Essas suspensões, por fim, suspendiam a experiência do trabalho e o trabalho como experiência, visto elas se ancorarem na concepção que o trabalho, a atividade de trabalho real, é execução, bastando ao trabalhador somente conhecer os conhecimentos prévios – as normas antecedentes – e aplicá-las. Não haveria o vai e vem entre a atividade de conhecer e a atividade de pensar nas atividades de trabalho real.

A língua se tornara instrumento de destruição do outro e de subsunção do outro por parte desse chefe[86], que suspendera a hospitalidade que lhe é própria. Aí o outro, o trabalhador, é tomado como agente e não sujeito. Na qualidade de agente ele *adquire* conhecimentos pela língua transmutada em móvel ou instrumentalização e, como tal, ela os comunica e não os transmite; no caso dá-se a comunicação dos conhecimentos da língua particular de ofício. Os conhecimentos são tidos como dados acabados e, pois, inquestionáveis. O trabalhador-agente *deve* simplesmente aplicá-los nas atividades de trabalho real que realiza e *não deve* pensar sobre eles, questioná-los, refletir sobre eles, elaborá-los, ou seja, não deve se pautar pela atividade de pensar, somente a de conhecer, própria do treinamento. Dissociam-se ambas as atividades na instrumentalização da língua com prevalência da atividade de conhecer e se transmuta a formação em treinamento[87]. Disso resulta que o sujeito como agente é tido como passivo e receptáculo dos conhecimentos particulares da língua de ofício e não fazendo uso da língua, do pensamento, dos conhecimentos no uso de si por si mesmo, "mestre do possível" e "mestre de apreender o possível". Essa língua deixa de ser

---

86 KLEMPERER, Victor. *LIT – A linguagem do terceiro reich*. Rio de Janeiro: Contraponto, 2009. Na análise dessa linguagem efetuada pelo autor, a nosso ver, há essa instrumentalização da língua e a subsunção do indivíduo e seu empobrecimento pessoal e intelectual, sob o regime político totalitário nazista. É a hostilidade, pode-se dizer, absoluta.
87 Cf. nota 85 do presente capítulo.

bem comum, valor sem dimensão, e os conhecimentos nela contidos tornam-se coisas, mercadorias a serem adquiridas ao sabor das circunstâncias da relação social da troca no mercado de trabalho e de mudanças no trabalho. São reduzidos ao utilitarismo e à quantificação. Em suma, são reduzidos esses conhecimentos a mercadorias a serem consumidas, nos processos imediatos de trabalho.

O trabalhador Fresador-Ferramenteiro, ao afirmar "sabe, às vezes, *tem que aguentar coisas para aprender*", também alude a essa condição de sujeito passivo graças a essa transmutação da língua em móvel ou instrumento não só de comunicação de conhecimentos tidos como imutáveis mas também de hostilidade do outro sobre si, por parte do exercício de poder do chefe imediato que, então, era um dos diretores do Sindicato dos Metalúrgicos de São Paulo, na fábrica. Esse chefe, na hostilidade endereçada ao jovem trabalhador, abstrai a sua própria condição humana de "mestre de apreender o possível", dando-se em relações humanas, de trabalho, e, no caso, de subordinação econômico-social. Ele, nesse exercício de hostilidade/poder, afirma essa subordinação no uso de si por si mesmo esbarrando nesse "mestre do possível", talvez o barrando, e faz uso da língua do código de fábrica. Essa língua suspende a língua relação ao outro, a hospitalidade que ela é, para o exercício da hostilidade em direção ao outro:

> Através do código de fábrica, *o capital formula, legislando,* particular e arbitrariamente, sua autocracia *sobre os trabalhadores* (...) O látego do feitor de escravos se *transforma* no *regulamento penal do supervisor* (...)[88].

O capital, relação social, configura-se e se configurou na (inter)dependência com o outro polo desta relação, o trabalho. Todavia, essa relação social se (re) produz, mesmo que ao longo de sua consolidação, tenham ocorrido mudanças no uso de si capitalístico, do homem, na condição de trabalhador assalariado. Entretanto, no polo trabalho dessa relação, o trabalhador permanece, até o presente, tendo exclusivamente como próprio suas capacidades físicas, mentais,

---

[88] KARL, Marx. *O capital (Crítica da Economia Política). Livro 1: O processo de produção capitalista. Vol. 1.* cap. XIII, p. 485: p. 487-488. Nessas últimas páginas, o autor cita relatórios de inspetores de fábrica, Londres, anos de 1866-1867, nos quais se explicitam essa "legislação" particular e essa transformação. Cf. nota 45 do presente capítulo. Cf. nota 17 do capítulo 1.

intelectuais sob a forma mercadoria. A pulverização dessa condição nos atuais trabalhos a domicílio[89], modificados, não transforma essa relação social, visto que nela a posição de dominação econômica e política ainda concerne ao polo do capital nas atividades de trabalho real. Ele, categoria social, tal qual o polo trabalho, é representado pelo capitalista ou seus representantes na organização e divisão hierárquicas, no sistema produtivo, se (re)produz "legislando particular e arbitrariamente, sua autocracia, sobre os trabalhadores" pura e simplesmente porque é o proprietário de suas forças de trabalho e, por tê-las comprado, seja diretamente ou por aqueles que os representam enquanto agentes econômicos e intermediários. Tanto um quanto outro são constituídos e constituem esse polo, o do capital e, pois, essa categoria social[90]. E as compra, na qualidade de mercadorias a serem usadas no processo produtivo imediato, impondo o modo de seu uso, o de seu consumo. Entretanto, esse uso dá-se em atividades de trabalho real e, por isso mesmo, é o uso de si capitalístico, do trabalhador, de seu ser inteiro – a sua atividade humana industriosa – convocado em toda e qualquer atividade, sem o que nenhum trabalho se realiza[91]. Um direito privado do proprietário que não (re)conhece os limites da lei:

> (...) pondo de lado a divisão dos poderes tão proclamada pela burguesia e o mais proclamado ainda regime representativo[92].

Nesse direito privado, o caráter coercitivo ou repressivo do exercício de poder está na dependência de seu outro caráter, o disciplinador[93]. A esse caráter,

---

89 KARL, Marx. *O capital (Crítica da Economia Política). Livro 1: O processo de produção capitalista.* Vol. 1. cap. XIII, p. 534-550. Cf. nota 42 do capítulo 1.
90 Remetemos o leitor ao cap.1, item 1.1 Permanências, mudanças, particularmente p. 1-6. Cf. nota 58 do capítulo 3, a seguir.
91 Cf. nota 6 do capítulo 1.
92 Cf. nota 88 do presente capítulo.
93 Cf. nota 46 do presente capítulo. Estamos considerando que tanto o poder repressivo (coercitivo) quanto o disciplinador (normalizador) são interdependentes entre si à efetivação de seus exercícios e de suas especificidades. Sobre o caráter interdependente e relacional das relações humanas, sociais, aí compreendidas as de poder, confrontar: ELIAS, Norbert. *Qu'est-ce que la sociologie?* p. 85-86, p. 107-108, p. 144-145. Sobre o caráter relacional das relações de poder, confrontar: FOUCAULT, Michel. *Vigiar e punir.* p. 29 e passim. Sob esse aspecto, confrontar: ROSA, Maria Inês. *Trabalho, subjetividade e poder.* passim; IDEM, *Usos de si e*

Penumbra: experiência, memória. Descarte do trabalhador

em seu funcionamento, é-lhe específico atuar no nível do contradireito[94], daqueles poderes que não o limitam, confluindo com o exercício do caráter repressivo do poder. Dependências mútuas entre ambos os caracteres ou interdependências nas relações de poder na efetivação desse direito privado no uso de si capitalístico, do trabalhador, nas relações de trabalho. Aí o "supervisor" legisla *sem a presença* do "látego do feitor de escravos" porque é essa, nessa confluência, a própria língua do código de fábrica em exercício, o "regulamento penal", que transmuta a língua relação ao outro/ao sujeito em instrumento ou móvel de hostilidade/de destrutividade, de subsunção do corpo-si/corpo-ego ou corpo-próprio do trabalhador, buscando, sempre, vergá-lo aos desígnios do capital: a mais valia. Torna-se a língua comunicação desse regulamento, de seu código – dos conhecimentos[95] disciplinares e coercitivos – que o constitui conferindo a esse duplo caráter interdependente do exercício de poder forma despótica no espaço do *locus* de trabalho e/ou na situação de trabalho.

> Se a direção capitalista é dúplice em seu conteúdo, em virtude da dupla natureza do processo de produção a dirigir que, ao mesmo tempo, é processo social para produzir um produto e processo de produzir mais valia – ela é, quanto à *forma despótica* (...). Com o desenvolvimento, o capitalista se desfaz da função de supervisão direta e contínua dos trabalhadores (...) entregando-a a um tipo especial de assalariados (...) que durante o processo de trabalho comandam em nome do capital. O trabalho de supervisão torna-se sua função exclusiva.
>
> (...) O látego do feitor de escravos se transforma no regulamento penal do supervisor[96].

---

testemunhos de trabalhadores. Com estudo crítico da Sociologia Industrial e da Reestruturação Produtiva. p. 41-42 e passim. A autora considera as relações humanas e, aí as de trabalho e as de poder, sob o crivo dessa interdependência e desse caráter relacional.
94 FOUCAULT, Michel. *Vigiar e punir.* p. 127; ROSA, Maria Inês. *Trabalho, subjetividade e poder.* p. 93-94. Cf. nota 46 do presente capítulo.
95 Cf. notas 46, 94 do presente capítulo, com destaque à interdependência entre o caráter coercitivo e o disciplinador do poder.
96 KARL, Marx. *O capital.(Crítica da Economia Política). Livro 1: O processo de produção capitalista. Vol. 1.* cap. XIII, p. 380-381, 485, respectivamente. Cf. notas 45, 56, 88, 92 do presente capítulo. Cf. nota 17 do capítulo 1. Cf. BOTTOMORE, T. B; RUBEL, M. *Sociologia e filosofia social de Karl Marx.* Rio de Janeiro: Zahar Ed., 1964. p. 148-149. Cf. ROSA, Maria Inês. *A*

Essa forma despótica, na confluência e interdependência desse duplo caráter relacional do poder nas relações de trabalho hierárquicas e ancorada na língua desse código, autoriza e legitima aquele uso de si por si mesmo que *se* faz o chefe imediato na relação com o subordinado, com o jovem trabalhador. Ele efetua a suspensão da hospitalidade, que é a língua, amparando-se nessa trama de relações de poder – *do despotismo* – cuja língua é essa suspensão e sua prática repetida mediante a instrumentalização da língua. Abstrai-se e nega-se o sujeito, a manifestação de sua presença, de seu corpo-si/corpo-ego. O trabalhador é considerado como antissujeito[97] pelo exercício despótico do capital sobre o trabalho e o chefe assim se conduz em relação ao outro/ao sujeito, a esse jovem trabalhador. E considerá-lo nessa condição é tornar-se a si próprio o chefe, no uso de si por si mesmo que se faz, também antissujeito[98]. Isso significa que a língua, malgrado a sua redução à instrumento pelo código de fábrica e por *quem* assim a usa, *é* o horizonte dos possíveis singulares do ser vivo humano – de sua plasticidade – no uso de si por si mesmo, "mestre do possível", seja ou não em relações humanas adversas e de subordinação como as que têm lugar no espaço do *locus* de trabalho, esfera privada e também pública de atuação da forma social despótica[99] do capital sobre o trabalho. Em outros termos, só existe essa redução da língua a móvel ou instrumento de hostilidade e, pois, de subsunção, porque ela é relação ao outro/ao sujeito e hospitalidade, mesmo que possa advir em seu contrário, essa hostilidade que se estende à dominação do sujeito/do outro e não reconhecendo limites à sua destruição no uso de si capitalístico, do trabalhador. Dizimam-se suas condições físicas e mentais. Disso dá testemunho a ocorrência de suicídios no trabalho praticados por trabalhadores:

> (...) há uma empresa (na China) que obriga os candidatos a emprego a assinar um documento em que está escrito que não vão se suicidar. Se se suicidarem,

---

indústria brasileira na década de 60: as transformações nas relações de trabalho e a estabilidade (de emprego). cap. 1, f. 46-47; cap. 2, f. 52-143; cap. 3, f. 144-224. Na presente narração de nosso trabalho, consideraremos também outros aspectos dessa forma despótica de dominação.
97 WIEVIORKA, Michel. *La violence. Voix et regards*. Paris: Ed. Balland, 2004. p. 283-310.
98 Cf. nota 97 do presente capítulo.
99 Cf. nota 96 do presente capítulo.

Penumbra: experiência, memória. Descarte do trabalhador

o pecúlio que ficaria para a família será perdido. É tentar impedir o nível de suicídio no país, como é alto na França e na Coreia. Para entender o abominável mundo do trabalho hoje, só na França Telecom (empresa pública de telecomunicações), nos últimos três anos (de 2009-2011), houve aproximadamente 45 suicídios (...) de empregados. A Telecom entrou num processo de privatização. Aí passou a exigir metas e competências, mais metas e mais competências, quem não as atingia era demitido. A pessoa entrava na justiça e conseguia voltar. Então a empresa pegava esse trabalhador e dizia: "Veja como um trabalhador não pode ser". Botava ele num box e isolava como um mau exemplo a evitar. No terceiro dia, o indivíduo não aguentava mais a discriminação. Deixava um bilhete[100].

Em uma antiga empresa de material aeronáutico, na França, entre os anos de 1977-1998, trabalhadores praticaram suicídios[101]. Aí a língua, tornada instrumento, móvel de hostilidade, comunicava as normas coercitivas e disciplinares, o seu "regulamento penal", no contexto de mudanças no uso de si capitalístico, do trabalhador. É o mesmo contexto daquela outra empresa francesa e, cremos, no que concerne ao da empresa chinesa na imposição de aumento de produtividade sob o termo "meta", numa clara inversão de sentido da palavra[102]. Nas três empresas há a prevalência desse "regulamento penal".

Relembremos que a redução da língua a móvel ou a instrumento de hostilidade pela/na língua do código de fábrica somente é possível porque é ela relação ao outro/ao sujeito. Em outros termos, é a língua hospitalidade/é acolhimento. Fazer dela o seu contrário, isto é, hostilidade e destrutividade por meio dessa redução não apaga que ela *é* essa relação, mesmo que subsumida e na obscuridade. É essa sua permanência e de seu horizonte a realização dos possíveis singulares do trabalhador bem como de seu lastro, o da transmissão/

---

100 ANTUNES, Ricardo. Entrevista (Labor sem rosto). O Estado de S. Paulo, 16/10/2011. p. J5.
101 DEJOURS, Christophe; BÉGUE, Florence. *Suicide et travail: que faire? Briser la loi du silence*. Paris: PUF, 2009. p. 44-45. Os autores, no trabalho de intervenção que efetuaram na empresa, após esse acontecimento, sob uma outra perspectiva, pontuam, entre outros aspectos, a questão da hostilidade.
102 BOURDIEU, Pierre. *Contre-feux. Propos pour servir à la resistence contre l'invasion néo-libérale*. Paris: Liber-Raisons d'Agir, 1998. p. 35-36. Cf. ROSA, Maria Inês. *Usos de si e testemunhos de trabalhadores. Com estudo crítico da Sociologia Industrial e da Reestruturação Produtiva*. p. 65-69.

transmissibilidade daquela "preciosa riqueza" – da "preciosa experiência" – que portam o sonho do trabalhador Fresador-Ferramenteiro e testemunha a narrativa de seu testemunho. Reminiscências de outros usos de si por si mesmos pelos trabalhadores – e de que "O aqui e agora é o fato de que eu sou mestre, *mestre do possível*, mestre de apreender o possível"[103] – na transmissão da língua particular de ofício e de sua efetivação em atividades de trabalho real, e não aqueles impostos, ditados, prescritos pela língua do código de fábrica. Vicejou a hospitalidade entre trabalhadores que lhes assegurou contrarrestar essa língua e a hostilidade que ela é no exercício do despotismo do capital sobre o trabalho. Esse vicejamento, malgrado esse despotismo, o sonho – a sua língua/palavra – *é testemunha*. Esperança de relações humanas e, nelas, de trabalho que não a desse exercício de poder.

2.2   Regime de trabalho despótico e língua do código de fábrica

2.2.1   De algumas situações

Para se ir ao

> (...) banheiro tinha que ter ficha. Você não podia ficar mais de sete minutos no banheiro, é o tempo que você gastava: sair da seção, ir até o banheiro, fazer o que tinha que fazer, voltar (para o posto de trabalho). Se não me engano, era duas vezes, de manhã e à tarde, poderia ir ao banheiro.
> Fresador-Ferramenteiro

O "regulamento penal" constitutivo da língua do código de fábrica – de suas normas repressivas e disciplinares – no uso de si capitalístico, do trabalhador, de seu corpo-si, empreende ocupar até o tempo voltado à satisfação das necessidades fisiológicas do trabalhador. Para tanto prescreve o padrão a essa satisfação:duas vezes no decorrer da jornada de trabalho e o tempo a ser despendido. Objetiva-se que o trabalhador não tenha para si, à sua disposição, nenhuma fração de tempo que não esteja sob a égide do valor. Ou seja, intenta-se ocupar

---

[103]   Cf. notas 14, 25 do presente capítulo. Cf. nota 39 do capítulo 1.

Penumbra: experiência, memória. Descarte do trabalhador

tempos mortos ou poros da jornada de trabalho que escapem à perseguição da extração da mais valia, mesmo aqueles que dizem respeito à normalidade do funcionamento fisiológico do corpo-si. Todo o tempo de vida, no espaço do *locus* de trabalho, deve estar voltado a essa extração nesse uso capitalístico. Aí a sua representação é a do homem que, em atividades de trabalho, não faz uso de si por si mesmo, não "é mestre do possível" visto que não faria uso do pensamento, do conhecimento e da língua[104]. Representação essa que reduz o corpo-si, o corpo humano, à fisicidade[105]. Seria ele agente passivo e receptáculo dessas normas, sejam técnicas, repressivas/disciplinares, devendo executá-las e obedecer a elas, estritamente. Não lhe caberia pensar nelas, questioná-las – a sua língua e sua aplicabilidade – porque, nessa condição, ele não se constituiria em sujeito, nesse "mestre do possível" que é, mas em antissujeito. A língua das normas é-lhe *comunicada*, devendo cumpri-las. Não obstante essas representações, é o agente também sujeito que faz uso de si por si mesmo, "mestre do possível" que é, na relação com o uso capitalístico que dele é feito por essa língua específica, a do código de fábrica com base em seu "regulamento penal":

> Isso daí é o cúmulo. É, tanto é que *a gente* furava esse negócio. Nos primeiros dias, tudo bem, mas depois, *a gente* furava porque não tinha cabimento um negócio desse. (...). Foi três vezes que tentaram.
> Fresador-Ferramenteiro (destaques nossos)

A relação ao outro que é a língua expressa-se na palavra "a gente", que declina o conjunto de trabalhadores, eu, tu, ele, ela, nós, vós, eles, elas[106], que "furava esse negócio". Difícil de dizer[107] esse "negócio", de nomear essa situação

---

104 ROSA, Maria Inês. *Usos de si e testemunhos de trabalhadores. Com estudo crítico da Sociologia Industrial e da Reestruturação Produtiva.* p. 149 e passim. Sobre o uso da língua, confrontar: ELIAS, Norbert. *Teoria simbólica.* p. 47-49; SCHWARTZ, Yves. *Expérience et connaissance du travail.* p. 267. Cf. nota 50 do capítulo 1.
105 CANGUILHEM, Georges. Milieu et normes de l'homme au travail. *Cahiers Internationaux de Sociologie.* Paris, Ed. Seuil, vol. III, Cahier double, 2ème année, 1947. p. 128; ROSA, Maria Inês. *Usos de si e testemunhos de trabalhadores. Com estudo crítico da Sociologia Industrial e da Reestruturação Produtiva.* cap. 6, p. 247.
106 ELIAS, Norbert. *Teoria simbólica.* p. 47-49, 69-70; IDEM, *Qu'est-ce que la sociologie?* cap. IV, p. 146-147, 150-151, 154.
107 SCHWARTZ, Yves. "C'est compliqué", activité symbolique et activité industrieuse. In: IDEM, *Travail et philosophie. Convocations mutuelles.* Texte 1,3. p. 67-82: ROSA, Maria

negadora da relação de saúde, de sua dizimação. Entretanto, essas palavras aludem a essa dizimação e contra ela se ergue, manifestando o "mestre do possível" que é o trabalhador no uso de si por si mesmo em trabalho e dando-se normas[108]: "a gente furava porque não tinha cabimento um negócio desse". Os trabalhadores, "a gente", questionam e se opõem às normas desse código, de sua língua[109]. Por isso o trabalhador a elas se refere também pelo termo "negócio" e exprime sua indignação, que é a do coletivo de trabalhadores, de seu conjunto: "isso daí é o cúmulo", que nada mais é do que a perseguição dessa negação e da não relação de saúde[110] em detrimento da vida. Essa perseguição dá-se internamente à da mais valia no decorrer da jornada de trabalho. Uma e outra perseguição intentam açambarcar o tempo de vida de cada trabalhador no espaço do *locus* de trabalho e reduzi-lo a tempo de trabalho quantitativo, o do rendimento e/ou da produtividade, o do valor. É a essa dupla perseguição que obedece aquela padronização quanto a horários pelo "regulamento penal" da língua do código de fábrica, à satisfação das necessidades fisiológicas do trabalhador. Tentam-se reprimir essas necessidades do trabalhador e regredi-lo ao estado de não controle do seu corpo, àquele tempo de sua tenra infância em que, nos cuidados de seu corpo-si, dependia primeiramente de modo absoluto e depois relativo da pessoa do cuidador[111]. Prescrevem-se-lhe e impõem-se-lhe controles externos ao uso de si por si mesmo ao ser da norma que é[112] e, pois, a relação de saúde com seu corpo-próprio/corpo-si. Pulsões destrutivas dessa língua à subsunção do trabalhador aos desígnios dessa dupla perseguição no uso de si capitalístico, no uso de seu corpo-próprio que dele faz o capital.

      Inês. *Usos de si e testemunhos de trabalhadores. Com estudo crítico da Sociologia Industrial e da Reestruturação Produtiva.* cap.5, p. 193.
108 CANGUILHEM, Georges. *La connaissance de la vie.* Paris: J. Vrin, 1992. cap. III, p.129-154, 155-169, particularmente p. 142-144; IDEM, Milieu et normes de l'homme au travail. *Cahiers Internationaux de Sociologie.* Paris, Ed. Seuil, vol. III, Cahier double, 2ème année, 1947. p.123 e 135 e passim; ROSA, Maria Inês. *Usos de si e testemunhos de trabalhadores. Com estudo crítico da Sociologia Industrial e da Reestruturação Produtiva.* cap. 4, p. 150; cap. 5, p. 225 e passim.
109 Cf. nota 96 do presente capítulo.
110 Cf. nota 71 do presente capítulo.
111 WINNICOTT, Donald, Woods. *O ambiente e os processos de maturação. Estudos sobre a teoria do desenvolvimento emocional.* cap. 7, p. 79-87. Cf. nota 83 do presente capítulo.
112 Cf. nota 108 do presente capitulo.

Penumbra: experiência, memória. Descarte do trabalhador

Essa situação de trabalho foi experienciada pelo trabalhador Fresador-Ferramenteiro no transcurso daqueles primeiros onze anos de tempo de vida de não desemprego/de trabalho assalariado, de 1975-1986, e "foi três vezes que tentaram" impô-la, conforme ele destaca. Passados esses anos, em 1990, narra-a e dela dá o seu testemunho. Ela integra as suas história e biografia de trabalhador e as de outros, as da "gente" e/ou do coletivo de trabalhadores que juntamente com ele a experienciaram. É "história social individual"[113]/memória "social individual" dele e do outro, desse coletivo de trabalhadores, do *Si*, marcada pelos constrangimentos do despotismo do capital sobre o trabalho e de sua língua. E essa história constitui a de tantos outros trabalhadores, homens e mulheres. Em 1923, século passado, o industrial Alfredo Schuring

> estabeleceu 3 minutos como o tempo máximo que o operário podia dispor para as suas necessidades fisiológicas. Um trabalhador que desrespeitou essa ordem acabou levando um tiro da segurança da empresa Schuring[114].

Na década de 60 desse mesmo século,

> A Federação dos Trabalhadores nas Indústrias Químicas e Farmacêuticas do Estado de São Paulo aponta para o controle do tempo despendido pelo operário na satisfação de suas necessidades fisiológicas, mediante o uso de chapinhas por parte da chefia[115]. Em dada indústria, os operários, para irem ao banheiro, precisam também de chapinhas que ficam em poder do chefe[116]. Na Construtora Zader – Kuppers, as operárias só podem ir ao banheiro se autorizadas expressamente pelo engenheiro encarregado[117].

---

113 Cf. nota 41 do presente capítulo. Cf. nota 54 do capítulo 1.
114 A Plebe, de 1923. Notícia citada por TRAGTENBERG, Maurício. Conferência: Condições de trabalho na indústria brasileira. *Sociedade Brasileira para o Progresso da Ciência (SBPC)*, 1978. In: Jornal da Tarde, 13/07/1978. Cf. ROSA, Maria Inês. *A indústria brasileira na década de 60: as transformações nas relações de trabalho e estabilidade (de emprego)*. f. 75-76.
115 Última Hora, 17/05/1962. In: ROSA, Maria Inês. *A indústria brasileira na década de 60: as transformações nas relações de trabalho e a estabilidade (de emprego)*. f. 75.
116 Última Hora, 12/11/1961. In: ROSA, Maria Inês. *A indústria brasileira na década de 60: as transformações nas relações de trabalho e a estabilidade (de emprego)*. f.75
117 Última Hora, 02/02/1965. In: ROSA, Maria Inês. *A indústria brasileira na década de 60: as transformações nas relações de trabalho e estabilidade (de emprego)*. f. 75.

Às vésperas do século XXI, um trabalhador Operador Universal e Preparador de Máquinas, Coringa, em agosto e setembro de 1999, em seu testemunho[118], narra a continuidade desse procedimento de poder, desse método para busca incessante de apropriação de poros na jornada de trabalho, para a subsunção ao tempo de trabalho quantitativo, ao do valor:

> (...) antigamente, a gente era *livre*, podia *ir ao banheiro a hora* que quisesse, tudo. *Hoje*, já não pode mais. Se ele (o trabalhador, no caso o Operador de Máquinas, do setor de Usinagem) precisa ir ao banheiro, eu tenho que saber que ele foi ao banheiro, eu tenho que saber que ele foi ao banheiro. Quer dizer, *eu acho absurdo isso* (...) o *pessoal*, o operário, se ele *quiser manter o emprego dele ele ficou escravo, ele está escravo* porque ele não pode ir ao banheiro (...).
> Operador Universal e Preparador de Máquinas, Coringa (destaques nossos)

A demarcação do tempo, da história se desenrolando é feita pelas palavras "antigamente" e "hoje"[119]. Ele *tem* "que saber" se o trabalhador "foi ao banheiro" porque realiza também as atividades de chefia, de aplicação da língua do código de fábrica, sob a forma de seu "regulamento penal". Ele a analisa: "eu acho absurdo isso (...) o pessoal, o operário se ele quiser manter o emprego dele *ele ficou escravo, ele está escravo*, porque ele não pode ir ao banheiro". Converge a sua análise com a efetuada pelo trabalhador Fresador-Ferramenteiro quando diz: "Isso daí é o cúmulo (...) não tinha cabimento, um negócio desse". Um e outro referem-se não somente a si mas ao outro, aos demais trabalhadores pelas palavras "o pessoal" e "a gente", ao coletivo, ao conjunto dos trabalhadores, ou seja: a "história social individual" experienciada pela classe trabalhadora sob a

---

118 ROSA, Maria Inês. *Usos de si e testemunhos de trabalhadores. Com estudo crítico da Sociologia Industrial e da Reestruturação Produtiva*. p. 291-292. Nesse momento, consideramos essa narração do testemunho desse trabalhador e priorizamos o uso de si capitalístico, do trabalhador, sob nova modalidade, a da densificação da dimensão gestionária do trabalho. Outros aspectos desse uso serão destacados na presente narração.

119 Cf. ROSA, Maria Inês. *Usos de si e testemunhos de trabalhadores. Com estudo crítico da Sociologia Industrial e da Reestruturação Produtiva*. cap. 5, p. 161-170. Analisamos essa periodização feita pelo trabalhador, em torno das palavras "antigamente", "antes", "hoje", em articulação com esse *interdito*. Essa periodização é um modo de entendimento das mudanças nas atividades de trabalho real.

égide dessa repetição da apropriação do tempo de vida do trabalhador no *locus* do espaço de trabalho com o intuito de torná-lo, mesmo nos momentos de intimidade do corpo-si em suas necessidades fisiológicas, em tempo de trabalho quantitativo/produtivo, em mais valia. Momentos diferentes da história social/ memória "social individual"/ "da história social individual". Aquele demarcado pelo trabalhador Operador Universal e Preparador de Máquinas, Coringa, é o do presente: o de uma nova modalidade de uso de si capitalístico, do uso do corpo-si, do trabalhador pelo capital, a da densificação da dimensão gestionária do trabalho, na tensão entre o trabalho tido como execução e o trabalho como uso de si capitalístico[120]. Para tanto, ocorrem mudanças na divisão e organização do trabalho, introduzindo-se novos métodos e técnicas e/ou novas normas antecedentes de trabalho prescrito, perseguindo-se esse uso de si por si mesmo que *se* faz cada trabalhador no encontro entre conhecimento (dessas normas e as já existentes) e experiência (individual e coletiva) nas atividades de trabalho real. Dele resultam antecipações configuradoras de outros modos de trabalho em relação ao do trabalho prescrito que, sob o crivo dessa perseguição, os controlam e os direcionam, subsumindo-os a um único modo de trabalho, o do prescrito, próprio dessas normas. Amplia-se o campo de trabalho pela extinção drástica de postos de trabalho e dispensa de trabalhadores, e concentram-se as atividades de trabalho real adstritas a esses postos de trabalho nos não extintos e reconfigurados e com um número restrito de trabalhadores: eles *têm* que "fazer tudo" e/ou "administrar tudo", de acordo com as palavras daquele trabalhador e reiteradas por

---

120 ROSA, Maria Inês. *Usos de si e testemunhos de trabalhadores. Com estudo crítico da Sociologia Industrial e da Reestruturação Produtiva.* cap. 5, p. 161-227; cap. 6, p. 229-253; Epílogo, p. 257-323. Efetuamos análise minuciosa dessa nova modalidade de uso de si capitalístico, do homem, na condição de trabalhador assalariado, mediante o entrecruzamento da narração dos testemunhos dos trabalhadores com a nossa narração. A *palavra* deles é a testemunha desse uso, de sua reconfiguração e, aí, das relações de trabalho e as de poder, interdependentes e que se interpenetram, *dizimando* o corpo (corpo-si) do trabalhador. Sobre a dizimação do corpo/vida do trabalhador, confrontar ROSA, Maria Inês. *Trabalho, subjetividade e poder.* cap. 2, particularmente p. 60-65; IDEM, Condições de trabalho e penalização do corpo (Depoimento). *Psicologia Ciência e Profissão*, n. 1/90. p. 33-35; IDEM, *"Velhice" do trabalhador e relações de trabalho. Tempo e Presença.* Publicação CEDI, n. 264, jul./ago. 1992. p. 18-21; IDEM, Relações de trabalho: o dizimamento da vida do trabalhador. *Serviço Social & Sociedade.* Ano XIII, n. 38, abril-1992. p. 96-107. Cf. nota 107 do presente capítulo. Cf. nota 6 do capítulo 1.

outros trabalhadores[121]. Intensifica-se, juntamente, o trabalho. Essas ampliação e intensificação são também reconfiguradas por essa nova modalidade de uso de si capitalístico à extorsão e à apropriação de tempo de trabalho excedente, não pago, sob o máximo rendimento e/ou produtividade individual e do conjunto dos trabalhadores[122]. Controles internos conformadores dessas normas – dos métodos e técnicas – se constroem à consecução dessa extorsão e apropriação. Também o são os controles externos, e, dentre eles, destacamos o da determinação de horários (padronização) à satisfação das necessidades fisiológicas do trabalhador. Acentuamos que ele reprime essas necessidades com vistas à ocupação dos tempos considerados mortos, não produtivos para o capital no uso si, do trabalhador. Além disso se reporta ao período de dependência do ser vivo humano, em maturação biológica, psíquica, intelectual, quanto aos cuidados básicos de seu corpo-si, no caso, o dessas necessidades. Se aqui a dependência se constitui com vista à autonomização e/ou autolegislação e/ou uso de si por si mesmo, "mestre do possível", do ser vivo humano na condição do sujeito e, como tal, SER da norma[123], já esses controles externos e internos às normas antecedentes do trabalho prescrito direcionam-se à dependência, enquanto subordinação do trabalhador aos seus ditames e coerções, vale dizer, às normas do "regulamento penal" constitutivas da língua do código de fábrica na perseguição daquelas extorsão e apropriação. É essa a finalidade maior do regime de trabalho despótico do capital, de seu despotismo sobre o trabalho. Em outros termos, esse regime (re)cria incessantemente tempo de trabalho excedente não pago, a mais valia, o valor. A sua finalidade última é o valor, e não os valores de uso[124] para o bem comum do homem, do ser vivo humano.

Mudanças ocorrem na divisão e organização de trabalho que incidem nas relações de trabalho, acompanhadas ou não de nova base técnica. Elas per-

---

121 ROSA, Maria Inês. *Usos de si e testemunhos de trabalhadores. Com estudo crítico da Sociologia Industrial e da Reestruturação Produtiva.* cap. 5, p. 161-196.
122 Cf. nota 120 do presente capítulo.
123 Cf. notas 108, 112 do presente capítulo.
124 KARL, Marx. *O capital. (Crítica da Economia Política). Livro 1: O processo de produção capitalista. Vol. 1.* cap. I, p. 41-93; cap. V, p. 201-223; cap. XII, p. 386-422; cap. XIII, p. 423-579.

Penumbra: experiência, memória. Descarte do trabalhador

seguem a (re)produção e ou (re)criação dessa finalidade mediante essa língua e seu regulamento que conformam e interpenetram as normas antecedentes, como as da nova modalidade de uso de si – do corpo-si – pelo capital. Dito de outra maneira, dão-se as mudanças à (re)criação do processo de subordinação, de dependência real do trabalho ao capital pela introdução de maquinário no processo produtivo e nele têm lugar modificações ulterioriores[125], como é o caso atual da base técnica da informática e microeletrônica. Configurada essa subordinação, introduzem-se novas normas antecedentes, métodos de trabalho, estejam ausentes ou não essas modificações na base técnica, nos meios de produção.

Nesse processo histórico de subordinação real do trabalho ao capital,

> (...) abriam-se ao capital tendencialmente caminhos a percorrer, tanto nessa substituição (a do trabalho vivo pelo trabalho morto, o maquinário) quanto no que tange aos limites que a base técnica pudesse apresentar, tendo em vista essa subordinação, pois configurava-se não mais a subordinação formal (a mais valia absoluta) mas real ao capital. Esse processo foi designado por Karl Marx como Revolução Industrial, Revolução não da técnica mas dessa abertura e usos possíveis do homem (o corpo-si) nas relações sociais de produção (capitalista), que colocavam o seu contrário, ou seja, não somente o uso capitalístico (o uso de si pelo capital, mas novo uso de si mesmo, "mestre do possível", pelo trabalhador) consequência dessa subordinação[126].

A nova modalidade de uso de si capitalístico, do trabalhador e/ou a densificação da dimensão gestionária do trabalho na subordinação e/ou dependência real do trabalho ao capital não dispensa a subordinação formal do trabalho ao capital. Elas são interdependentes, interpenetram-se e entrecruzam-se tais quais os controles internos ao modo de trabalho, e os externos, como o da determinação de horário para satisfação das necessidades fisiológicas do trabalhador. Subordinações e controles esses que se constituem em uma trama no/do complexo

---

[125] Cf. nota 45 do capítulo 1. Neste sentido, confrontar ROSA, Maria Inês. *Usos de si e testemunhos de trabalhadores. Com estudo crítico da Sociologia Industrial e da Reestruturação Produtiva*. cap. 5, p. 165-166.
[126] Cf. nota 125 do presente capítulo. Cf. nota 45 do capítulo 1.

funcional e/ou no/da trama das relações sociais de produção e, aí, as de trabalho e as de poder[127] em seus caracteres repressivo e disciplinador. Trama de relações humanas cujos movimentos também são (inter)dependentes e se interpenetram e *aparecem* como se tivessem vida própria e/ou um *leitmotif* próprio e não como sendo construções sociais configuradas na *forma social* despótica do capital sobre o trabalho. Esse complexo funcional espraia-se no social e conforma-o, (re)configura-se em função das exigências últimas dessa forma, a da perseguição da extorsão e da apropriação de tempo de trabalho excedente, não pago, da mais valia, o valor. A nova modalidade de uso de si capitalístico, do trabalhador, nada mais é do que um daqueles possíveis usos do homem nas relações sociais de produção capitalista, que veio se configurando desde o último quartel do século passado. É sob o crivo desse funcionamento (re)criando e/ou (re)produzindo as condições materiais e as não materiais para o exercício da forma social *despótica*[128] do capital sobre o trabalho que o trabalhador Operador Universal e Preparador de Máquinas, Coringa, em sua análise do exercício desse despotismo, testemunha que "o pessoal, o operário, se ele quiser manter o emprego dele, ele *ficou escravo*, ele *está escravo*". Ameaça de dispensa do trabalhador pelo exercício de poder de desligamento do capital por aqueles que o representam e em seu nome agem, nas hierarquias funcionais e de exercício de poder conformadores dessas condições e/ou desse complexo funcional. Vale dizer, a dispensa e/ou o descarte do trabalhador ocorrerá se ele não se submeter aos parâmetros de máximo de rendimento e/ou produtividade, as "metas", no uso de seu corpo-próprio, corpo-si, seu uso capitalístico, no interior da teia e trama das relações desse complexo. Esses parâmetros são prescritos e impostos pelo novo modo de trabalho, sob a égide da nova modalidade do uso do homem – de si – na condição de trabalhador pelo capital. Todos os trabalhadores, referidos pela palavra "pessoal", *têm* que se submeter.

---

127 ELIAS, Norbert. *Qu'est-ce que la sociologie?* p. 67, 92-95, 132, 144, 145, 156. Cf. ROSA, Maria Inês. *Usos de si e testemunhos de trabalhadores. Com estudo crítico da Sociologia Industrial e da Reestruturação Produtiva*. cap. 1, p. 40-44.
128 Cf. nota 96 do presente capítulo. Cf. KARL, Marx. *O capital (Crítica da Economia Política). Livro 1: O processo de produção capitalista. Vol. 1.* cap. XIII, p. 485-495.

Penumbra: experiência, memória. Descarte do trabalhador

É o "látego do feitor de escravos" transformado no "regulamento penal" do supervisor"[129], e constitutivo da língua do código de fábrica em exercício à objetivação dessa submissão e, mais uma vez, à subordinação real do trabalho ao capital com vistas à (re)produção da forma social despótica do capital sobre o trabalho. Quando o trabalhador se refere a "ele (o trabalhador) ficou escravo", subentende-se que o "látego do feitor de escravos" foi, mais uma vez, recriado sob a nova modalidade de uso de si capitalístico, objetivando a plena submissão do trabalho ao capital. Porém, entrevê-se em sua afirmação que, malgrado os "usos possíveis do homem (do corpo-si) nas e pelas relações sociais de produção capitalista", o trabalhador, nesses usos, empreende sempre se autolegislar – fazer uso de si por si mesmo, "mestre do possível" que é – no interior daqueles usos, questionando e se opondo a esse látego/regulamento. Em suma, opõe-se à língua do código de fábrica que conforma as normas do trabalho prescrito nas atividades de trabalho real. Se assim não fosse, o capital não empreenderia outros usos possíveis do homem, de seu corpo-si, na condição de trabalhador assalariado, no regime de trabalho, como os do presente momento em sua forma social despótica.

O trabalhador Fresador-Ferramenteiro rememora situação de trabalho similar à testemunhada por aquele trabalhador, no contexto do início da primeira década do século XXI. Ela teve lugar nos primeiros onze anos de tempo de vida de não desemprego/tempo de vida de trabalho assalariado, a do 1º emprego. Seu momento é o da década de 70 e 80, século passado:

> Você está *parecendo escravo* dos cara lá, sendo o benfeitor (quer dizer, feitor) lá que ficava em cima de você para ver o que você faz ou deixa de fazer (...) Você não está numa prisão para estar em cima de você vigiando: o que que é isto?!!! (indignação).
>
> Fresador-Ferramenteiro (destaques nossos)

A similaridade dessa situação com a testemunhada por aquele trabalhador significa que essa forma social de dominação intenta atravessar o tempo, perenizar-se, mediante a busca de outros possíveis usos de si capitalístico, do

---

[129] Cf. notas 45, 56, 88, 92, 96, 128 do presente capítulo.

trabalhador, à consecução de sua (re)produção com base na extorsão e apropriação de tempo de trabalho excedente, não pago, a mais valia. Nessa situação, o procedimento utilizado foi o da intensificação do uso de si, do corpo-si, do trabalhador: "ficava em cima de você para ver o que você faz ou deixa de fazer". A intensificação não se deu mediante a introdução de novas normas antecedentes de trabalho e/ou de novo método de trabalho, tal qual ocorre sob a nova modalidade atual de uso de si capitalístico, do trabalhador. Simplesmente, colocou-se o "cara lá" (o cronometrista) que

> passava, ficava vendo quantas peças eu tinha feito, *quantas* peças tinha que fazer por hora, por dia.
> Fresador-Ferramenteiro, (destaque nosso)

E enfatiza o trabalhador

> só que eu não vou ligar para isso porque eu não sou Ferramenteiro de Produção. Meu serviço é qualidade, não a quantidade. Então, não estou nem aí para isso.
> Fresador-Ferramenteiro

Na intensificação do uso de si capitalístico, têm os trabalhadores seus corpos-si penalizados[130], e sob vigilância extrema, indiscriminando, no que tange a esse aspecto, o espaço do *locus* de trabalho com o espaço do *locus* da prisão: "você não está numa prisão para estar em cima de você vigiando. O que que é isto?!!! (indignação)". O pronome pessoal "você" declinado concerne tanto a ele quanto ao conjunto dos trabalhadores. Sobre seus corpos-si incidem a hostilidade, a destrutividade – as pulsões de morte –, da língua do código de fábrica que não somente considera o homem – o ser vivo humano –, na condição de trabalhador antissujeito e meramente agente passivo para o qual se lhe comunicam as normas do código sob a forma de "regulamento penal", como também se o toma como

---

[130] Cf. nota 131 do presente capítulo, a seguir. Remetemos o leitor à análise que efetuamos dessa situação de trabalho. Porém consideramos outros testemunhos de trabalhadores e ressaltamos outros aspectos. Cf. ROSA, Maria Inês. *Trabalho, subjetividade e poder.* cap. 4, p. 161-174; IDEM, *Usos de si e testemunhos de trabalhdores. Com estudo crítico da Sociologia Industrial e da Reestruturação Produtiva.* cap. 5, p. 161-227, particularmente p. 167-196; cap. 6, p. 229-253.

instrumento de trabalho, trabalho morto[131]. Repete-se a incessante redução do corpo-si, a representação fisicista[132] e a mecânica do instrumento de trabalho, a máquina, já essa trabalho morto dando-se, nessa situação de trabalho, pela utilização do cronômetro como instrumento de controle sobre cada trabalhador e de seu conjunto. E isso com vista ao aumento do rendimento, acelerando-se seus movimentos na consecução das atividades de seu trabalho.

Essa representação é a do organismo humano (o corpo) assimilado a uma máquina[133], à sua mecânica e aos seus movimentos. Esses têm um único sentido e/ou uma única finalidade. Mediante essa assimilação tem também o organismo/corpo uma só finalidade, no uso capitalístico que dele é feito, a desse aumento de rendimento, no tempo de trabalho pago (tempo de trabalho necessário) e o não pago, o tempo de trabalho excedente, no decorrer da jornada de trabalho. Ele não seria o corpo-si, o Ser/Sujeito por inteiro em trabalho, no uso que dele é feito, mas essa assimilação que o toma como "uma máquina animada", que é a consideração do trabalhador, na condição de escravo:

---

[131] KARL, Marx. *O capital (Crítica da economia Política). Livro 1: O processo de produção capitalista. Vol. 1.* Para o autor é trabalho morto o instrumental de trabalho transformado em autômato que "domina a força de trabalho viva, a suga e a exaure", no contexto do sistema fabril que se configura com a introdução da máquina. cap. XIII, p. 484. Consideramos que o trabalhador é tido como trabalho morto/instrumento, sob a representação e concepção do corpo do trabalhador, na condição de escravo, como "uma máquina animada". Elas são *transmitidas*, modificadas, no uso de si capitalístico, do trabalhador, que toma o corpo do trabalhador, assalariado, como assimilado ao funcionamento de uma máquina. A seguir, apresentamos essas representação e concepção.

[132] CANGUILHEM, Georges. *Milieu et normes de l'homme au travail. Cahiers Internationaux de Sociologie.* Paris: Ed. Seuil, vol. III, Cahier double, 2ème année, 1947. O autor acentua que "(...) A cronometragem dos tempos operatórios, a eliminação dos tempos mortos, dos movimentos (tidos como) inúteis, são consequências de uma concepção mecanicista e mecânica da fisiologia, província sem autonomia de uma ciência energética e totalitária". p. 128. Tradução livre. Nesse sentido, confrontar ROSA, Maria Inês. *Usos de si e testemunhos de trabalhadores. Com estudo crítico da Sociologia Industrial e da Reestruturação Produtiva.* cap. 6, p. 245-246.

[133] CANGUILHEM, Georges. Machine et organisme. In: IDEM, *La connaissance de la vie.* Paris: Librairie Philosophique J. Vrin, 1992. p. 102-103; IDEM, M*ilieu et normes de l'homme au travail.* Cahiers Internationaux de Sociologie. Paris: Ed. Seuil, vol. III, Cahier double, 2ème année, 1947. p. 122; Cf. ROSA, Maria Inês. *Usos de si e testemunhos de trabalhadores. Com estudo crítico da Sociologia Industrial e da Reestruturação Produtiva.* cap. 6, p. 247.

O escravo, diz Aristóteles na *Política,* é uma máquina animada[134].

---

134   CANGUILHEM, Georges. Machine et organisme. In: IDEM, *La connaissance de la vie*. p. 107. Tradução livre. Cf. notas 131, 132, 133 do presente capítulo. Cf. ARISTÓTELES. *Política*.Texto integral. São Paulo: Ed. Martin Claret, 2011. O autor refere-se ao trabalhador como *instrumento animado*. Diferencia o trabalhador artífice do trabalhador na condição de escravo. O primeiro "(...) está numa espécie de servidão limitada; enquanto o escravo o é por *natureza* (...). p. 77 (destaques nossos). O que está em jogo nessa diferença é o fato de que o artífice não se encontra sob o *uso* do outro, como no caso o escravo de quem faz uso o senhor. Ele é um bem/propriedade do senhor, porém não é essa posse que sobredetermina essa condição, mas "(...) a *ciência* do senhor *consiste no uso* que ele faz de seus escravos; é isso que o caracteriza como senhor, e não a posse de pessoas. (...) trata-se apenas de o senhor *saber ordenar o que* (os) escravos *devem saber como executar* (...)". p. 64 (destaques nossos). Nesse sentido, o trabalhador, na condição de escravo, "(...) não somente é *destinado* ao uso do senhor, mas é parte deste (...) E uma *coisa* possuída pode ser definida como um *instrumento de ação*, separada de seu senhor". p. 60 (destaques nossos). É o escravo "uma propriedade animada" (p. 59) e também esse instrumento. Com essa "ciência", tem o senhor o exercício da "autoridade despótica" (p. 58, 61-64, respectivamente), exerce *o despotismo* calcado nesse uso sobre o outro, o escravo, que tem de próprio, sob essa ótica, a " força corporal" (p. 61). Ele é corpo em ação, em movimento e substitui os animais: "(...) o uso dos escravos e dos animais não é muito diferente: com seu *corpo*, ambos atendem ao serviço das necessidades da vida". p. 61 (destaque nosso). Porém, "realiza o efeito" (p. 54), apesar de ser considerado, pelo filósofo, "inteiramente desprovido da faculdade de deliberar". (p. 75). A concepção e representação do corpo/do organismo são a da inexistência, segundo Georges Canguilhem, de "fenômenos de autoconstrução, de autoconservação, de autorregulação, de autorrepartição", além de que "não é o organismo da anatomia (...) mas da mecânica, ou seja, a assimilação do organismo a uma máquina, seus autômatos. Há a substituição de uma forma anatômica a uma forma dinâmica. Isso tem lugar em Descartes que explica "mecanicamente a vida": ela tendo "um sentido único" tal qual a máquina. Esse filósofo substituiu o "antropomorfismo político" de Aristóteles pelo "antropomorfismo tecnológico". Cf. CANGUILHEM, Georges. Machine et organisme. In: IDEM, *La connaissance de la vie*. p. 116; p. 113, 114; p. 101; p. 114, respectivamente. Tradução livre. Essa substituição deve-se ao fato de que essas concepção e representação do corpo também o tomam como "uma máquina animada" e guardam, pois, a herança aristotélica. Elas aplicam-se à explicação desse uso e à explicação da condição de escravo do trabalhador. O termo *uso do outro* é empregado por filósofos que têm perspectiva teórica, filosófica e política distinta da desses filósofos, e no contexto da análise do regime de trabalho assalariado. Cf. MARX, Karl. *O capital. (Crítica da economia política). Livro 1: O processo de produção capitalista. Vol 1.* passim; SCHWARTZ, Yves. Travail et l'usage de soi. In: IDEM, *Travail et philosophie. Convocations mutuelles* . Nesse sentido, também os nossos trabalhos, já citados, e o presente: ROSA, Maria Inês. *A indústria brasileira na década de 60: as transformações nas relações de trabalho e a estabilidade (de emprego)*; IDEM, *Trabalho, subjetividade e poder*; IDEM, *Usos de si e testemunhos de trabalhadores. Com estudo crítico da Sociologia Industrial e da Reestruturação Produtiva*. No primeiro autor, o termo *uso* é empregado como uso da força de trabalho; no segundo autor, como uso de si por outro e uso de si por si mesmo; no terceiro autor, nos dois primeiros trabalhos, é empregado, como o fez o primeiro autor, entretanto no primeiro é considerada a relação social da troca, a da

Penumbra: experiência, memória. Descarte do trabalhador

Essa representação do homem, na qualidade de trabalhador e escravo, pressupõe que ele não faça uso de si por si mesmo[135] – que ele não seja "mestre do possível" –, isto é, ele não faria uso da língua, do pensamento, do conhecimento. Em suma, não se autolegisla, não é SER da norma, em relações sociais, no caso em exame, nas de trabalho internas às de produção do regime de trabalho despótico capitalista. Não se autolegislaria porque seria essa "máquina animada", um organismo cujo funcionamento se daria tal qual ao de uma máquina. Sob a égide dessa representação mecanicista e fisicista do ser vivo humano, desenvolvem-se a dependência e a subordinação do trabalhador à máquina. Põe-se de lado que, tanto essa representação quanto a máquina e, pois, o instrumento cronômetro, somente existem graças à intervenção da atividade humana e à de trabalho. Nessa dependência, ocorre um esquecimento:

> (...) a assimilação do organismo a *uma máquina pressupõe a construção pelo homem* de dispositivos onde o mecanismo automático é ligado a uma fonte de energia cujos efeitos motores se desenrolam no tempo, bem depois após a cessação do esforço humano ou animal que eles restituem. É o descompasso (*décalage*) entre o momento da restituição e aquele da energia restituída pelo mecanismo que permite o *esquecimento da relação* de *dependência* entre os efeitos do mecanismo e a ação de um ser vivo[136].

---

compra/venda da força de trabalho antes desse uso, no terceiro trabalho, emprega-o como o segundo autor, e no trabalho ora apresentado, o emprego do termo é feito na interdependência e interpenetração dos espaços sociais distintos, o da relação social da troca mercantil, a da compra/venda da força de trabalho, e o do espaço do *locus* de trabalho, em que se dá o uso de si capitalístico, do trabalhador assalariado. *É* o trabalhador "mestre do possível", nesse uso que dele é feito nessas relações sociais. Chama-nos a atenção que esse termo *uso* atravessou a história e permenece o seu emprego, mesmo tendo sido modificado, por outras perspectivas de pensamento. Em ARENDT, Hannah. *A condição humana* ecoa esse uso em torno da divisão que efetua das atividades humanas: a do labor e a do trabalho. A primeira remete à redução do homem, do trabalhador, à condição de *animal laborans,* a segunda à condição de *homo-faber.* Elas não são excludentes, todavia guardam essa herança aristotélica, sobretudo no que tange à atividade do labor.

135 SCHWARTZ, Yves. Travail et l'usage de soi. IDEM, *Travail et philosophie. Convocations mutuelles.* p. 45-46.
136 CANGUILHEM, Georges. Machine et organisme. In: IDEM, *La connaissance de la vie.* p. 106 (destaques nossos). Tradução livre, revisão de Edith Bérnard. O autor refere-se a Descartes e à herança legada dessa representação. Nesse tempo, ela já se apresenta modificada, porém guarda o seu solo, nas concepção e representação do corpo/do organismo humano assimilado a "uma máquina animada", de Aristóteles. Cf. nota 134 do presente capítulo.

Esse "esquecimento" efetiva uma total inversão de sentido: é o ser vivo humano que passa a depender da máquina, de seus mecanismos e movimentos, e não ela que dele depende à sua criação e à sua utilização.

(...) A vida é experiência, isto é, improvisação, utilização de ocorrências; ela é tentativa em todos os sentidos[137].

Ela, como tal, é, mediante esse "esquecimento", negada, senão interditada, nessa assimilação do organismo/do corpo humano a uma máquina e ao seu funcionamento. Impõe-se-lhe, no regime de trabalho despótico assalariado capitalista, aquela única finalidade e/ou único sentido: o do máximo rendimento à (re)produção da mais valia. E somente um único sentido e/ou uma única finalidade – um *telos* – o tem a máquina[138].

(...) o modelo do ser vivo-máquina é o próprio ser vivo.
(...) legitima-se a construção de *um modelo mecânico do corpo vivo*, aí compreendido o do corpo humano (...)[139].

"Esquecimento" de que o ser vivo humano é SER da norma, "mestre do possível, mestre de apreender o possível" e, pois, criador desse modelo que o assimila a uma máquina.

A definição ou conceituação do trabalho como execução tem o seu solo nessa assimilação e nesse "esquecimento", isto é, nesse modelo teórico e, por conseguinte, nesse *telos*. Isso significa que a representação do ser vivo humano interna a essa definição é a desse modelo. Ela configura os modelos teóricos sobre o trabalho e o trabalho prescrito[140], suas normas antecedentes:

---

137 CANGUILHEM, Georges. Machine et organisme. In: IDEM, *La connaissance de la vie*. p. 118. Tradução livre.
138 Cf. notas 124, 131, 133, 139 do presente capítulo. Cf. nota 19 do Epílogo do presente trabalho.
139 CANGUILHEM. Georges. Machine et organisme. In: IDEM, *La connaissance de la vie*. p. 113, 111, respectivamente. Tradução livre. Cf. notas 131, 138 do presente capítulo; MARX, Karl. *O capital (Crítica da Economia Política). Livro 1: O processo de produção capitalista. Vol. 1.*, cap. XIII, particularmente p. 480-481, 483, 485.
140 ROSA, Maria Inês. *Usos de si e testemunhos de trabalhadores. Com estudo crítico da Sociologia Industrial e da Reestruturação Produtiva*. cap. 1, p. 45-74; cap. 4, p. 123-159.

Com Taylor e os primeiros técnicos de racionalização dos movimentos de trabalhadores, nós vemos o organismo humano alinhado, por assim dizer, sobre o funcionamento da máquina[141].

As racionalizações atuais, na nova modalidade de uso de si capitalístico, fincam-se também nesse modelo teórico mecânico do corpo humano. Mudaram-se a divisão e a organização do trabalho e o modo de trabalho, as normas antecedentes do trabalho prescrito, contudo permanece nesse uso essa representação mecânica do corpo humano. Em outros termos, há a continuidade da assimilação do organismo a máquina que regula a relação do trabalhador com a máquina e conforme essas normas, os métodos de trabalho prescrito. Ocorre, pois, continuidade dessa representação. Dá-se, ao fio da história, a *transmissão* e *transmissibilidade* de uma herança de conhecimento que, mesmo modificada, guardou a representação do "animal máquina", transposta para o homem enquanto "uma máquina animada". Estendida ao homem, ao uso de si – do corpo-si – na condição de trabalhador escravo, acabou por configurar esse modelo mecanicista que assimilou "o corpo vivo, aí compreendido (o) corpo humano", a uma máquina. É transposta ao uso de si capitalístico – ao uso do corpo-si –, do trabalhador, na condição de trabalhador na forma social despótica capitalista do trabalho e de seu regime de trabalho. Essa representação e, junto, esse modelo construiu e ainda constrói o "regulamento penal", o "látego do feitor de escravos", conformador da língua do código de fábrica desse regime. No âmago dessa herança está a exploração econômica, política e social do ser vivo humano, do homem, a qual também o subordina, na condição de trabalhador.

---

141 CANGUILHEM, Georges. Machine et organisme. In: IDEM, *La connaissance de la vie*. p. 126. Tradução livre, revisão de Edith Bérnard. Nesse sentido, confrontar IDEM, Milieu et normes de l'homme au travail. Cahiers Internationaux de Sociologie. Paris: Ed. Seuil, vol. III, Cahier double, 2ème année, 1947. p. 120-136. No que tange a esse empreendimento de racionalizações, o autor acentua: "(...) conceber o homem como uma máquina a engatar corretamente com outras máquinas, e como ser vivo simplificado nos seus interesses e reações em consideração com o meio". p. 122. Tradução livre. Nesse sentido, confrontar ROSA, Maria Inês. *Usos de si e testemunhos de trabalhadores. Com estudo crítico da Sociologia Industrial e da Reestruturação Produtiva*. cap. 6, p. 247.

O trabalhador Fresador-Ferramenteiro, em sua narração, testemunha a transmissão/transmissibilidade dessa herança negadora da experiência no trabalho e o trabalho como experiência e, pois, de vida que é experiência, no uso de si capitalístico que dele é feito: "você está parecendo escravo dos cara lá, sendo o benfeitor (quer dizer, feitor) lá que ficava em cima de você (...)". Comete ato falho[142] ao nomear, de modo inverso, o trabalhador cronometrista que realiza, com o equipamento cronômetro, a supervisão – "látego do feitor de escravos". O ato falho manifesta um desejo, o da *esperança* de um outro uso possível de si – de seu corpo-si – e o dos demais trabalhadores que, como ele, desenvolviam as atividades de trabalho real adstritas ao setor de Ferramentaria. Um outro uso possível que não seja a da tomada de seu corpo-si assimilado ao funcionamento de uma máquina, ancorada, ainda que modificada, naquela representação do "animal máquina" transposta para o homem, para o seu corpo, como uma "máquina animada". Todos estão sob o exercício despótico desse controle, que é uma das normas desse "látego"/supervisão que contabiliza o máximo de rendimento de cada trabalhador: "passava (o trabalhador cronometrista empunhando o cronômetro), ficava vendo quantas peças eu tinha feito (...) tinha que fazer por hora, por dia". Clara matematização[143] do rendimento na perseguição dos tempos tidos como mortos ou ociosos, buscando torná-lo, absolutamente, quantidade, mensurável, ou seja, tempo de trabalho quantitativo dominando o tempo de trabalho qualitativo que rege a vida ou suas imponderabilidades, acasos, na experiência que ela é, no espaço do *locus* de trabalho.

Em suspenso está a esperança da não dependência do homem, de seu corpo-si, a uma máquina e ao seu funcionamento e da desconstrução dessa representação e dos conhecimentos por ela portados até o presente no uso feito do corpo-si nesse espaço social. Entretanto, aí ela já fez sua entrada: "só que eu não vou ligar para isso porque eu não sou Ferramenteiro de Produção. Meu serviço é qualidade, não a quantidade".

---

142 Versão livre inspirada na obra de FREUD, Sigmund. *Psicopatologia de la vida cotidiana*. Obras Completas. Vol. I. Madrid: Editorial Biblioteca Nueva, 1948. p. 634-777.
143 CANGUILHEM, Georges. Machine et organisme. In: IDEM, *La connaissance de la vie*. p. 126.

Penumbra: experiência, memória. Descarte do trabalhador

O trabalhador Fresador-Ferramenteiro demarca a diferença entre as atividades de trabalho real que realiza pontuando que "meu serviço é qualidade, não a quantidade". Clara hierarquia[144] que efetua dos tempos: no primeiro "serviço" a tendência dominante é a do tempo de trabalho qualitativo, já no segundo, a da quantificação, a do tempo de trabalho abstrato. No "serviço" de "qualidade" é-lhe exigido o trabalho "bem feito", "bonito", "com precisão", segundo palavras dos trabalhadores do setor de Ferramentaria[145]. Ele, como esses trabalhadores, assim procediam com base num "método" e/ou "sistema de trabalho", conforme suas palavras. Por meio desse "sistema", faziam prevalecer uma outra ordem do tempo, a do tempo dos trabalhos particulares, concretos, reais, em tensão constante com a do tempo da mensuração que o cronômetro lhe intenta impor. Essa outra ordem que buscavam prevalecer é a da multiplicidade de seus tempos ergológicos, pessoais, na relação consigo e com o outro, nas atividades de trabalho real que realizam. E no "sistema de trabalho" se embutia e se fazia essa multiplicidade e, com ela, diversos modos de trabalho. Ao contrário do tempo de trabalho da mensuração que abstrai a diversidade desses modos e desses tempos pessoais de cada trabalhador e, por conseguinte, os trabalhos concretos, particulares que realizam. Mediante essa abstração, esse tempo empreende a prevalência da quantificação do que se produz e como se produz, ou seja, o máximo de rendimento, subordinando a qualidade – aqueles trabalhos "bem feito(s)", "bonito(s)", "com precisão" técnica. Trabalhos esses que são da ordem do tempo de trabalho qualitativo. Estão em pugna duas ordens de tempo no uso de si capitalístico, do trabalhador: a qualitativa e a quantitativa, respectivamente a ordem do tempo ergológico/pes-

---

144 ROSA, Maria Inês. *Trabalho, subjetividade e poder*. Analisamos essa diferenciação que efetua o trabalhador à luz das relações de trabalho como relações de poder e, como tais, construtoras do modo de ser profissional, com base na concepção de poder disciplinador/normalizador desenvolvida por Michel Foucault. Analisa-se esse modo em constante tensão com as exigências da (re)criação do valor, da mais valia, em torno do tempo de trabalho abstrato (quantitativo) e o tempo de trabalho qualitativo (trabalho concreto), na perspectiva marxiana. Tensão que se explicita pela afirmação, segundo palavras dos trabalhadores, de que: "cada um tem um sistema", "um método de trabalho", "a gente tem que fazer bem feito". Cf. cap. 2, p. 76, 83, 83-89. No momento, destacamos outros aspectos que contribuem, como esses, ao entendimento da condição social, humana, do trabalhador assalariado bem como a problemática do sujeito. Acentuamos também aspectos, como antes se fez, do trabalho assalariado e o seu regime social.
145 Cf. nota 144 do presente capítulo.

soal, que não é dimensionável, a do valor sem dimensão/ imaterial, e a ordem do tempo da medida, mensurável, a do valor e/ou da lógica capitalista.

O trabalhador Fresador-Ferramenteiro testemunha essas duas ordens de tempo quando diferencia e hierarquiza as atividades de trabalho real que efetua: o "meu serviço é qualidade" e o dos outros trabalhadores adstritos ao setor de Produção, é o "(de) quantidade", Aí ressoa aquela transmissão/transmissibilidade da herança do modelo teórico mecânico do corpo humano que o assimilou ao funcionamento de uma máquina, representando-o como "uma máquina animada". É inadmissível a sua aplicabilidade para o "serviço" de "qualidade", porém admissível para o 'serviço" de quantidade. Já para aquele outro trabalhador Operador Universal e Preparador de Máquinas, Coringa, cujas atividades de trabalho real estavam adstritas ao setor de Produção, na área de Usinagem, ao "serviço" de "quantidade", seu testemunho exprime também a inadmissibilidade dessa aplicação. Não obstante a ressonância dessa herança na diferença e hierarquia efetuadas pelo trabalhador Fresador-Ferramenteiro, ele se opõe e age contra esse modelo teórico mecânico do corpo humano e essa representação do homem na condição de trabalhador, que dele decorre. E o faz mediante o uso de si por si mesmo, "mestre do possível" que é, no uso de si capialístico que dele é feito empreendendo, individual e coletivamente, a prevalência diuturna da ordem do tempo de trabalho qualitativo, mediante o "sistema de trabalho" que se figura pela multiplicidade de tempos pessoais e pela diversidade de modos de trabalho, confrontando-se com a imposição de uma única racionalidade, a do único modo de trabalho da ordem do tempo de trabalho quantitativo. Em jogo está o "látego do feitor de escravos", em sua forma de "regulamento penal" que configura a língua do código de fábrica.

Esse látego incide, quer sobre o trabalhador que realiza o "serviço" de "qualidade", quer sobre aquele que efetua o "serviço" de "quantidade". Isso porque ele é constitutivo do regime de trabalho assalariado e de sua forma social despótica. Nesse sentido, o seu exercício abrange todos os trabalhadores, "fabris" e não "fabris". As convenções números 29 (1939) e 105 (1957) da OIT (Organização Internacional do Trabalho)[146] sobre o "Trabalho Forçado" e "Trabalho

---

146 Site http:// www.lgdh.org/Convencao%20n105%20 da%200IT%20sobre%20a 20Abolicao, 07/11/2011. p. 1-3.

Obrigatório" e a prescrição de sua abolição pela segunda exprimem o reconhecimento desse exercício que reduz o trabalhador não fabril a essa escravidão do "regulamento penal" e ancorado no modelo teórico mecânico do corpo humano e em sua representação do homem, na condição de trabalhador, a "uma máquina animada". Na disseminação e abrangência do "moderno" "látego do feitor de escravos" e/ou da "moderna escravidão" nos mais diversos espaços do *locus* do trabalho da divisão social do trabalho, está a perseguição da exploração do uso de si capitalístico – do corpo-si –, do trabalhador em condições e relações sociais de subordinação econômica, social e política – as da forma social despótica do capital sobre o trabalho. Todavia, esse modelo teórico e essa representação são levados às últimas consequências em sua nudez, pelas racionalizações dos "movimentos de trabalhadores" pelas quais "o organismo humano" é "alinhado, por assim dizer, sobre o funcionamento da máquina"[147]. Racionalizações essas empreendidas nas primeiras décadas do século passado e perdurando até o presente nas racionalizações atuais do trabalho prescrito – em suas normas antecedentes, seus métodos e regras. Com elas, o jugo desse látego vê-se reforçado, além de o conformar. Incidem diretamente sobre os trabalhadores fabris cujas atividades de trabalho que realizam estão inseridas imediatamente no processo produtivo capitalista à (re)produção da mais valia, do valor, e de sua escala ampliada[148].

2.3 Interregno

> Eu trabalhei numa outra firma (em sequência à dispensa da empresa em que trabalhara por onze anos, em junho/1986), e pedi para eles me mandarem embora. Eu trabalhei cinco meses. Aí eu pedi para ser mandado embora porque eu queria montar *um negócio para mim* (...). Fui ser sócio numa firminha (não relacionada às atividades de trabalho real que realizou). Só que por causa do segundo sócio eu saí fora (...) apareceu uma dívida da firma. Ele falou (este sócio): 'é a firma tem que pagar'. Eu falei: a firma não tem que pagar, não fomos nós que fizemos. 'Mas não, está em nome da firma, a firma tem que pagar'. (...). O meu dinheiro tudo, foi tudo embora (o dinheiro) da indenização (desses onze anos de trabalho), foi ali.
>
> Fresador-Ferramenteiro (destaques nossos)

---

147 Cf. nota 141 do presente capítulo.
148 Cf. nota 61 do presente capítulo.

"Porque eu queria montar um negócio para mim (...). Fui ser sócio numa firminha (...). O meu dinheiro tudo, foi tudo embora (o dinheiro) da indenização, foi ali" relativo aos onze anos de trabalho, de seu "primeiro emprego". Lamenta o trabalhador a perda de todo o dinheiro da indenização. Porém sua rememoração alude a uma busca: a *esperança* de escapar do jugo do "látego do feitor de escravos" em sua versão de "regulamento penal". Esperança essa que condensa outras : a de escapar do uso de si capitalístico e de seu código de fábrica cuja língua se constitui nesse jugo; a de escapar da representação de si, de seu corpo-si, de seu SER/Sujeito por inteiro na condição de trabalhador, como "uma máquina animada" em constante processo de aceleração à consecução do máximo de rendimento, sob os desígnios econômicos capitalistas : os de (re)produção da mais valia; a de escapar das "labuta e pena" da cotidianidade do sistema fabril do regime de trabalho despótico capitalista, o assalariado. Sofrimento. Esperanças, tantas, não realizadas, suspensas.

> (...) Operários são os personagens das biografias intransitivas, da liminaridade histórica, às quais esta sociedade negou o acesso pleno à historicidade, à consciência cotidiana da História e à partilha dos melhores frutos da História (...)[149].

2.4 Mudanças e liminaridade

Nesse tempo de rememoração da tentativa de realização dessas esperanças, o trabalhador Fresador-Ferramenteiro já trabalhava havia três anos em uma empresa do ramo metalúrgico, no setor de Ferramentaria. Era o ano de 1990. Foi a última empresa de grande porte em que trabalhou, durante sete anos. *Mudanças* também se instauram nas atividades de trabalho real desse setor, pois sofreram uma divisão de trabalho particular: o processo de deslocalização dessas atividades do espaço do *locus* de trabalho, na fábrica, onde se realizavam. São redistribuídas para outros espaços nas chamadas pequenas e médias empresas (fábricas) que executam trabalhos de ferramentaria para outras empresas que lhes demandam essas atividades. Elas sobrevivem pela relação de interdependência e interpenetração com as empresas que efetuaram essa deslocalização às quais lhes demandam

---

[149] MARTINS, José de Souza. *Uma arqueologia da memória social. Autobiografia de um moleque de fábrica.* p. 457.

Penumbra: experiência, memória. Descarte do trabalhador

esse "serviço". Vantagens mútuas de ambas as empresas no que tange à redução de custos na compra e venda da força de trabalho do trabalhador. As empresas demandantes não têm mais custos com salários, salários indiretos e direitos do trabalhador, já as empresas de ferramentarias, nessa relação social, reduzem o preço dessa força de trabalho no mercado de trabalho e não pagam esses salários indiretos[150], os chamados "benefícios", na linguagem do trabalhador, na dos sindicatos, e na das empresas, como vale-transporte, convênio médico, P.L.(Participação nos Lucros e Resultados da empresa). Esses "salários" são firmados por meio de acordos entre empresa e sindicato. São pagos pelas empresas de grande e médio porte aos trabalhadores, aí compreendidos os do setor de Ferramentaria, então situado em suas fábricas, como foi o caso da segunda empresa de grande porte em que o trabalhador Fresador-Ferramenteiro trabalhou (o 3º. Emprego). Vale lembrar que ela chegou a contar, em seus quadros, com seis mil e seiscentos trabalhadores, distribuídos entre fábrica (setor de Produção) e setor de Administração. Nela, ele trabalhou durante aqueles sete anos, de abril de 1987 a julho de 1994. Desde a instauração desse processo de mudanças, com base nessa deslocalização das atividades de trabalho real do setor de Ferramentaria, em meados da década de 80 do século XX, jamais o trabalhador Fresador-Ferramenteiro, de novo, vendeu a sua força de trabalho e firmou vínculo empregatício (contrato de trabalho registrado na Carteira de Trabalho) com "firma", palavra sua e de outros trabalhadores-operários. Palavra essa que significa empresa de grande porte, guardando os sentidos de pagarem salários condizentes com a faixa salarial predominante no mercado de trabalho para a categoria desse trabalhador, bem como pagar os salários indiretos:

> T. – (Nomeia-nos), dava gosto (enfático) você entrar numa firma que tinha seis mil e seiscentos funcionários. Agora, deu tristeza, quando fui embora: havia novecentos, oitocentos e oitenta e tal (em 1994: sete anos atrás contava com esses seis mil e seiscentos trabalhadores).
>
> E. – (...) Você falou: "dá até gosto". O que você quer dizer com isso, (nomeamo-lo)?
>
> T. – Porque uma firma que tem esta quantidade de pessoas é uma firma organizada. Então, além de convênio (médico), ela tinha ambulatório dela

---

150   Cf. nota 10 do capítulo 1.

mesmo (...). Restaurante tinha, eles tinha três tipos de restaurante. Tinha lanchonete. Se você queria comer em bandeja estampada (tipo prato pronto, se entendemos bem) tinha; se você queria comer de bandeja, é, colocando os pratos normal, tinha; se você quisesse pagar para comer na outra (bandeja) já era um pouco mais caro, só que aí era mais para os chefes. Mas ninguém reclamava da comida. Assistência médica também ninguém reclamava. Tinha planos de previdência; tinha é, vamos dizer, cooperativa, cooperativa de empréstimo (silêncio). Lá dentro tinha tudo (enfático): cursos e mais cursos que você fazia, eu sempre fazia um cursinho lá dentro. Vira e mexe tinha um curso, assim dado, dentro da minha profissão (...). (Nomeia-nos), a firma de grande porte não dá chance para a gente por causa da idade (Silêncio longuíssimo). Idade para eles é um bichão papão (Silêncio). A gente comia (na 6ª empresa que trabalhou durante sete anos, de janeiro/1996 a março/2003) o lanche na calçada, mas num (silêncio) bem não tinha restaurante (fala rápido) (forneciam ticket-restaurante) (...) *eu trabalhava num porão. Tinha uma porta de saída do porão* (deduz-se que não havia janelas). Tinha uma escada que descia e uma porta que ia para o banheiro (silêncio). Daí o cara (o proprietário, ex-trabalhador Ferramenteiro) comprou o prédio do lado que era uma marcenaria grande (...) construiu uma fábrica. Você olha assim não dá nada, mas vai lá dentro. Uma firma toda azulejada, incrementada.

E. – Tinha convênio médico nessa empresa?

T. – Nada (enfático). Dessa firma para cá *eu perdi tudo* (silêncio longo). Eles (os patrões) só querem para eles (nomeia-nos) (...) Por exemplo, se você for ver aquela tabela (...) de salário na empresa, na Ferramentaria, hoje (setembro/2006) está por volta dos seus, ferramenteiro, está por volta dos R$ 2.800 ou R$ 2.700 reais.

E. – E agora você está ganhando R$1.500 brutos?

T. – (Mudez, silêncio longuíssimo). Vida dura. Se fosse na (nomeia aquela segunda "firma" de grande porte em que trabalhou) eu estava ganhando uns quatro mil paus (meio que ri para dentro). Se tivesse ainda a (nomeia essa empresa). Cada firma que você vai, você ganha menos (...). É raro você encontrar uma firma que paga o que você ganha ou (paga) mais.

(Destaques nossos)

O trabalhador Fresador-Ferramenteiro rememora, pela palavra, *testemunha* que é na narração do testemunho, a sua história na condição de trabalhador sob o regime de trabalho assalariado, no sistema fabril. Lembremos que esse regime é o daquele jugo da língua do código de fábrica e daquele seu látego. A sua história é a "história social individual" dos "operários (que) são as personagens das biografias intransitivas, da liminaridade histórica". Escapa de suas mãos a "partilha dos melhores frutos da História". Algumas das personagens tentam "sair" do enredamento desses jugos despóticos, como o fez o trabalhador Fresador-Ferramenteiro. Todavia, aquela tentativa, que foi a de ter um "negócio próprio", é o desse enredamento na teia da trama do complexo funcional/relacional que configura esse regime e, pois, a dominação despótica do capital sobre o trabalho no social – a sua forma social.

As mudanças ocorridas nas atividades de trabalho real dos trabalhadores do setor de Ferramentaria são internas a essa forma social, ou seja, a esse complexo funcional/relacional. Elas são referidas na narração pela rememoração do tempo de trabalho em empresas de grande porte, "firmas", onde tinha lugar esse setor. Nelas, como diz o trabalhador, "dava gosto" de trabalhar. Analisa essas suas palavras em torno desse tempo de mudanças[151]. Essas são tidas como perdas: rebaixamento salarial e extinção de salários indiretos, os ditos "benefícios".

E no que tange à extinção desses salários indiretos, rememora a sua existência no tempo de trabalho nesse tipo de empresa: "além de convênio (médico), ela tinha ambulatório dela mesmo (...) restaurante tinha (...) tinha lanchonete

---

[151] Sobre a problemática da mudança, confrontar nota 48 do capítulo 1. Dessa nota destacamos, no momento, a obra de BLOCH, Marc. *A estranha derrota*. O autor indaga e analisa a derrota da França na 2ª. guerra mundial sob o crivo das mudanças que vão se instaurando quer em torno dos valores e hábitos sociais e culturais, quer no modo de se fazer a guerra no que tange as suas estratégias e organização hierárquica do trabalho do mais alto escalão à base das Forças Armadas. Acentua que as mudanças se instauram e nos arrastam e, mesmo assim, passa-se ao largo delas. Isso no sentido de que as pessoas se agarram ao já conhecido e familiar, ou seja: ao modo de se fazer, de agir, de se mover no cotidiano que não mais vêm ao encontro de se forjar outros modos de pensar e de ação para se lidar com o *novo* – as mudanças. Confrontar nota 119 do presente capítulo: ROSA, Maria Inês. *Usos de si e testemunhos de trabalhadores. Com estudo crítico da Sociologia Industrial e da Reestruturação Produtiva*. cap. 5, p. 169-170. A autora acentua a linguagem cotidiana e sua complexidade mergulhadas nesses referentes conhecido e familiar manifestos em torno das palavras "antigamente" e "hoje" proferidas pelos trabalhadores. Essas palavras são um modo de assentimento das mudanças e a busca de entendê-las, malgrado as polarizações que efetuam. Nesse sentido, confrontar BLANCHOT, Maurice. La parole quotidienne. In: IDEM, *L'entretien infini*. Paris: Gallimard, 1969. p. 355-366. No que tange à problemática mudança e estrutura, no livro citado da autora, confrontar cap. 1, p. 33-43, cap. 2, p. 45-73.

(...). Mas ninguém reclamava da comida (malgrado a hierarquia entre os três tipos de restaurante). Assistência médica também ninguém reclamava". As palavras "ninguém reclamava da comida" e da "assistência médica" aludem à preocupação com a manutenção de sua saúde e a do coletivo de trabalhadores, esse expresso pelo termo "ninguém". Mudanças consolidadas, afirma: "dessa firma para cá eu *perdi tudo* (silêncio longo)". As palavras "perdi tudo" condensam[152] tanto as perdas desses salários indiretos e de salário condizente da categoria à qual pertence, no mercado de trabalho, quanto a perda dessa manutenção de saúde *em* trabalho. Silêncios reiterados, ora longuíssimos, ora não que entrecortam as palavras do trabalhador e as pontuam, tornando-as não lineares[153] na narração de seu testemunho/memória. E elas, na interdependência com silêncios, e esses com elas, conferem sentidos, alguns ditos e/ou expressos, outros não, porque:

> (...) Há acontecimentos cuja importância ou magnitude transcendem nossa capacidade de lhes dar a expressão que merecem. Não só nossas palavras nos parecem insuficientes para representar o que sentimos, como nos consideramos tão desorganizados e atrapalhados com o impacto sofrido que necessitamos da mediação da fala de um terceiro, que nos proporciona um necessário distanciamento para fazermos uma avaliação confiável dos referidos acontecimentos[154].

"Impacto sofrido", diríamos choque sofrido[155], resultante dessas mudanças ao longo de sua vida de trabalhador-assalariado, profissão Fresador-Ferramenteiro, detentor de uma língua particular de ofício cuja transmissão deu-se na hospitalidade que é a língua, relação ao outro. No seu lugar, a hostilidade, a

---

152   Inspiramo-nos em FREUD, Sigmund. *A interpretação dos sonhos*; IDEM, *Os chistes e a sua relação com o inconsciente (1905)*. cap.VI, p. 151-169.
153   Cf. nota 56 do capítulo 1.
154   TELLES, Sérgio. Encharcado de emoções. In: O Estado de S. Paulo, 24/12/2011, p. D10.
155   Não estamos considerando a problemática da velocidade das mudanças na sociedade capitalista, o que dificultaria, senão interditaria, a acumulação da experiência individual (a *Erlebnisse*), na perspectiva de Walter Benjamin, que configuraria a experiência do choque (a *chockerlebnisse*). Nesse sentido, confrontar JEDLOWSKI, Paolo. *Memoria, esperienza e modernità*. In: IDEM, *Memorie e società nel XX secolo*. cap.1, p.13-42, particularmente p.17-26; LÖWY, Michel. Walter Benjamin crítico do progresso: à procura da experiência perdida. In: IDEM, *Romantismo e messianismo*. cap. 9, p. 189-190, particularmente p. 193-195. Cf. notas 119, 151 do presente capítulo. Cf. nota 48 do capítulo 1.

destrutividade postas por aquelas perdas. No que diz respeito à dos salários indiretos, explica que eles

> não é bem direito. São acordos que eles fazem (entre direção da empresa e sindicato), por exemplo, convênio médico.
> Fresador-Ferramenteiro

O trabalhador Fresador-Ferramenteiro efetua uma precisa distinção entre acordos e direitos do trabalhador no sentido de que esse último abarca todo e qualquer trabalhador e *deve* ser cumprido pelo capital, pelo patronato. Vale dizer, todos os trabalhadores são iguais perante a lei à qual se funda num *corpus* jurídico, no caso o da CLT (Consolidação das Leis do Trabalho). É o caráter da universalidade que constitui e move a sua língua. O contrário se dá quanto aos acordos, a sua língua. Eles se instauram e se movem nos particularismos e contra, pois, esse caráter: "o negociado prevalece sobre o estatuído", ou seja, sobre essa especificidade universal da lei e sua aplicação. Desse modo, ele é praticado nos "setores econômicos onde as relações de trabalho estão mais avançadas"[156]. Produzem-se desigualdades de tratamento entre os trabalhadores, por exemplo, no que tange à existência de salários indiretos, "benefícios", para determinados trabalhadores de dadas empresas, inseridos nesses setores. Já aqueles trabalhadores que trabalham em empresas que gravitam em torno dessas empresas e naquelas que não integram esses setores sofrem esse tratamento desigual. As palavras "perdi tudo" ditas pelo trabalhador Fresador-Ferramenteiro referem-se também quer à perda de salário indireto, quer a essa desigualdade. Ele não lhe dá expressão porque "(...) nossas palavras nos parecem insuficientes para representar o que sentimos". Em seu lugar, silêncios que elas mesmas criam nessa insuficiência. Sofre o trabalhador essas perdas e sofre a hostilidade de tratamento mediante essa desigualdade, e também sofre o *fato* de que lhe está interditada a venda de sua força de trabalho, na relação social de sua compra/venda mercantil cuja transação se legalizava sob a forma de contrato de trabalho, para "firmas" de grande porte. É passado/memória de perdas. Nelas trabalhara em meados da década de 70 a meados da década de 90 do século passado e nelas tinham lugar aqueles acordos. Eles se

---

[156] Cf. nota 32 do capítulo 1.

estendiam para ele e aos demais trabalhadores, sob a forma de salários indiretos. Garantia-se-lhes um valor sem dimensão, a manutenção da saúde, por isso afirma o trabalhador "ninguém reclamava da comida" e da "assistência médica". E graças a acordos particulares entre determinadas empresas de "setores econômicos onde as relações de trabalho estão mais avançadas", essas firmas. Vivera nesse tempo o "particularismo desses acordos que, como bem precisa o trabalhador Fresador-Ferramenteiro, "não é bem direito", ou seja, sua validade está restrita à duração desses acordos entre sindicato e empresa e a sua renovação ou não, por ocasião de negociação entre ambos. E a maioria da classe trabalhadora, no caso a operária e, aqui especificamente, a categoria metalúrgica em que se insere o trabalhador, não usufrui desses acordos. Dupla interdição: o dessa venda e da usufruição desse valor sem dimensão, portados pelos acordos a que as palavras "perdi tudo" se referem. Mas elas também remetem a um outro *fato*: "a firma grande não dá chance para a gente por causa da idade (Silêncio longuíssimo). Idade para eles é um bicho papão (Silêncio)". Contava, então, o trabalhador com quarenta e sete anos de idade. Trabalhava em uma empresa de pequeno porte (8º emprego) e aí permaneceu trabalhando de maio/2006 a agosto/2007.

 Por que teria o trabalhador expresso pelas palavras "bicho papão" essa discriminação do trabalhador, em termos de idade, tido como não jovem e, pois, aquela interdição da venda de sua força de trabalho à empresa de grande porte? Essas palavras remeteriam a uma figura simbólica do universo infantil e de seus contos e histórias? Ou ainda, referir-se-iam à relação entre adulto, seja pai ou mãe, e criança na qual os primeiros ameaçavam-na a fim de obter dela obediência e, para tanto, causando-lhe medo? Significariam, ainda, essas palavras a *marca* de uma autoridade graças à dupla experiência detida pelo trabalhador – a da experiência do trabalho e a do trabalho como experiência, ancoradas na experiência coletiva e na experiência individual, e fundantes da posse de uma língua particular de ofício – amealhadas no transcurso de seu tempo de vida de trabalho, em seus quarenta sete anos de idade? Tempo esse em que prevalecia o tempo de trabalho qualitativo, não mensurável e valor sem dimensão, mesmo que negado pelo capital, já no mercado de trabalho, na relação social mercantil da compra/venda da força de trabalho e nas atividades de trabalho real.

Os silêncios reiterados, um deles longuíssimo, carregam essas palavras, prenhes de emoção/sentimentos[157]. Silêncios, palavras, sentimentos expressos e endereçados a nós, entrevistadores/pesquisadores, e *para além de nós*, permitem-nos colocar essas questões. Contudo, o trabalhador Fresador-Ferramenteiro, em um outro momento da narração de seu testemunho, exprime os ressignificados que deu às palavras "bicho papão", que são os de seus sofrimentos com aquele "choque" sobre *Si*, na condição de trabalhador-assalariado, devido àquelas mudanças em suas atividades de trabalho real:

> Empresa grande é como falei: eles fecham as portas quando você tem mais de trinta e cinco anos (silêncio) (...). Porque aí vem dois, é uma faca de dois cortes: eles querem jovens (enfático) com experiência (enfático) e não aceitam *quem tem experiência* por causa da idade. (Silêncio longo). Eles querem investir em gente, que tenha *longa vida dentro de uma firma*. Pôxa, eu tenho quarenta e sete anos de idade. Acho que eu tenho mais vinte e sete anos (de trabalho) e até quando Deus me der vida para trabalhar. Eu *não quero parar de trabalhar*. Pô, não é porque estou velho, que eu tenho idade, que eu sou mais, menos produtivo do que um moleque de dezoito, vinte anos. Eles não sabem por onde ir, eles não sabem o caminho a seguir, já eu sei o caminho que eu tenho a seguir para fazer determinado serviço (transmite tristeza) (Silêncio longuíssimo). Certo?
>
> Fresador-Ferramenteiro (destaques nossos)

O "bicho papão" é *velho* conhecido da criança, ele tem idade. Não é jovem, como não o é o trabalhador: "Pô, não é porque estou velho, que eu tenho idade (...)" referindo-se a ser tido como "velho" que, ambiguamente aceita, diante das condições objetivas que lhes são impostas, as do mercado de trabalho e/ou daquela relação social mercantil que sobre ele recai desde os trinta e cinco anos de idade: "Empresa grande (...) eles fecham as portas quando você tem mais de trinta e cinco anos". Estando com quarenta e sete anos de idade, nessa ocasião, são passados mais de doze anos que incidem sobre *si*, seu corpo-si, a imposição dessas condições. Por isso essa ambiguidade vivida, todavia repelida: a de ser um "bicho papão" – o "velho" – que ameaçaria o rendimento/produtividade espe-

---

157 Cf nota 154 do presente capítulo.

rada e imposta pelo capital mediante seus representantes na hierarquia funcional da divisão e organização do trabalho, no *locus* do espaço de trabalho da fábrica.

Ele (re)afirma, sob essa figura, a marca de sua autoridade: "(...) é uma faca de dois cortes, eles querem jovens (enfático) com experiência e não aceitam *quem* tem experiência por causa da idade. (Silêncio longo)". Essa marca é a da transmissão/transmissibilidade da língua particular de ofício por membros da geração adulta graça aos quais a ela teve acesso nas atividades de trabalho real. E ao fio dos anos de seu tempo de vida de trabalho, desde os quinze anos de idade, aprendeu-a, refletiu sobre ela, praticou-a, renormalizou-a e/ou reelaborou-a, tem a sua posse, já membro adulto dessa geração, fazendo do trabalho experiência e, juntamente, a experiência do trabalho. Encontros e reencontros diuturnos dessa dupla experiência nessas atividades que, entretanto, "eles (...) não aceitam quem tem experiência por conta da idade. (Silêncio longo)". O despotismo do capital sobre o trabalho pratica a ruptura entre gerações, mesmo que, como analisa o trabalhador, seja "uma faca de dois cortes". Isso porque "eles querem jovens (enfático) com experiência" mas "eles não sabem por onde ir, eles não sabem o caminho a seguir, já eu sei o caminho que eu tenho a seguir para fazer determinado serviço (transmite tristeza). (Silêncio longuíssimo)".

Rememoremos que o trabalhador usufruiu daquela marca de autoridade, no encontro entretido com membros da geração adulta quando integrava a geração jovem. E desse encontro, tantas vezes renovado, ao fio desses anos de trabalho, obteve a posse da língua particular de ofício transmitida por seus membros. E dentre eles, um se destacou em suas lembranças, na hospitalidade que é a língua, relação ao outro, o trabalhador Ferramenteiro e Mestre. Transmitia-lhe aquela língua na atividade de trabalho real, aí lhe indicando os caminhos a percorrer. Houve aí o encontro e reencontro de gerações que o capital empreende romper. É a isso a que se refere o trabalhador ao apor os caminhos a percorrer pela geração jovem, os "moleque(s)" e os caminhos por ele percorridos, nos primeiros anos de trabalho, e com o amparo/hospitalidade de membros da geração adulta que lhes transmitiam os conhecimentos e a sabedoria dessa autoridade. É-lhe interditado, como membro dessa geração, ir ao encontro de "um moleque de dezoito, vinte anos", que ele foi um dia e, nessa ocasião, já na condição de trabalhador-assalariado. Nega-se-lhe, senão subtrai-se-lhe essa marca da autoridade, valor sem dimensão/imaterial, que lhe fora transmitida e, por conseguinte, nega-se-lhe o tempo de vida de trabalho que a encerra e se desdobra naquela dupla experiência. Esse tempo é reduzido a tempo de trabalho quantitativo, a valor: "Pô, não é porque (...) tenho idade que eu sou mais, menos produtivo do que um moleque de dezoito, vinte anos". Obnubila-se o seu tempo de vida e trabalho mediante esse tempo quantitativo, o do valor. Tanto essa obnubilação quanto essas negação e subtração o trabalhador as contrarresta com a posse dessa autoridade, com a detenção de sua marca. E o faz por meio de um lapso de linguagem[158] pelas palavras "eu sou mais" e, a seguir, dizendo não que ele seja "menos produtivo" em relação ao jovem trabalhador pelo fato de ter mais idade. Essas palavras (re)afirmam o tempo de trabalho qualitativo no uso de si por si mesmo – "mestre do possível" que é – no uso que dele é feito pelo capital. O trabalhador porta essa posse e os caminhos vários e experiência aí entretidos: "(...) já eu sei o caminho que eu tenho a seguir para fazer determinado serviço (transmite tristeza) (Silêncio longuíssimo). Certo?" Essa (re)afirmação é também a da herança transmitida da língua particular de ofício naqueles encontros entre gerações, renovados, que a violência do capital sobre o trabalho, em sua forma despótica, enseja que inexista ao promover a ruptura entre gerações de trabalhadores: entre a adulta e a jovem. É o empobrecimento da experiência[159] sem o lastro da tradição dessa herança renovada e modificada, no aqui e agora, no uso que cada ser humano faz de si mesmo, "mestre do possível" que é, em relações heterônomas, no caso as dessa forma social.

O trabalhador Fresador-Ferramenteiro, além de contrarrestar essas obnubilação, negação e subtração pela posse dessa herança recebida – de sua autoridade e língua particular – mediante a qual construiu esses múltiplos caminhos da experiência, também as contrarresta ao clamar por uma outra autoridade: "Pôxa, eu tenho quarenta e sete anos (de idade). Acho que eu tenho mais vinte e

---

158 Cf. nota 142 do presente capítulo.
159 BENJAMIN, Walter. Experiência e pobreza. In: IDEM, *Walter Benjamin. Obras Escolhidas. Vol. 1. Magia e técnica, arte e política*. p. 114-119. O autor refere-se à "pobreza de experiência", p. 118. Cf. ROSA, Maria Inês. Formar, não treinar: o lugar da palavra. *Pró-posições*, Campinas, v. 21, n. 3 (63), set./dez. 2010. p. 171.

sete anos (de trabalho) e até quando Deus me der vida para trabalhar". Clamor a uma figura de autoridade não terrena que se sobrepõe ao poder despótico do capital sobre o trabalho, a sua forma social que descarta o seu tempo de vida e de trabalho. Cabe a essa figura, e somente a ela, decidir, na terra, a *duração* desse tempo, o de sua vida e o de trabalho, e não esse poder. Desamparo e solidão vividos ainda sob o "choque sofrido" das mudanças nas atividades de trabalho realizadas que o conduzem, por outro lado, a um outro clamor:

T. – (...) Eu acho que o governo, este senhor que está aí,

E. – Lula (Luiz Inácio da Silva, nesse momento presidente do Brasil, havia quatro anos).

T. – eu sei, o dito cujo (...), ele devia honrar isso daí (...) colocar lá que é proibido (enfático) limite de idade. Colocar lá para as empresas contratar.

O trabalhador pela palavra "colocar", reiteradamente expressa, clama por justiça, sob a forma de lei, para pôr limite à discriminação de idade, no mercado de trabalho, ou seja, na relação social da compra/venda da força de trabalho praticada pelo capital que não reconhece os limites postos pelo poder repressivo da lei visto que atua no nível do contradireito[160]. O trabalhador não desconhece a Constituição brasileira (cap. II, XXX), que proíbe essa discriminação. Todavia, clama por essa lei, específica, para proibi-la e inibi-la, nessa relação social, àquele que, em dado tempo de sua vida, foi operário e metalúrgico como ele e, sobretudo, dirigente sindical metalúrgico. Ao não declinar o seu nome, alude a esse aspecto de sua biografia através da qual fora nele depositada a esperança de "honrar isso daí": a efetivação desse clamor de justiça para si e para o outro – para todo trabalhador que sofre essa discriminação e desonra.

---

[160] Michel Foucault analisa o caráter disciplinar do poder como contradireito em relação ao seu outro caráter, o coercitivo/repressivo e/ou jurídico discursivo, por ele examinado. Cf. FOUCAULT, Michel. *Vigiar e punir.* p. 127 e passim. Cf. ROSA, Maria Inês. *Trabalho, subjetividade e poder.* cap. 2, p. 93-94 (nota 27). Cf. notas 46, 80, 93, 94, 144 do presente capítulo. Sobre o caráter no nível do contradireito, confrontar MARX, Karl. *O capital (Crítica da Economia Política). Livro 1: O processo de produção capitalista. Vol. 1.* cap. XIII, p. 485-488.

Penumbra: experiência, memória. Descarte do trabalhador

E, desde meados da década de 90 do século passado, não mais trabalhou em empresas de grande porte porque "empresa grande é como falei: eles fecham as portas quando você tem mais de trinta e cinco anos (silêncio)". Nessa época, contava com essa idade. Ocorre o mesmo com as empresas de médio porte:

E. – As que recusam os trabalhadores já com trinta e cinco anos são já empresas grandes?

P. – É médio porte.

O trabalhador Fresador-Ferramenteiro refere-se a tentativas feitas de vender a sua força de trabalho também para empresas desse porte. Entretanto, ambas descartaram, ao longo dessas décadas e até o presente momento, a sua competência humana industriosa[161] fundada na herança de uma língua particular de ofício e de sua autoridade e experiências delas decorrentes nas/pelas atividades de trabalho real.

Há um outro aspecto desse descarte[162]: "eles querem investir em gente que tenha longa vida dentro de uma firma". Essas palavras são um modo de explicar que, juntamente com esse descarte, dá-se um outro, o do seu tempo de trabalho e de vida efetuado pelas direções hierárquicas de "firmas", de grande e médio porte, situadas nos "setores econômicos onde as relações de trabalho estão mais avançadas" da forma social despótica do capital sobre o trabalho. Todavia,

---

161 Sobre o entendimento do termo "atividade humana industriosa" e/ou competência humana industriosa, confrontar SCHWARTZ, Yves. Travail et l'usage de soi. In: IDEM, *Travail et philosophie. Convocations mutuelles.* p. 50. Cf. ROSA, Maria Inês. *Usos de si e testemunhos de trabalhadores. Com estudo crítico da Sociologia Industrial e da Reestruturação Produtiva.* cap. 2, p. 68.

162 Podemos entender em Karl Marx a problemática do descarte do trabalhador em torno do que ele denomina "versatilidade da capacidade de trabalho" pela simplificação dos trabalhos concretos, reais. Cf. MARX, Karl. *El capital, livro I, capitulo VI (Inédito).* Córdoba: Siglo XXI Argentina Editores S.A., 1974. p. 71-72; IDEM, Introducción general a la critica de la economia politica (1857). *Cuadernos Pasado y Presente/1,* Cordoba, 1969. p. 55. Nesse sentido, confrontar ROSA, Maria Inês. *A indústria brasileira na década de 60: as transformações nas relações de trabalho e a estabilidade (de emprego).* cap. 3, f. 183-224; cap. 4, f. 225-271. Da autora, porém não sob essa ótica da simplificação, confrontar ROSA, Maria Inês. *Trabalho, subjetividade e poder.* p. 201-206; IDEM, *Usos de si e testemunhos de trabalhadores. Com estudo crítico da Sociologia Industrial e da Reestruturação Produtiva.* cap. 6, p. 191-200.

há *algo* que "as palavras (...) parecem insuficientes para representar (...)" e sobrevêm os silêncios na interdependência com elas. Palavras e silêncios tentando exprimir esse algo, "difícil de dizer"[163]. Ele é da ordem da assimilação do corpo humano ao funcionamento de uma máquina visto ser ele tido como "uma máquina animada"/ "animal máquina". E, aí, indiscriminam-se, senão confundem-se, o corpo-humano e a máquina, colocando-o em relação de dependência da segunda. A finalidade dessa é-lhe imposta também como a sua: *fornecer* o máximo de rendimento e/ou de produtividade no tempo em que são objetos de uso. Isso conduz "eles (...) (a) investir em gente que tenha longa vida dentro de uma firma". Tempo esse que nada mais é do que esse tempo de uso incidido já sobre o trabalhador Fresador-Ferramenteiro, no uso de si capitalístico – de seu corpo-si, pelo capital que o tomou e o toma como "uma máquina animada"/corpo "animal máquina", e, como tal, esse objeto/instrumento de uso capitalístico nas atividades de trabalho real. "Eles", os representantes do capital adstritos aos postos de comando nos espaços dos *locii* de trabalho na fábrica e na administração/direção da empresa, buscam os jovens, "gente que tenha longa vida dentro de uma firma", para sobre eles também incidir esse uso, sob o crivo dessa representação do corpo humano graças àquela assimilação. E, no momento julgado necessário ao capital, esses jovens, já tidos como "velhos" os seus tempos de vida e de trabalho, serão por ele descartados pelo seu poder de desligamento.

> T. – Cada vez que a *gente* troca de emprego, *hoje em dia*, o salário diminui. *Antigamente*, não, só aumentava (fala baixo).
>
> E. – Quanto você está ganhando hoje (agosto/2006)?
>
> T. – R$ 1500 (fala rápido, envergonhado de dizer) (...) na (nomeia a primeira empresa de grande porte (em) que trabalhou durante onze anos, a do 1º emprego) eu recebia trinta e dois reais por hora (silêncio). Entrei na (nomeia a segunda empresa desse porte, (em) que trabalhou durante sete anos, o 3º emprego) com cinquenta e seis reais e uns quebrados (...) tinha o maior salário da região (num dos bairros da capital de São Paulo).
>
> (Destaques nossos)

---

163 Cf. notas 107, 154, 157 do presente capítulo.

Penumbra: experiência, memória. Descarte do trabalhador

Lembremo-nos de que, em relação a esse rebaixamento, achatamento progressivo salarial resultante das mudanças nas atividades de trabalho real da categoria de trabalhadores a que pertence, afirmava:

> T. – (...) Eles (os patrões) só querem para eles (nomeia-nos) (...) Por exemplo, se você for ver aquela tabela (...) de salário na empresa, na Ferramentaria, hoje (setembro/2006) está por volta dos seus R$2.800 ou R$ 2.700.
>
> E. – E agora você está ganhando R$ 1.500 brutos.
>
> T. – (Mudez, silêncio longuíssimo). Vida dura (...).

Ao nomear-nos, nesse momento da narração de seu testemunho, ele busca a aproximação pela língua – palavra – relação ao outro/ao sujeito, no caso, relação a nós, entrevistadores/pesquisadores que o escutamos. É-lhe extremamente doloroso *se dizer*, ele, que "antigamente", se não tivessem ocorrido essas mudanças, poderia estar percebendo "uns quatro mil paus" e "se fosse na (e nomeia aquela empresa de grande porte, do 3º emprego)". "Se fosse" significando que é passado, encerrando perdas a que a memória se reporta e condensa em sua "Mudez, (e) silêncio longuíssimo. Vida dura (...)", percebendo somente "R$1.500 (fala rápido, envergonhado de dizer (...)".

> (...) Sempre fui um Fresador Top, agora sou Fresador C, e ganhando o que ganho! (expressa sentimento de revolta e o absurdo dessa situação).
>
> Fresador-Ferramenteiro

E "(...) eles (os patrões) só querem para eles", daqueles que são reduzidos a viver

(...) do suor do próprio rosto para ter na mesa o pão nosso de cada dia"[164],

cujos salários, com esse achatamento, são aviltados sob as injunções das relações de troca mercantis capitalistas, mais especificamente da relação social da compra/venda da força de trabalho e de seu uso nas atividades de trabalho real, já aí uso

---

164 MARTINS, José de Souza. O cineminha do padre. In: O Estado de S. Paulo, 02/01/2012, p. C6.

de si por inteiro, uso de si capitalístico: "cada vez que a gente troca de emprego, hoje em dia, o salário diminui". A palavra a "gente" abarca todo e qualquer trabalhador, operário e não-operário, sobre os quais incidem essas injunções desse aviltamento do preço da força de trabalho, sob a forma salário, que degrada as condições de sobrevivência, o acesso aos bens materiais e não materiais e a não "partilha dos melhores frutos da História"[165]. Aviltamento e degradação esses de que o trabalhador dá testemunho ao dizer sobre o rebaixamento sofrido na hierarquia funcional e salarial: "sempre fui um Fresador Top, agora sou Fresador C". Em sua Carteira de Trabalho constam os registros desses rebaixamento e aviltamento. Silenciosos portam a *marca* da humilhação a que foi e é submetido o trabalhador em sua existência de trabalhador assalariado. Essa marca é da ordem do apagamento dos caminhos vários percorridos que dele fez um "Fresador Top" nessa hierarquia funcional e salarial em que percebia o salário condizente com sua função e registrada naquele documento. É a sua biografia, sua formação, suas singularidades, nesses caminhos que são apagados, porque tido como sujeito sem história; todavia ele os percorreu e constituem a sua história de trabalhador Fresador-Ferramenteiro, operário, e na relação com o outro, "história social individual"/sua memória, e do outro, estando esse presente ou ausente. É, pois, também memória "social individual". História de um tempo de vida e de trabalho de trinta anos que se empreende apagar e, juntamente, apagar a língua particular de um ofício que *é a sua posse* e pela qual, nesses caminhos, teve acesso, (re)questionou-a, renovou-a em atividades de trabalho real e construiu o encontro entre experiência (coletiva e individual) e conhecimentos.

> T. – (...) Eu falei para você, eu falei para você: eu trabalho pelo que eu ganho. Posso saber o serviço mas, ó: como é que faz isto? 'Faz assado, tira aqui'.
>
> E. – Você pergunta?
>
> T. – Me pagam que eu não pergunto (incisivo). E estou errado? Você não acha que você tem que ganhar pelo que sabe? Se eu não estou ganhando pelo que sei, então eu vou trabalhar pelo que eu estou ganhando (incisivo, indignação).

---

[165] Cf. nota 149 do presente capítulo.

Penumbra: experiência, memória. Descarte do trabalhador

O trabalhador Fresador-Ferramenteiro, nesse momento da narração de seu testemunho, em setembro de 2006, reporta-se ao que já testemunhara em agosto do mesmo ano:

T. – (...) *Eles querem tudo* (enfático) da *gente*, mas não dão nada.

E. – O que que é isso "eles querem tudo da gente"?

T. – *Eles querem sugar a gente no serviço mais que pode* (incisivo). Mas não dão nada (incisivo) para a gente.

E. – Exemplifica isso.

T. – Eles querem todo o seu conhecimento (enfático e incisivo) mas eu não dou.

E. – E como é que é isto?: "Eles querem todo o seu conhecimento?".

T. – O serviço que é feito eles querem, por exemplo, eles vêm com uma (ordem de serviço) de, igual eu peguei um serviço para fazer, esse serviço era, veio com o tempo de duas horas para fazer. Eu gastei cinco horas. 'Pô, você gastou cinco horas!' Você quer que eu faça o quê? É o tempo (enfático/incisivo) que eu gastei para fazer. Se você vai abaixar, vai abaixando, vai abaixando, vai abaixando e chega, e eu nem no banheiro fui! (expressa o absurdo da situação). E se você trabalha como besta, besta não, igual doido, você pode *se* (machucar) quebrar a máquina, quebrar a ferramenta. Eles querem que você trabalhe igual doido e não quer que não aconteça nada disso. E se você conseguir, vamos dizer, fazer em três horas, eles vão ficar querendo para você fazer em duas ; se você faz em duas, vão ficar querendo que você faça em uma (enfático). (Silêncio longo). A gente tem que trabalhar rápido mas com segurança (enfático), tá. Agora, é o que eu falo: a gente nunca deve mostrar tudo o que a gente sabe fazer, você não ganha para isso (silêncio). Eu falo para *os meninos* lá: falo, ó meu, você nunca (incisivo) mostra tudo o que você sabe, nunca (enfático) (Silêncio longuíssimo). No meu setor, eu sou um dos que ganha menos. Eles falavam (os trabalhadores do setor de Ferramentaria) para mim: 'para ganhar aumento aqui, ó, sem chance. Só o reajuste (da categoria) mas da firma (não)'.

(Destaques nossos)

Maria Inês Rosa

Essa longa narração do testemunho do trabalhador expressa o seu sofrimento e dor morais e, por meio desses sentimentos, também expressa o embate que entretem contra a língua do código de fábrica que toma o corpo humano como "uma máquina animada" e o assimila ao funcionamento de uma máquina: "(...) eu peguei um serviço para fazer (...) Veio com o tempo de duas horas para fazer. Eu gastei cinco horas". E devido a esse dispêndio de tempo de trabalho, é ele repreendido pelo chefe imediato: "Pô, você gastou cinco horas!". Essa exigência de realização do trabalho no mínimo de dispêndio de tempo se funda no exercício dessa língua e dessa representação e assimilação do corpo humano pelas quais o trabalhador não deve pensar, refletir sobre o que está fazendo e como o faz, pois isso é tido como perda e/ou dispêndio de tempo ocioso, não produtivo, ele *deve executar* o trabalho, as atividades de trabalho real, a ordem de serviço "com o tempo de duas horas". Entretanto o trabalhador realizou as atividades em cinco horas. Ele fez uso da língua, do pensamento, do conhecimento daquele encontro entre experiência coletiva e experiência individual, e, pois, da língua particular de ofício, e na indissociabilidade entre as atividades de pensar e conhecer. Insurge-se contra o "látego do feitor de escravos" em exercício pela língua do código de fábrica por meio de seu "regulamento penal":

> (...) Se você vai abaixar (as horas para a realização do "serviço"), vai abaixando, vai abaixando e chega, e eu nem no banheiro fui! (...) Eles querem que você trabalhe como besta, besta não, igual doido, você pode *se* (machucar), quebrar a máquina, quebrar a ferramenta. Eles querem que você trabalhe como doido e não quer que não aconteça nada disso.
> Fresador-Ferramenteiro (destaque nosso)

O trabalhador teve o tempo de jornada de trabalho tomado pelo tempo de trabalho quantitativo, o do valor, que regula esse látego e/ou o "regulamento penal" dessa língua, interditando-lhe a satisfação de suas necessidades fisiológicas. E ainda se lhe impuseram que realizasse o trabalho, de acordo com o trabalho prescrito, em duas horas. Está em prática pelo despotismo do capital sobre o trabalho, mediante essa língua e esse látego, racionalizações calcadas em modelos sobre o trabalho que o considera sob o crivo desse tempo e da concepção do trabalho como excecução, por meio dos quais se impõe a cada trabalhador o cumprimento e a colocação em prática de seus métodos e normas[166]. Lembremos que esses modelos renormalizaram a herança aristotélica[167] no que tange à consideração do trabalhador, na condição de escravo. Renormalizaram-na, porém dela permaneceu o seu fulcro: a representação e a concepção e, pois, consideração do corpo humano como "uma máquina animada" transposta à condição do trabalhador assalariado.

O embate entretido pelo trabalhador contra a língua do código de fábrica opõe-se a esse fulcro que o (con)figura, e o coloca em questão, no dia a dia das suas atividades de trabalho real na relação com o trabalho prescrito. E o faz ancorando-se em uma outra herança em que a língua é relação ao outro, hospitalidade. Em jogo estão a hostilidade/destrutividade portada por aquela herança construtora da língua desse código e de seu regime de trabalho. Essa outra herança é a dos tempos imemoriais que, ao fio do tempo/na história, transmitiu "uma preciosa experiência" de uma geração para outra no encontro e interdependência entre língua universal (experiência coletiva) e língua particular (experiência individual). Essa herança, tesouro, é não dimensionável, não quantificável e não prescritível, é imaterial, *bem comum*. Nesse embate, a ela se reporta o trabalhador Fresador-Ferramenteiro e a reitera: "(...) eu trabalho pelo que eu ganho. Posso saber o serviço", entretanto indaga: "ó, como é que faz isto?". Ou, ainda: "Eles querem tudo (enfático) da gente mas não dão nada". E explica essa perseguição em torno dos conhecimentos, dessa herança/tesouro: "Eles querem *sugar* a gente no serviço mais que pode (incisivo). Eles querem todo o seu conhecimento (enfático/incisivo) mas eu não dou", com vistas a que trabalhe não "como besta", conforme esclarece, mas "igual doido", ou seja, como "uma máquina animada", em movimento acelerado e constante, similar ao funcionamento de uma máquina para que efetue as atividades do trabalho real de acordo com as ordens do trabalho prescrito, aquelas duas horas. Se a preocupação "(d)eles" é de o tra-

---

166 ROSA, Maria Inês. *Usos de si e testemunhos de trabalhadores. Com estudo crítico da Sociologia Industrial e da Reestruturação Produtiva.* cap. 4, p. 123-159 e passim; IDEM, Usos de si e densificação do trabalho. *Psicologia e Política*, v. 4, n.7, jan./jun. 2004. p. 51-53; IDEM, Usos de si e densificação: nova modalidade. In: FÍGARO, Roseli (Org.). *Gestão da comunicação no mundo do trabalho, educação, terceiro setor e cooperativismo.* p. 123-129.
167 Cf. nota 134 do presente capítulo.

balhador, sob o jugo dessas representações e ordens, não quebrar a máquina, a ferramenta, já a do trabalhador é a da proteção de si[168]. Ele intenta expressá-la, porém, trunca-a: "você pode *se* (machucar)", e remete-se a essa preocupação "(d) eles", do capital, esse representado pelos trabalhadores cujas atividades de trabalho real – as de comando/de supervisão são constitutivas daquele "látego do feitor de escravos" – são situadas nos escalões hierárquicos salariais na divisão e organização do trabalho no espaço do *locus* da fábrica. Todavia a preocupação da proteção de si ressurge, em outro momento desse seu longo testemunho, e no encontro com a geração jovem:

> (...) é o que eu falo: a *gente* nunca deve *mostrar* tudo o que a gente sabe fazer, você não ganha para isso (silêncio). Eu falo para *os meninos* lá: falo, ó meu, você nunca (incisivo) mostra tudo o que você sabe, nunca (enfático). (Silêncio longuíssimo).
>
> Fresador-Ferramenteiro (destaques nossos)

Nesse encontro entre a geração adulta, representada pelo trabalhador Fresador-Ferramenteiro, e a geração jovem, representada pelos "meninos" trabalhadores, tem lugar a transmissão/transmissibilidade daquela "preciosa experiência", a do bem comum, que são ambas as línguas, a universal/coletiva e a individual/particular e experiências respectivas[169]. Sobressai, desse bem comum, a língua particular de ofício e sua experiência nesse encontro do trabalhador com a geração jovem. Ele, com base na língua relação ao outro/ao sujeito já hospitalidade e preocupação com o outro, transmite-lhe os cuidados com vista à proteção de si próprio e do outro, dos "meninos". Sobre eles recai também o exercício da língua do código de fábrica, a sua hostilidade/destrutividade, que toma os seus corpos como "uma máquina animada". Essa proteção de *Si* é a do corpo humano

---

168 Cf. notas 144, 145 do presente capítulo. A autora acentua que o "sistema de trabalho" de cada trabalhador na relação com o conjunto dos trabalhadores é manifestação da prevalência do tempo de trabalho qualitativo contra o tempo de trabalho quantitativo e, juntamente, de combate à redução de *Si*, individual e coletivamente, à força física, produtiva. Cf. ROSA, Maria Inês. *Trabalho, subjetividade e poder*. cap. 2, p. 83-85. Nesse momento, consideramos na narração do testemunho do trabalhador outros aspectos que vêm ao encontro desses ressaltados, anteriormente.

169 Cf. nota 10 do presente capítulo.

Penumbra: experiência, memória. Descarte do trabalhador

– corpo-si –, irredutível à representação do corpo humano "a uma máquina animada" e a de sua assimilação ao funcionamento de uma máquina. É ele um bem precioso, um bem "extrapatrimonial"[170], significando não ser ele propriedade do capital. Ele é da ordem do sujeito, da ordem desse corpo-si/corpo-ego que escapa aos enquadres dessas representação e assimilação. O uso de si por si mesmo ou o autolegislar-se presentifica-se em sua nudez na proteção de si e do outro, proteção de *Si*, nesse encontro entre gerações, que ele pertence e a geração jovem, "os meninos": "você nunca (incisivo) mostra tudo o que você sabe, nunca (enfático) (Silêncio longuíssimo)". Ou ainda, quando reitera o trabalhador: "(...) eu trabalho pelo que eu ganho. Posso saber o serviço", entretanto indaga: "ó, como é que faz isto?". Ou ainda, "a gente nunca deve mostrar tudo o que a gente sabe fazer", declinando pela palavra "gente" o *Si*: eu, tu ele, ela, nós, vós, eles, elas, ele, o outro. É o "mestre do possível" que é, no uso de si por si mesmo, no embate à proteção desse bem precioso, extrapatrimonial, autopreservação de si e de sua relação de saúde – do corpo-si, física, mental e psicologicamente.

Silêncio longuíssimo do trabalhador na dureza desse embate travado de reafirmação de que o corpo humano não é "uma máquina animada".

Demarca o trabalhador pela palavra, testemunha que é na narração do testemunho, um dos aspectos essenciais, senão o fulcral, da forma social despótica do capital sobre o trabalho e de seu regime de trabalho: o de que o corpo humano, o corpo-si, não é propriedade do capital como o são o dinheiro e os meios de produção e/ou de trabalho. *Ele,* esse bem precioso, "extrapatrimonial", valor sem dimensão/imaterial e, pois, não quantificável, não é uma mercadoria comprada pelo capital na relação social da compra/venda mercantil capitalista. Aquele comprou a mercadoria força de trabalho, uma mercadoria especial[171] por encerrar um duplo aspecto: o de produzir valores de uso e valor, mais valia, ao ser usada no processo de trabalho. Porém o que aí tem lugar é um uso específico, o desse bem precisoso, "extrapatrimonial" – uso de si capitalístico, do trabalhador. Nesse uso tem-se o tempo de trabalho necessário pago, relativo ao preço, ao

---

170 Cf. nota 40 do capítulo 1.
171 KARL, Marx. *O capital (Crítica da Economia Política). Livro 1: O processo de produção capitalista. Vol. 1.* cap. V, p. 201-223. Cf. notas 14, 15 do capítulo 1.

valor, despendido nessa compra, e o tempo de trabalho excedente, não pago. Um e outro tempo dão-se sob a forma salário:

> (...) esconde (a forma salário) o aspecto *essencial* das relações capitalistas, a exploração. Esta resulta da diferença entre o valor da força de trabalho que o capitalista compra para utilizá-la durante um dado tempo (tempo de trabalho pago), e o valor maior que dita força de trabalho cria quando é utilizada durante esse tempo (tempo de trabalho não pago). Mas como na forma salário, parece que o capitalista paga, não a força de trabalho, *mas o próprio trabalho*, a desigualdade da troca assume abusivamente a máscara da troca equitativa[172].

Contradição[173]. Quer em uma, quer em outra situação, ou seja: a da (re) produção de valor, e a da produção de tempo de trabalho pago, escapa ao capital a apropriação desse bem precioso, o corpo-si/corpo-humano, irredutível a ser tido enquanto "uma máquina animada" e de ser aprisionado na condição de mercadoria/força de trabalho e a essa forma social, a do salário. A essa irredutibilidade alude e afirma o trabalhador Fresador-Ferramenteiro, pela mediação da língua particular, a de ofício, e discrimina a sua particularidade, a de ser relação a si-mesmo e ao outro/ao sujeito, ao *Si*, já aquela declinação: eu, tu, ele, ela, nós, vós, eles, elas presentes ou nela ausentes. Particularidade essa que é impossível de ser capturada. Ela é história sua e do outro – de *Si* –, "história social individual", construtora de sua subjetividade e do outro, do corpo-si/ corpo-ego, fazendo-se no aqui e agora, na cotidianeidade, do uso de *Si* capitalístico no trabalho pelo capital.

A palavra

> (...) não verbaliza somente a respeito do outro, *mas a respeito do homem* que, pela palavra, faz-se ser significante (...)[174].

---

172 GERAS, Norman. Essência e aparência: aspectos da análise da mercadoria em Marx. In: COHN, Gabriel (Org.). *SOCIOLOGIA: para ler os clássicos*. p. 274-275. O primeiro destaque é do autor, os demais são nossos. Cf. nota 15 do capítulo 1. Cf. nota 96 do presente capítulo.
173 Cf. nota 171 do presente capítulo.
174 RICOEUR, Paul. Travail et parole. *Esprit*. Jan.-1953, p. 102 (destaques nossos). Tradução livre.

Penumbra: experiência, memória. Descarte do trabalhador

É a respeito da condição humana, "do homem", que a palavra do trabalhador Fresador-Ferramenteiro verbalizou e testemunhou: o dessa irredutibilidade do corpo humano, corpo-próprio/corpo-si/corpo-ego a "uma máquina animada" no processo de trabalho e/ou processo produtivo, sob aquela roupagem da forma salário. É a proteção de Si, do corpo-si, que está em jogo, no embate travado pelo trabalhador Fresador-Ferramenteiro, dia a dia, na situação de trabalho. Proteção contra a sua dizimação pelas/nas relações e condições de trabalho despóticas capitalistas, na perseguição da (re)produção do valor, da mais valia. Essa dizimação fora analisada, no último terço do século XIX, com destaque, para essas relações e condições:

> Aludiremos de passagem às condições materiais em que se realiza o trabalho na fábrica. Os órgãos do sentido são todos eles igualmente prejudicados pela temperatura artificialmente elevada, pela atmosfera poluída com os resíduos das matérias-primas, pelo barulho ensurdecedor etc, para não falarmos do perigo de vida que advém das máquinas muito próximas umas das outras, as quais produzem listas de acidentes do trabalho industrial com a regularidade das estações do ano. A diretriz de economizar os meios sociais de produção, diretriz que se concretiza de maneira cabal e forçada no sistema de fábrica, leva o capital ao roubo sistemático das *condições de vida do trabalhador durante o trabalho*. O capital usurpa-lhe o espaço, o ar, a luz e os meios de proteção contra condições perigosas ou insalubres do processo de trabalho, para não falarmos nas medidas necessárias para assegurar a comodidade do trabalhador. Estava Fourier errado quando chamava as fábricas de "penitenciárias abrandadas?"[175].

---

175 MARX, Karl. *O capital (Crítica da Economia Política). O processo de produção capitalista. Livro 1. Vol. 1.* p. 487-489 (destaques nossos). A situação descrita e analisada pelo autor refere-se ao século XIX. Ela não difere das situações por nós analisadas em nossas pesquisas já citadas no decorrer da narração do texto, concernentes ao século passado e ao presente. Nesse sentido, confrontar ROSA, Maria Inês. *A indústria brasileira na década de 60: as transformações nas relações de trabalho e a estabilidade (de emprego)* (1982); IDEM, *Trabalho, subjetividade e poder* (1994); IDEM, *Usos de si e testemunhos de trabalhadores. Com estudo crítico da Sociologia Industrial e da Reestruturação Produtiva* (2004). Colocamos entre parentêses as datas, com o intuito de ressaltar a permanência, no tempo – na história – dessas condições e relações de trabalho frisadas pelo autor. Cf. notas 61, 126, 129, 149 do presente capítulo. Cf. notas 4, 8, 9, 12, 14, 15, 38, 41, 42, 45 do capítulo 1.

O trabalhador Fresador-Ferramenteiro testemunha, na narração de seu testemunho, que

> (...) a firma é toda filmada, *você trabalha sendo filmado*, da hora que você entra, da hora que você sai. Desde a hora que entra no portão (silêncio).
> Fresador-Ferramenteiro (destaques nossos)

"Você trabalha sendo filmado" significa que esse controle integra o "látego do feitor de escravos"/"regulamento penal", a supervisão sobre os trabalhadores – a língua do código de fábrica – para concretizar o "roubo sistemático das condições de vida do trabalhador durante o trabalho" conforme a sequência dessa narrativa do trabalhador:

> (...) para falar a verdade, tem esses dois dias desta semana que nem ao banheiro fui, estava *correndo* com uma peça lá, nem ao banheiro fui. Nem lembrei que tinha banheiro, *tinha que entregar uma peça* (silêncio).
> Fresador-Ferramenteiro (destaques nossos)

Ocorre o "esquecimento" forçado de efetivação das necessidades fisiológicas do corpo-si, sob a égide desse "roubo". Diríamos, pela predominância da hostilidade/da destrutividade – das pulsões de morte – nas fábricas, tornando-as "penitenciárias abrandadas", o "sistema de fábrica", e com base nessa língua despótica. Essa predominância dá-se em detrimento da relação de saúde em trabalho: "estava correndo com uma peça lá, nem ao banheiro fui". Persegue-se a opressão absoluta com vistas à (re)produção da mais valia pela prevalência do tempo de trabalho quantitativo. Silêncio, reiterado, no embate contra esse ritmo acelerado de trabalho que interdita ao trabalhador ter um tempo para si, de sua intimidade[176], para essa efetivação. Interdição cujo suporte é aquela representação do corpo-humano como "uma máquina animada" e seu funcionamento assimilado ao de uma máquina.

> T. – É, (nomeia-nos), cada dia que passa o trabalhador está perdendo o valor (silêncio).

---

[176] Cf. item 2.2, subitem 2.2.1 do presente capítulo em que efetuamos a análise sobre os controles externos sobre o trabalhador concernentes as suas idas ao banheiro.

Penumbra: experiência, memória. Descarte do trabalhador

E. – Quando você fala que o trabalhador está perdendo o valor, você quer dizer em termos de salário, de respeito,

T. – (nomeia-nos), se estão querendo acabar até com o 13º salário nosso, acabar com as férias da gente, o que que a *gente* vai ser? Um escravo? (enfático, indignação). Sem direito a nada? (indignação). *Porque quem não tem esses direitos para mim é escravo, que trabalha sol a sol, que camela de sol a sol* e não tem descanso!!! (indignação e revolta). (...) Eles querem acabar com 13º (salário). Eles (os patrões) falam que desoneram muito a folha de pagamento. Ou melhor, onera muito a folha de pagamento. Estão querendo acabar com um terço de férias (isso aplica-se ao 13º. salário, não às férias) que você recebe junto com as férias, quando você sai de férias; estão querendo acabar com as férias, estão querendo acabar com 13º (salário), o que que mais? Só faltam colocar, colocar a lei aí para colocar, voltar à chibata (Silêncio longo).

(Destaques nossos)

Em momento anterior, na narração de seu testemunho, afirmava que "Eles (os patrões) querem tudo (enfático) da gente, mas não dão nada". Reportava-se o trabalhador aos salários indiretos como vale-transporte, seguro saúde, resultados de acordos negociados entre empresas de "setores econômicos onde as relações de trabalho estão mais avançadas"[177]. Mas aqui, especificamente, refere-se o trabalhador ao salário indireto P.L (Participação nos Lucros e Resultados da empresa):

Nem P.L. a gente tem (...) (Silêncio longo).

Fresador-Ferramenteiro

Esses salários indiretos podem ser subtraídos em função da não renovação desses acordos efetuados entre empresas e sindicatos. Entretanto, o trabalhador testemunha a tentativa reiterada pela classe patronal, "eles", conforme exprimiu, de extinção de salários indiretos que se constituem em direitos do trabalhador, como férias, 13º. salário:

---

[177] Cf. nota 32 do capítulo 1. Cf. nota 156 do presente capítulo. Remetemos o leitor à análise que efetuamos sobre esses acordos. Coloca-se em questão o caráter universal do direito e pauta-se pelo particularismo e pelas relações sociais de distribuição, obnubilando-se que essas são determinadas pelas relações sociais de produção, não pela relação social da troca. Nesse sentido, confrontar cap. 1, p. 10-16 e notas 38, 41, 14, 15.

Como se sabe, o salário indireto representa uma forma de complementação do baixo salário percebido pela classe operária e trabalhadora em geral, para a sua manutenção e reprodução. Constitui-se, todavia, em uma "cobertura" nas ocasiões em que o trabalhador é compelido para fora do processo produtivo, em caso de dispensa ou mesmo quando busca melhores condições de remuneração de sua força de trabalho. Na medida em que o capital se furta ao pagamento do salário indireto, *após haver consumido a força de trabalho*, tem reduzido seus custos, ao mesmo tempo que subtrai parte das condições subjetivas de sustentação, manutenção e reprodução do trabalhador e de seus familiares enquanto classe. Nesse contexto, o não pagamento do salário indireto não se constitui, simplesmente, em não cumprimento da legislação do trabalho, como pode parecer-nos num primeiro exame. O que sobressai é a aplicação (da língua) do código de fábrica, sobrepondo-se à legislação do trabalho[178].

Essa análise tem como contexto as relações e condições de trabalho capitalistas da indústria brasileira, na década de 60, século XX. Já aquele momento da narração do testemunho do trabalhador Fresador-Ferramenteiro situa-se no século XXI, primeira década, anos de 2006-2007. A forma social despótica do capital sobre o trabalho e/ou o seu complexo funcional autônomo move-se sob o mesmo patamar: o do uso de si capitalístico, do trabalhador, de seu corpo-si, à perseguição de seus desígnios, os de economia de custos, sob a forma salário, e dos meios de produção e a extração da mais valia. Disso resulta o aviltamento das condições de vida do trabalhador, de sua manutenção e reprodução e de seus familiares. E a língua do código de fábrica, com o seu "látego de feitor de escravos" convertido em "regulamento penal", conforma esses desígnios e a eles são subsumidos o trabalhador. A subtração dos salários indiretos, já direitos, é ressaltada pelo trabalhador no contexto da deslegalização dos direitos do trabalhador, denominada de "flexibilização"[179].

---

178 Cf. nota 10 do capítulo 1. ROSA, Maria Inês. *A indústria brasileira na década de 60: as transformações das relações de trabalho e a estabilidade (de emprego)*. f. 106-107.

179 Cf. notas 31-46 e páginas em sequência do capítulo 1. Cf. item 2.4 do presente capítulo. Analisamos essa questão da deslegalização dos direitos do trabalhador que nada mais é do que o ilegalismo patronal em nome da perseguição e realização desses desígnios. Também frisamos, dentre outros aspectos, o estiolamento dos direitos do homem, na condição de trabalhador assalariado. Nesse sentido, confrontar ROSA, Maria Inês. Desregulamentação e legalização das normas organizacionais do trabalho: a cidadania em questão. *Pró-posições*, Campinas, v. 13, n. 3 (39), set./dez. 2002. p. 31-44.

Penumbra: experiência, memória. Descarte do trabalhador

(...) o que que a *gente* vai ser? *Um escravo?* (enfático, indignação). *Sem direito a nada?* (indignação). *Porque quem não tem esses direitos para mim é escravo, que trabalha sol a sol, que camela de sol a sol e não tem descanso!!!* (férias e repouso semanal) (indignação e revolta). (...) Só faltam colocar, colocar a lei aí para colocar, voltar à chibata. (Silêncio longo).

Fresador-Ferramenteiro (destaques nossos)

"Só faltam colocar, colocar a lei aí para colocar, voltar à chibata (Silêncio longo)". Vale dizer, "o que que a *gente* vai ser? Um escravo? (enfático, indignação)". Sofrimento e dor moral dele e do outro, que o trabalhador declina pela palavra "a gente", expressando que é a língua relação ao outro/ao sujeito, e aí, engloba todos os trabalhadores que vivem, diuturnamente, essa situação e esses sentimentos que também são os de humilhação de Si mediante as injunções e coerções explícitas e implícitas da língua do código de fábrica – a de sua hostilidade/sua destrutividade – às quais são submetidos. Demarca o trabalhador, na narração de seu testemunho, que "a gente" – o corpo-si – não é "uma máquina animada" constitutiva daquela representação sócio-histórica do trabalhador na condição de escravo que, renormalizada, considera o seu funcionamento similar ao de uma máquina. Ambas construíram e constroem essa língua despótica, cujo exercício dizima as condições vitais do trabalhador em atividades de trabalho real. E essa demarcação se faz acompanhar da análise da ausência de direitos do trabalhador na condição de escravo: "porque quem não tem esses direitos para mim é escravo, que trabalha sol a sol, que camela de sol a sol e não tem descanso!!! (férias e repouso semanal) (indignação e revolta)".

Clamor de justiça manifesto pelo trabalhador Fresador-Ferramenteiro para que seja tido como *sujeito* (corpo-si) e sujeito de direito a ter direitos[180]. E nessa condição não é força de trabalho puramente, é sujeito/corpo-si a ser protegido no uso capitalístico que dele é feito em relações e condições de trabalho capitalistas em que é submetido àquela dizimação. A lei, o direito do Homem no trabalho, vai no sentido dessa proteção e coloca restrições e/ou limites a esse uso por meio do *corpus* jurídico do Direito do Trabalho cujo "objeto" é esse corpo-si e

---

180. Cf. nota 54 do presente capítulo.

esse uso e as mudanças nele empreendidas pelo capital[181]. Busca colocar também limites à língua do código de fábrica que se move, e repetidamente, nesse uso e sob a égide dessas representações.

Esse clamor de justiça, por meio dele e para além dele[182] esboça a *promessa* na narração do testemunho do trabalhador Fresador-Ferramenteiro. Ela é da ordem da hospitalidade da língua, relação ao outro/ao sujeito e de seu desdobramento, o da capacidade de preocupação com o outro que realiza mediante essa relação. Esse campo de conhecimento do humano porta essa *promessa* que o trabalhador, pela palavra, testemunha que é nessa narração, ora a silencia, ora ele se indigna e se revolta deixando entrevê-la ainda trêmula e, por vezes, fragilizada. Não obstante, ao fio da história, tropeçando ou não, ela se (a)firma na relação com o seu "objeto" e de *quem ele diz*, do Homem, na condição de trabalhador assalariado. A promessa tem como seu horizonte aquelas *não representações* do trabalhador em que o corpo "é uma máquina animada" e assimilado ao funcionamento de uma máquina e, por conseguinte, a inexistência de sua "chibata", que o despotismo do capital sobre o trabalho e a sua forma social correspondente intenta sempre renovar. Nos interstícios dessa forma, que é também inacabada[183] e, pois, sujeita à história, surge e ressurge essa promessa, também no seu movimento de inacabamento, nesse campo de conhecimento e para além dele. Ela porta a *esperança* de fortalecimento *do bem comum* e do seu espaço, *o do político*, no social, e de outros usos possíveis do corpo-si, do trabalhador, na condição de trabalhador.

---

181. Cf. nota 151 do presente capítulo. Cf. notas 31, 34, 36, 40 do capítulo 1.
182. Inspiramo-nos nos "arremates" considerados como aberturas/horizontes por virem (promessas) presentes em nossas pesquisas de Doutorado e de Livre-Docência, respectivamente: ROSA, Maria Inês. *Trabalho, subjetividade e poder.* (In) conclusão: de algumas possibilidades, p. 201-216; IDEM. *Usos de si e testemunhos de trabalhadores. Com estudo crítico da Sociologia Industrial e da Reestruturação Produtiva.* Epílogo, item 4, p. 308-323. Retomaremos esse clamor, sob o ângulo da justiça da "voz do silêncio", antes da palavra – d' "O um-para-outro" –, desenvolvido por Emmanuel Levinas, no capítulo 3, a seguir.
183. ELIAS, Norbert. *La societé des individus.* Paris: Fayard, 1991. p. 46-48, 86; ROSA, Maria Inês. *Usos de si e testemunhos de trabalhadores. Com estudo crítico da Sociologia Industrial e da Reestruturação Produtiva.* cap. 1, p. 60-68.

CAPÍTULO 3

Tempo de vida de desemprego: descarte do trabalhador e experiências

> (...) toda lembrança inclui uma perspectiva de valores socialmente compartilhados, toda singularidade pessoal se define em face de singularidades outras[1].

3.1 Busca de emprego

3.1.1 Condensação, penumbra, solidão

> É difícil sair três horas da manhã, ou melhor, três e meia da manhã, como eu saía, para ir na porta de fábrica. Eles pegam, muitas firmas, por exemplo, pegam o Currículo da gente, a gente vira as costas, eles pegam e *jogam no lixo*. Outras atendem bem, outras os caras, os guardas (cujas atividades de trabalho real são desenvolvidas na portaria da empresa) *pensam que são os donos da firma*, que a gente até, eles tratam (gagueja) a gente como marginal, as respostas que eles dão para a gente (...): o modo deles falarem (silêncio). Uns viram para a gente e falam: 'a firma não está precisando de ninguém' (imita-os berrando com ele). Precisa falar deste jeito? (...) pensam que estão ali que são donos da firma porque *todo mundo* que está ali passa por eles. É ruim isto. Agora, a gente encontra outros (guardas), em outras firmas com, vamos dizer, uma bagagem melhor (com educação, segundo palavra do trabalhador). Pode ser que não utilizem os Currículos da gente (ou seja, os joguem fora) mas eles tratam a gente bem.
>
> Fresador-Ferramenteiro (destaques nossos)

---

[1] VILAÇA, Alcides. Pulsão de vida e de morte. In: O Estado de S. Paulo, 25/02/2012, p. S5.

O trabalhador rememora a terceira vez em que ficou desempregado, após trabalhar durante dois anos e meio, no setor de Ferramentaria de uma empresa de pequeno porte (7º. emprego). Era ano de 2005, e contava com quarenta e quatro anos de idade. Permanecera desempregado durante dez meses. A narração de seu testemunho teve lugar em agosto de 2006 (ocasião em que trabalhava no 8º. emprego) e *testemunha* essa experiência cuja rememoração "inclui uma perspectiva de valores socialmente compartilhados", a da relação ao outro que é a língua – a palavra. Em seu testemunho, ela é a testemunha desse tempo de vida que é também a de outrem, a de outros trabalhadores na busca de emprego, de trabalho. Ele porta a sua história e a história de *Si*, a "história social individual" de todo trabalhador sob esse tempo[2]. E sua "lembrança inclui (...) toda singularidade pessoal (que) se define em face de singularidades outras", a do sujeito graças à palavra, essa relação ao outro/ao sujeito que ela é.

O trabalhador diz de si e do outro, presente ou não, mergulhados e enredados na relação social da compra/venda da força de trabalho, nesse tempo de vida de desemprego. Vale dizer, da busca e/ou "procura" – palavra do trabalhador – de trabalho, sob a forma de emprego[3]. Nessa relação impera a impessoalidade. Nessa busca, o trabalhador não tem mais acesso direto ao departamento de Recursos Humanos para fazer o exame de seleção, atendendo o anúncio/placa "Precisa-se"[4] que ficava afixado do lado de fora, nos muros da empresa. Nela constava a vaga a ser preenchida e objeto desse exame e/ou dessa busca. Esse modo de busca de emprego sofreu modificações em sua impessoalidade. O trabalhador entrega o seu *Curriculum Vitae* (Currículo Profissional) "na(s) porta(s) de fábrica(s)", mais propriamente, na portaria da empresa àqueles "guardas". Por vezes, recebe tratamento hostil por parte desses trabalhadores, como ocorreu com o trabalhador Fresador-Ferramenteiro e com tantos outros. Trataram-no "como marginal", de acordo com suas palavras, isto significando que ele não foi tido como um trabalhador como eles, os "guardas". Esses talvez dispensem tal trata-

---

2 Cf. nota 41 do capítulo 2.
3 Cf. notas 8, 9, 13, 38 do capítulo 1. Cf. MARX, Karl. *El capital, libro I, capítulo VI (Inédito).* p 104-105. A seguir, nos referiremos à *busca* de emprego.
4 MARTINS, José de Souza. *Uma arqueologia da memória social. Autobiografia de um moleque de fábrica.* p. 399.

mento porque tenham receio de se encontrarem, se é que já não o estiveram, na condição de desempregado. Sob essa condição, o trabalhador está não somente separado das condições de trabalho como também das de sobrevivência de si e de sua família[5]. Nesse tratamento desigual, esses trabalhadores "pensam que estão ali, que são donos da firma porque todo mundo que está ali (os trabalhadores desempregados) passa por eles". Realizam fantasiosa inversão de posições e lugares sociais de classe que lhes propicia momentâneo exercício de poder sobre o trabalhador desempregado e o *esquecimento* de *Si* – de trabalhadores – que possuem, como próprio, naquela relação social, a mercadoria força de trabalho e, por conseguinte, a mesma "história social individual": a história do despojamento das condições de trabalho e de sua (re)produção, a de sua sobrevivência e, por extensão, a de sua família, quando ela depende diretamente do trabalhador.

Acrescente-se a esse tratamento hostil o descarte das experiências de trabalho sinteticamente condensadas no documento Currículo Profissional. Ele é a *prova* cabal de seu tempo de trabalho e de sua experiência como o é o documento Carteira de Trabalho: "a gente vira as costas, eles pegam e jogam no lixo" e/ou "pode ser que não utilizem os Currículos da gente (ou seja, os joguem fora)". O trabalhador, ao rememorar essa situação de hostilidade, de destrutividade, sua voz tremula e sobrevém o silêncio, malgrado já terem transcorrido três anos dessa situação vivida e encontrar-se empregado. São lembranças dolorosas que lhe vêm à memória.

Nesse tempo de busca de emprego, somente em duas empresas houve uma funcionária do departamento de Recursos Humanos que recebeu os Currículos. E

Deve ter sido mais de cinquenta (empresas)!

Fresador-Ferramenteiro

em que o trabalhador entregou pessoalmente seu Currículo Profissional, levantando-se, sempre, às 3h30min. da manhã. Fazia a pé essa entrega. Nessa ocasião, também remetera, por meio da internet, mais de cem Currículos, auxiliando-o nesse envio, por vezes, a mulher e o irmão. E nesse momento, relembra a primeira situação de desemprego vivida, em 1994, após haver trabalhado, tam-

---

5 ROSA, Maria Inês. *Trabalho, subjetividade e poder*. cap 4, p. 188.

bém por sete anos, numa mesma empresa. Tinha então trinta e cinco anos de idade. Essa empresa é aquela de grande porte em que trabalhou (3º. emprego). Foram dez meses de tempo de vida de desemprego, mesmo tempo dessa segunda situação em 2003:

> Na outra vez que fiquei desempregado, quando saí da (nomeia a empresa) mandei na base de uns, se eu falar para você, você vai dar risada, vai falar que é mentira, mas mandei na base de seiscentos e cinquenta Currículos (por meio da internet). Sabe quantas me responderam? Três!
>
> Fresador-Ferramenteiro

Seiscentos e cinquenta Currículos Profissionais endereçados às empresas e somente três delas contataram o trabalhador com vistas ao exame de seleção à ocupação da vaga de trabalho existente. É aquela predominância da impessoalidade da relação social da compra/venda da mercadoria força de trabalho que, juntamente, descarta o tempo de vida e de trabalho e, nele, as experiências do trabalhador, simbolizados nesse documento, o Currículo Profissional. E o modo encontrado pelo trabalhador para dizer-nos e expressar tanto essa impessoalidade quanto esse descarte foi o da dúvida: se não riríamos e se acreditaríamos que "eles (...) (os) joga(ram) no lixo". Confiou-nos, assim, o descarte desse tempo de sua história pessoal e de sua biografia – de suas experiências e de si –, na condição de trabalhador assalariado, desempregado, e a hostilidade/destrutividade que ele comporta, configuradores dessa relação social na esfera de um mercado particular, o dessa mercadoria. Nele se movia para a realização dessa transação mercantil e capitalista mediante essa relação de troca. O dinheiro é o seu *meio* e para ele é-lhe *indiferente* essa simbolização e, pois, os seus significantes – o tempo de vida e de experiências. Vale dizer, são-lhes indiferentes a história pessoal, a biografia, as singularidade do homem, do ser vivo humano, sob essa condição social. Se as descarta, simplesmente. Nesse mercado, outras mercadorias são ofertadas à venda/compra e, mesmo tendo diferentes significantes, a maioria será descartada por esse meio e esse seu critério da indiferença[6], que abstrai as particularidades

---

[6] Sobre a indiferença do dinheiro como equivalente geral da troca para o qual não importa o conteúdo e/ou particularidade do "objeto"/mercadoria trocada, confrontar SIMMEL, Georges. *Philosophie de l'argent*. Partie Analytique: cap. 1, p. 21-124; cap. 2, p. 125-233;

e/ou singularidades desses significantes com o fito exclusivo de preencher plenamente a sua função social, a de equivalente geral de troca. Não lhe importa a concretude do objeto a ser trocado, no caso, a mercadoria força de trabalho, mas sim o dispêndio em dinheiro com ela, o seu preço, sob forma salário. É a quantidade, o *quantum*, que está em jogo, e as qualidades que ela porta, esses significantes a ele subsumem. A maioria de trabalhadores descartada irá engrossar a fila do "exército industrial de reserva"[7], aquela parte da classe trabalhadora, economicamente ativa, que estará e está sempre à disposição do capital à compra/venda de sua força de trabalho. O capital a utiliza para o rebaixamento dos salários, quer dos trabalhadores empregados quer dos que estão à busca, "procura" de emprego. E o trabalhador Fresador-Ferramenteiro, igualmente a tantos outros trabalhadores, no tempo de vida de desemprego, situava-se nessa fila:

> Saía de manhã (3h30min.) com o envelope de Currículo na mão, ia andando, andando, andando rua por rua, vamos dizer a região toda de Santo Amaro, Socorro (bairros da cidade de São Paulo onde havia concentração maciça de indústrias metalúrgicas), passando rua por rua, e entregava Currículos. Um dia estava chegando (em casa), estava com os joelhos até inchados de tanto que eu tinha andado. As duas vizinhas, na frente (de sua casa) conversando (o viram): 'o que foi (e o nomeiam)?'. Contei para elas que tinha saído de manhã e que estava chegando aquela hora (em torno de dezoito horas), que estava *procurando serviço,* entregando Currículos. Aí expliquei que estava mancando porque o joelho tinha inchado. Falei: ó já mandei tanto Currículo, tanto Currículo, é, ah, estou desanimando.
>
> Fresador-Ferramenteiro (destaques nossos)

---

 cap. 3, p. 235-341; MARX, Karl. *O capital (Crítica da Economia Política). Livro 1: O processo de produção capitalista. Vol.1.* cap. I, p. 41-93; cap. III, p. 105-161, particularmente item 1, p. 144-161. Esse autor enfatiza a indiferença sob o prisma da redução dos diferentes trabalhos, particulares, a trabalho humano geral graças à abstração dessas diferenças e, pois, de suas particularidades.

7 Expressão utilizada por Karl Marx que a denomina também pelo termo "superpopulação relativa". Ela se refere à existência, sempre, no regime econômico capitalista, de uma parcela significativa da classe trabalhadora desempregada, sem a qual esse regime não se reproduziria. Cf. MARX, Karl. *O capital (Crítica da Economia Política). Livro 1: O processo de produção capitalista. Vol. 2.* cap. XXIII, particularmente p. 738-739, 742-743, 747-752. O autor também se refere a essa expressão pelos termos "população trabalhadora excedente". Cf. IDEM, *O capital (Crítica da Economia Política). Livro 1: O processo de produção capitalista. Vol. 1.* cap. XIII, p. 465. Cf. nota 12 do capítulo 1.

O corpo é penalizado na busca de emprego: "andando, andando, rua por rua", de uma densa região e grande em extensão de empresas metalúrgicas, e toda a jornada diária, sem descanso, desde madrugada até o cair da tarde. O corpo manifestou a sua dor física, a sua penalização, a ponto de "os joelhos até incharam (...), estava mancando". E, junto com essa dor, manifesta-se uma outra, a moral: "ó, já mandei tanto Currículo, tanto Currículo, é, ah, estou desanimando". Sofrimento de uma busca que se lhe coloca como em vão e ainda com o peso de ser considerado "velho":

> (...) A *gente* procura, procura, procura as portas *sempre* se fecham. Por quê? Não que a gente não tenha experiência, *experiência a gente tem* mas *eles* consideram uma pessoa com mais de trinta e cinco anos velha (fala baixo, pausado).
> Fresador-Ferramenteiro (destaques nossos)

Desesperança e cansaço, e num momento em que o seu segundo filho estava para vir ao mundo. Desesperava-se o trabalhador:

> Sempre que a *gente* tem mais necessidade.
> Fresador-Ferramenteiro (destaque nosso)

"Eles", o capital representado pelos trabalhadores situados nas hierarquias funcionais no setor de Produção e no setor Administrativo da empresa, mais especificamente, aqueles que ocupam postos de chefia na fábrica, cujo seção ou área está necessitando da força de trabalho do trabalhador para a vaga do posto de trabalho, e aqueles que ocupam postos de trabalho, no departamento de Recursos Humanos. Esses o selecionarão e o encaminharão para a chefia à realização dos "testes", conforme palavra do trabalhador. Para ambos os ocupantes desses postos, um dos critérios é aquele da indiferença que se plasma na abstração das particularidades dessa mercadoria, prevalecendo o *quantum* a ser com ela despendido em sua compra, o preço a ser-lhe pago sob forma salário. As qualidades e/ou particularidades – "não que a gente não tenha experiência, experiência a gente tem" – são consideradas estritamente em torno da valorização do *quantum*. Isto é, em torno do aumento do *quantum* de dinheiro despendido na compra/venda da mercadoria força de trabalho, por ocasião de seu uso pelo capital, do uso de si capitalístico, no processo imediato de trabalho[8]. E "eles" (o capital) consideram *uma pessoa* com mais de trinta e cinco anos velha". O critério para "eles" não é o mesmo do trabalhador, o de ser sujeito, "uma pessoa" que tinha, no primeiro tempo (momento) de desemprego trinta e cinco anos (1994), e "mais de trinta e cinco anos", isto é, quarenta e quatro anos no terceito momento (em 2005). Tempo de vida e de trabalho e neles as experiências várias de trabalho. O sujeito/ "pessoa" é abstraído nessa transação mercantil, a da relação social da compra/ venda da força de trabalho, graças àquela indiferença do meio de troca, a do dinheiro. A "experiência (que) a gente tem" é também abstraída e, com isso, se a descarta tal qual se "jogam no lixo" os Currículos Profissionais, documento que a simboliza. É descartada/jogada "no lixo" não somente a experiência do trabalhador mas a de outrem, a dos trabalhadores que a palavra "gente" declina pelos pronomes pessoais: eu, tu, ele/ela, nós, vós, eles/elas[9]. Esse descarte empreende a ruptura entre as gerações adulta e jovem e o distanciamento entre elas e, juntamente, a não *transmissão*, pela primeira, das experiências coletiva e individual – a "história social individual"/memória "social individual" – alicerce de (re)encontros vários entre ambas as gerações que as renovam.

Há um outro critério para esse descarte. Ele se funda naquela concepção de que o corpo do trabalhador "é uma máquina animada" que, por sua vez, configura aquela outra concepção específica do regime de trabalho da forma social econômica capitalista e de seu despotismo: a do corpo humano, a do organismo humano, assimilado ao funcionamento de uma máquina. Lembremos que essa concepção é herdeira da primeira, mesmo que renovada e/ou modificada pela língua do código de fábrica, no uso de si capitalístico, do trabalhador. Ambas as concepções têm como esteio o uso do homem – uso do corpo-si –, na condição de trabalhador, em relações humanas, sociais, heterônomas, e, nelas, as de trabalho. Uso esse em que o corpo, nessas concepções, é desencarnado do pensamento, do entendimento, da reflexão, dos sentimentos e dos afetos. Como tal, o trabalhador não faria uso da língua, do pensamento, do conhecimento,

---

8   MARX, Karl. *O capital (Crítica da Economia Política). Livro. 1: O processo de produção capitalista. Vol. 1.* cap. V, p. 201-223; cap. I, p. 41-93.
9   Cf. nota 106 do capítulo 2.

submetido que estaria à pura heteronomia[10] dessas relações e, no caso, desse regime de trabalho e dessa forma social despótica que o configura. Imbricado a esse esteio, melhor dizendo, configurando-o está a consideração ou a definição do trabalho como execução, ou seja, para a qual o trabalhador cumpriria estritamente as normas que o prescrevem e não as modificaria, não as reelaboraria – não as renormalizaria – não as recentraria em função de suas singularidades e das peculiaridades do meio de trabalho[11] e das atividades de trabalho real que realiza, diuturnamente. Ele efetivaria, estritamente, as antecipações prescritas das normas técnicas e sociais. Assim, não realizaria outras antecipações[12] no encontro/instante[13] das experiências coletiva e individual, respectivamente as da tradição e as da língua particular de ofício, de seus conhecimentos, com as antecipações dessas normas, as do trabalho prescrito. Em outras palavras, ele não seria "mestre do possível" que é, nessas relações heterônomas, fazendo uso de si por si mesmo, no uso que dele é feito. Sob o prisma do trabalho como execução, de sua concepção, é-lhe *indiferente o sujeito/a "pessoa"* se tem menos ou "mais de trinta e cinco anos", desde que ela dê o máximo de rendimento/de produtividade, cumpra a denominada "meta", no mínimo de tempo prescrito. Tanto esse critério fundado nessas concepções quanto o critério do dinheiro têm em comum a *indiferença* ao sujeito e as suas singularidades e perseguem a mesma finalidade, a do *quantum*: o primeiro, esse máximo de rendimento, e o segundo aquele dispêndio mínimo de dinheiro na compra/venda da força de trabalho. Obnubilação e abstração do sujeito, na condição de trabalhador, tido como portador de mercadoria a ser usada e descartada, visto outras já se perfilarem no mercado de trabalho à con-

---

10 ROSA, Maria Inês. *Usos de si e testemunhos de trabalhadores. Com estudo crítico da Sociologia Industrial e da Reestruturação Produtiva.* cap. 4, p. 132.
11 Cf. notas 11, 108 do capítulo 2.
12 Cf. notas 2, 108 do capítulo 2.
13 Sobre o encontro/instante, confrontar SCHWARTZ, Yves. Discipline épistémique, discipline ergologique. Paideia et politeia. In: MAGGI, Bruno. (Org.). *Manière de penser, manière d'agir en éducation et en formation.* Paris: PUF, 2000. p. 34-44; ROSA, Maria Inês. *Usos de si e testemunhos de trabalhadores. Com estudo crítico da Sociologia Industrial e da Reestruturação Produtiva.* cap. 2, p. 72; cap. 4, p. 132-135; cap. 5, p. 180-192, 221; cap. 6, p. 231-236. Cf. nota 11 do capítulo 2.

Penumbra: experiência, memória. Descarte do trabalhador

secução da relação social da compra/venda dessa mercadoria especial[14] que aí se encontra à busca de emprego: a força de trabalho. Ela é especial porque, em seu uso no trabalho pelo capital, dá-se o uso de si capitalístico, do sujeito – de seu ser por inteiro – acrescentando mais valor a essa finalidade, a mais valia, tempo de trabalho excedente e não pago[15]. E o trabalhador, quer da geração jovem quer da geração adulta, e nessa última integra o trabalhador Fresador-Ferramenteiro, nesse uso de *Si* capitalístico *deve* cumprir os ditames dessa finalidade. Sob a égide das concepções e representações do corpo humano "animado como uma máquina" e assimilado ao seu funcionamento, o tempo de vida transcorrido de ambas as gerações, na condição de trabalhador assalariado, é estritamente considerado na perspectiva dessas concepções e representações. Aí o corpo é desencarnado – sem a "experiência (que) a gente tem", que é a de uma "pessoa"/sujeito, corpo-si/corpo-próprio (corpo-ego). E, como tal, se o *tem* enquanto um meio de produção, como uma máquina, instrumento de trabalho, já trabalho morto[16] e, igualmente à máquina, pode ser descartado após dado tempo de uso: estaria obsoleto, desgastado como ela, sobretudo porque outros "corpos desencarnados" estão à disposição do capital e renovando constantemente aquela fila do exército industrial de reserva, e aquele *quantum* se refazendo e aumentando[17]. Acrescente-se a

---

14 Cf. nota 7 do presente capítulo.
15 Cf. notas 23, 52 , 53, 72 do capítulo 2. Cf. 14, 15 do capítulo 1.
16 Cf. nota 131 do capítulo 2.
17 Cf. nota 7 do presente capítulo. Em relação ao exército industrial de reserva ou ainda a "população supérflua", de acordo com Karl Marx, acentua o autor que "Mas, se uma população trabalhadora excedente é produto necessário da acumulação ou do desenvolvimento da riqueza no sistema capitalista, *ela se torna por sua vez a alavanca da acumulação capitalista, e mesmo condição de existência do modo de produção capitalista*. Ela constitui um exército industrial de reserva disponível, que pertence ao capital de maneira tão absoluta como se fosse criado e mantido por ele". "(...) Toda forma do movimento da indústria moderna nasce, portanto, da transformação constante de uma parte da *população trabalhadora em desempregados ou parcialmente empregados.* "(...) *O trabalho excessivo da parte empregada da classe trabalhadora engrossa as fileiras de seu exército de reserva, enquanto inversamente a forte presssão que este exerce sobre aquela, através da concorrência, compele-a ao trabalho excessivo e a sujeitar-se às exigências do capital.* A condenação de uma parte da classe trabalhadora *à ociosidade forçada*, em virtude do trabalho excessivo da outra parte, torna-se fonte de enriquecimento individual dos capitalistas e acelera ao mesmo tempo a produção do exército industrial de reserva numa escala correspondente ao progresso da acumulação social (...)". In: MARX, Karl. *O capital (Crítica da Economia Política) Livro 1: O processo de produção capitalista.* Vol. 2. p. 733-734; p. 735;

isso que o corpo-si é assim tido, particularmente, porque o seu uso capitalístico em trabalho se dá enquanto "trabalho forçado" e/ou trabalho escravo – a escravidão moderna – para o cumprimento daquela finalidade. Lembremos[18] que é essa finalidade e/ou esse uso que imprime esse caráter ao trabalho, às atividades de trabalho real, sob o império da língua do código de fábrica e respectivo "regulamento penal", o do "látego do feitor de escravos", aplicado e praticado pela supervisão e pela gama variada de técnicas de controle social internas ao trabalho prescrito, isto é, ao modo de trabalho único e suas técnicas e métodos – as normas antecedentes de trabalho –, no espaço do *locus* de trabalho na fábrica e demais espaços e *locci* correspondentes.

Não obstante o império do *quantum*, quer na relação social da troca da compra/venda da força de trabalho quer nos processos de trabalho imediato, espreita-o, sempre, de um lado, as especificidades do objeto (material ou não) produto de trabalhos particulares do sujeito/trabalhador; de outro lado, espreita-o o corpo-si em suas singularidades/qualidades e história. Essas últimas, que são da ordem do sujeito (da subjetividade), exprimem aquele critério do trabalhador Fresador-Ferramenteiro: "eles (o capital) consideram uma *pessoa* com mais de trinta e cinco anos velha". Critério esse que se dá em oposição aos critérios da relação social da troca, do dinheiro equivalente geral, e aos das concepções teórico-sociais do corpo humano representado e tido como "uma máquina animada" e assimilado ao funcionamento de uma máquina à perseguição de tempo de trabalho necessário e tempo de trabalho excedente, não pago – a mais valia.

---

p. 738 (e nota 83)-739, respectivamente (destaques nossos). Nomeia o autor três formas de existência do exército industrial de reserva ou da superpopulação relativa: flutuante, latente e estagnada, em função dessa acumulação e da reprodução do modo de produção capitalista. E são elas interdependentes à constituição dessa população supérflua e/ou exército de reserva (p. 743-747). No que diz respeito à categoria estagnada, afirma que (...) constitui parte do exército de trabalhadores em ação, mas com ocupação totalmente irregular. Ela proporciona ao capital reservatório inesgotável de força de trabalho disponível (...)". p. 746. Cf. nota 7 do presente capítulo. Cf. nota 12 do capítulo 1. Nesse sentido, "(...) Não está fácil na fábrica saber quem é o trabalhador terceirizado (não contratado diretamente pela empresa) e quem não é. Também parece complicado medir o desemprego. Quem trabalha uma hora por dia está empregado ou desempregado. In: ANTUNES, Ricardo. Entrevista (Labor sem rosto). O Estado de S. Paulo, 16/10/2011, p. J5.

18 Cf. nota 15 do presente capítulo.

Penumbra: experiência, memória. Descarte do trabalhador

E esse último tempo subsume o primeiro. Estão em tensão permanente essas singularidades/qualidades e história do sujeito, a sua subjetividade (corpo-ego/ corpo-si), e esses critérios da prevalência do império do *quantum*. Esses jamais alcançam o seu intento, o de apagá-las mediante a abstração que delas efetuam. Isso porque, sem elas, o dinheiro como meio de troca/equivalente geral e essas concepções não existiriam, bem como nenhum trabalho (e aquele objeto) se efetivariam. Contradições[19], aparentemente, contornadas na forma social despótica capitalista e de seu regime de trabalho. E o trabalhador Fresador-Ferramenteiro nelas encontra-se mergulhado e seu corpo-si sendo penalizado física e moralmente. Desesperava-se à busca de emprego:

> (...) é, ah, estou desanimando.
> Fresador-Ferramenteiro

O acaso[20] do encontro com as vizinhas que ele rememorara anteriormente foi-lhe benéfico. Além daquela preocupação que elas manifestaram em relação a ele, uma delas estendeu-lhe a mão. Em outros termos, a hospitalidade que é a língua e/ou a língua é relação ao outro, acolhimento[21], e, juntamente, capacidade de preocupação com outro que ela comporta exprimem-se, imediatamente, naquele diálogo entretido entre o trabalhador e a vizinha, nesse encontro:

> É, olha (vizinha falando ao trabalhador) a minha patroa, o marido dela é sócio de uma firma, vou falar com ela, inclusive trabalha na firma também. Ela falou com eles: 'eles pediram para você ir lá na firma fazer teste (e foi empregado).
> Fresador-Ferramenteiro

A vizinha tinha como função ser faxineira e realizava as atividades de trabalho real de limpeza na empresa, e o trabalhador Fresador-Ferramenteiro a ela se reporta, com profunda gratidão:

---

19 MARX, Karl. *O capital (Crítica da Economia Política). Vol 1: O processo de produção capitalista. Vol. 1.* cap. I, p.41-93, particularmente p. 79-93; SIMMEL, Georg. *Philosophie de l'argent.* Partie Analytique, cap. 1, p. 21-124; cap. 2, p. 125-233; cap. 3, p. 235- 341.
20 Remetemos o leitor à análise que efetuamos sobre a ocorrência do acaso na vida em relação ao contexto histórico vivido pelo sujeito, e não em função de sua posição social. Cf. ROSA, Maria Inês. *Trabalho, subjetividade e poder.* cap. 1, p. 12-16.
21 Sobre a língua, relação ao outro – hospitalidade e capacidade de preocupação com o outro –, confrontar notas 32, 42 do capítulo 2. Cf. notas 49, 52, 55, 57 do capítulo 1.

E por incrível que pareça *de tantas pessoas que eu conheço*, que são grandes dentro de firmas, eu fui receber *ajuda*, recebi ajuda assim: *quem* indicou uma firma foi uma faxineira.

Fresador-Ferramenteiro (destaques nossos)

A gratidão do trabalhador à trabalhadora é manifestada pela palavra "ajuda"[22] reiterada por duas vezes na narração de seu testemunho. Essa palavra expressa "valores socialmente compartilhados", no caso o valor sem dimensão/imaterial da solidariedade por parte de *quem(sujeito)* o acolheu em sua hospitalidade ao outro, ao trabalhador desempregado, corpo-próprio penalizado, vivendo o sofrimento moral: "já mandei tanto Currículo, é, ah, estou desanimando", desespero e desesperança nessa busca de emprego. E vive a penúria porque sem o sustento, sob forma salário, de si e de sua família:

> Eu estava sem dinheiro nenhum (fala baixíssimo). O dinheiro que (nomeia duas pessoas, membros da família nuclear de sua mãe) *ajudavam*, eu deixava lá para os meus filhos. Eles também estavam, a situação lá estava ruim também (fala baixo) (Silêncio longuíssimo)
>
> Fresador-Ferramenteiro (destaque nosso)

"Sem dinheiro nenhum"[23] também para tomar ônibus à busca de emprego. Por isso "ia andando, andando rua por rua", não somente quando as

---

22 Sobre a "ajuda" como hospitalidade/acolhida ao outro, confrontar capítulo 2, item 2.1: notas 32, 39. Cf. nota 21 do presente capítulo.
23 Recebe-se o Seguro Desemprego, no máximo em quatro parcelas, correspondente a *quatro meses, de modo contínuo ou alternado*. O trabalhador terá que comprovar ter quinze meses de vínculo empregatício (sem interrupção). O cálculo é feito considerando-se a média dos últimos três meses de salários antes da dispensa, convertidos em BTN (Bônus do Tesouro Nacional). A aplicação varia até 300 (BNT); de 300 a 500 (BTN); e acima de 500 (BTN). Nesta faixa "o valor do benefício será igual a 340 (trezentos e quarenta) BTN". Lei 7998, 11/01/1990: site http://www.planalto.gov.br/ccvil_03/leis/L7998.htm, 31/12/2012. No terceiro tempo de vida de desemprego, o trabalhador Fresador-Ferramenteiro não recebeu o Seguro Desemprego, porque o seu vínculo empregatício fora menos de 16 meses, de acordo com a Resolução CODEFAT 467, 21/12/2005, que estabeleceu novos critérios à lei em questão. No quarto tempo de vida de desemprego, o de longa duração (item 3.1.3), como veremos a seguir, trabalhará sem vínculo empregatício, durante cinco meses. Isso o coloca, mesmo se tivesse trabalhado esses dezesseis meses, sob a não proteção e garantia das leis do Direito do Trabalho, aí compreendido esse seguro.

empresas eram próximas mas também distantes. E praticamente não se alimentava porque o trabalhador "deixa(va) lá (o dinheiro dessa "ajuda" familiar) para os meus filhos". Penúria extrema, a da ausência de "Cada dia do nosso pão"[24]. Na "ajuda" desses membros familiares da mãe do trabalhador Fresador-Ferramenteiro, sobretudo de um deles, manifesta-se a capacidade de preocupação com ele/sujeito, estendendo-lhe a mão, esse compartilhar de valores comuns, não mensuráveis, desse acolhimento/hospitalidade. "Toda lembrança inclui uma perspectiva de valores socialmente compartilhados", no caso a desses valores que rememora o trabalhador pela palavra "ajuda". Relembremos que o acaso do encontro entre as vizinhas e o trabalhador teve lugar quando ele retornava da busca diária de emprego, desde madrugada até o entardecer, a pé, sob aquela penalização de seu corpo. Em consequência, os joelhos inchavam e ele mancava. Esse gesto de estender a mão – de "ajuda" – de uma daquelas vizinhas que "indicou uma firma" onde havia vaga para as atividades de trabalho real que o trabalhador efetuava também significa esse compartilhamento de valores sem dimensão e esse acolhimento comportando essa capacidade de preocupação em direção ao outro/sujeito, a hospitalidade, que é a língua.

Encontra-se ausente essa relação da língua pela não "ajuda" da parte de outros trabalhadores. Esses são lembrados pelo trabalhador Fresador-Ferramenteiro, então empregado, como aquelas "tantas pessoas que eu conheço, que são grandes dentro de firmas", e que não lhe estenderam a mão. Recolheram-na. Esses trabalhadores, por sua inserção no quadro da divisão e organização funcional hierárquica do trabalho na empresa, poderiam ter conhecimento desse tipo de vaga e indicá-la ao trabalhador para fazer o "teste" na "firma". A manifestação, por parte desses trabalhadores, de não capacidade de preocupação ao outro/sujeito, na condição de trabalhador assalariado desempregado, mediante esse não gesto simbólico, é próprio daquela indiferença do equivalente geral da troca, do dinheiro, para o qual lhe é indiferente o semblante[25] do outro – a sua demanda

---

[24] Citamos o título do capítulo 8 de MARTINS, José de Souza. *Uma arqueologia da memória social. Autobiografia de um moleque de fábrica.* p. 263.
[25] Inspiramo-nos em LEVINAS, Emmanuel. *Liberté et commandement.* p. 14-48; IDEM, *Autrement qu'être ou au-delà de l'essence.* p. 143-150.

– nessa condição. Ele, o trabalhador nessa condição social, vive a solidão que a relação social da troca mercantil imprime ao sujeito, separado que está dos objetos, no caso, dos instrumentos de trabalho, da realização desse e do dinheiro à sua sobrevivência imediata. Empurra-o para a posição de *homo clausus*[26] que estaria absolutamente só e não em relações humanas (inter)dependentes e que se interpenetram. É fantasmagórica[27] essa marca – essa impressão – e essa posição, mas nem por isso deixa de ser real graças a essa separação que, além de isolar o homem, na qualidade ou não de trabalhadores assalariados, entre si, atomiza-os já nessa relação humana, social, pelo seu meio geral e abstrato, o dinheiro. Não obstante essa relação dar-se no entrelaçamento, na (inter)dependência e interpenetração de não importa qual relação humana, social. Ela é o produto histórico desse conjunto de relações. E, todavia, a solidão vivida pelo trabalhador, em sua pele[28], em seu corpo-próprio/corpo-ego, é sensível, palpável, na distância de si na relação em direção ao outro e àqueles objetos aos quais, desempregado, não tem acesso pela forma salário, para o seu sustento diário e de sua família. Ele está

---

26 Norbert Elias analisa a dicotomia e a separação indivíduo e sociedade presentes na área de estudos das ciências humanas, particularmente da disciplina Sociologia, que redundam numa imagem do homem isolado em relação aos demais homens. De um lado, ter-se-ia o indivíduo, voltado a si mesmo, com o seu "mundo interior", de outro, a sociedade, o "mundo exterior", composto pelos demais indivíduos, na situação semelhante do primeiro. Eles não estariam em relações humanas e, pois, sociais, de dependência entre si, bem como essas relações não se interpenetrariam e não seriam interdependentes. Desse modo, construiu-se uma imagem ideal do homem enquanto *homo clausus*. Cf. IDEM, *Qu'est-ce que la sociologie?* cap. IV, p. 123-161, particularmente p. 141-150, 154-156, 160-161. A impossibilidade dessa imagem é posta já pela língua pelo seu caráter relacional, como pontua o autor, quando se declinam os pronomes pessoais. Cf. IDEM, *Qu'est-ce que la sociologie*. cap. IV, p. 146-147, 150-151, 154. Cf. nota 106 do capítulo 2. Cf. nota 57 do capítulo 1. No que tange ao termo posição, guardadas as diferenças de contexto teórico, inspiramo-nos em Melanie Klein. A autora refere-se à dupla posição: a "depressiva" e a "paranoide" na criança, entre os seis e oito meses de idade, que pode se apresentar em outros momentos da vida da criança. Retemos do termo "posição" o seu sentido de não se constituir em uma condição ao nos referirmos à posição de *homo clausus*. KLEIN, Melanie. *Psicanálise da criança*. São Paulo: Ed. Mestre Jou, 1969. Introdução, p. 19-21; cap. 1, p.25-39.
27 Karl Marx analisa o caráter fantasmagórico da mercadoria dinheiro como equivalente geral da troca mercantil capitalista, e destaca o seu caráter fetichista. Cf. KARL, Marx. *O capital (Crítica da Economia Política). Livro 1: O processo de produção capitalista*. Livro 1. cap. I, p. 79-93.
28 Cf. nota 44 do capítulo 2.

Penumbra: experiência, memória. Descarte do trabalhador

mergulhado na crueza do espaço da necessidade e a ele reduzido[29] e, juntamente, na da hostilidade desse meio, do dinheiro, equivalente geral da relação social da troca, aquela construção histórico-humana impessoal mediante a qual vive-se a aridez dessa redução.

Indagamos ao trabalhador Fresador-Ferramenteiro como vivera esses meses no desemprego:

> Na penumbra.
> Fresador-Ferramenteiro (anotações diário de campo)

Nesse momento, referíamo-nos àquele terceiro momento de tempo de vida de desemprego, de setembro de 2005 a maio de 2006. Entretanto, essas palavras do trabalhador "na penumbra" reportavam-se tanto a esse tempo quanto ao primeiro e segundo tempos de vida de desemprego, respectivamente de julho de 1994 a fevereiro de 1995, e de março a julho de 2003. Na narração das lembranças desses tempos, em seu testemunho, eles se embaralham.

> (...) A memória *não é calma lembrança*. É também luta, tensão, sofrimento. Cada fato, cada ocorrência, cada incidente, carrega consigo um débito de compreensão, uma *insuficiência, um aquém*. A memória se propõe quando esse débito se transforma em perguntas e é decifrado, *quando pode ser narrado*[30].

Esse embaralhamento é devido ao fato de que, no trabalho da memória, realizado pelo trabalhador Fresador-Ferramenteiro, *algo comum* foi por ele experienciado nesses tempos de vida de desemprego que a palavra "penumbra" condensa[31]: aquelas penalizações física e moral em sua pele, em seu corpo-próprio, a penúria da sobrevivência reduzida que foi àquela crueza do campo da necessidade imediata e de relações humanas, sob aquela aridez do isolamento que essa penúria envolve, arrastando-o àquela posição[32] de *homo clausus*; da representação

---

29 ARENDT, Hannah. *A condição humana.* cap. II, p. 47-59; cap. III, p. 90-148.
30 MARTINS, José de Souza. *Uma arqueologia da memória social. Autobiografia de um moleque de fábrica.* p. 460 (destaques nossos).
31 Sobre o trabalho da memória e a problemática da condensação, confrontar notas 65 e 152, respectivamente, do capítulo 2.
32 Cf. nota 26 do presente capítulo.

de si, de seu corpo-próprio/sujeito enquanto "velho", cujas experiências de vida e de trabalho são descartadas, e de tantas outras marcas impressas em sua memória não ditas pelo trabalhador na narração de seu testemunho. "Penumbra", palavra do trabalhador, que condensa essas marcas inscritas em seu corpo-próprio/corpo-si/corpo-ego – em seu ser por inteiro.

Essas marcas não ditas são os resíduos/restos[33] que escapam ao trabalho da memória, são aqueles "aquém" que a "memória se propõe" a serem decifrados "quando pode(m) ser narrado(s)". Todavia, elas estão aí silenciosas e em relação de (inter)dependência com aquelas outras marcas narradas, ditas. Enredamento entre ambas nessa condensação na/pela palavra "penumbra", atravessando o tempo passado e o presente nesse trabalho da memória. Permanecem no "esquecimento" da memória marcas/resíduos/restos desse *algo comum* do tempo de vida das situações de desemprego que tiveram praticamente o mesmo tempo de duração, dez meses cada uma. Não obstante essas marcas/resíduos/restos não deixam de estar vivas, mesmo que não postas em palavras. Estão à espera da decifração pelo "trabalho da memória" e sua colocação em palavras. Esse trabalho é um vaivém formulando-se perguntas a si mesmo e ao outro/sujeito expressando que a "a memória não é calma lembrança. É também luta, tensão, sofrimento":

> T. – (Nomeia-nos) você desempregado, você se olha no espelho, não tem valor: que valor você tem, o cara que está desempregado? Para a sociedade você não tem valor nenhum (silêncio) (...). Que valor que eu tenho para muitas pessoas? Você é um à parte na sociedade.
>
> E. – (Retomamos suas palavras): "você é, está à parte..." (calamo-nos).
>
> T. – (O seu corpo diz sim ao balançar a cabeça para a frente. Não consegue fazer uso da palavra, silencia).

Interrogações, perguntas que se fez o trabalhador que, no momento da narração de seu testemunho, são-nos endereçadas. Elas constituem esse trabalho da memória na busca de entendimento, de reflexão, do pensar a "penumbra" ex-

---

33 Em nossos estudos de formação psicanalítica com Dra. Dora Landa, psicanalista e psiquiatra de formação, analisamos e discutimos aspectos da problemática da memória. É de nossa inteira responsabilidade o entendimento explicitado no decorrer da narração.

perienciada naquelas situações de tempo de vida de desemprego. Ele a rememora: "você desempregado, *você se olha no espelho*, não tem valor nenhum: que valor você tem, o *cara* que está desempregado? Para a *sociedade* você não tem valor nenhum (silêncio)".

O trabalhador diz de si e do outro trabalhador, "o cara", de acordo com suas palavras, que também esteve ou está "na penumbra". Ele não tem o olhar do outro, o seu semblante que lhe contemple e lhe enderece a palavra[34], a da hospitalidade/a do acolhimento do outro/sujeito, seu semelhante. O ato de olhar-se no espelho é o dessa demanda que, em sua não realização, sobrevem que "não (se) tem valor nenhum". Essa demanda não é da ordem de ter atributos/ter coisas, ter "objetos"– a da exterioridade do sujeito na condição de agente. Esse último move-se nesse campo social e simbólico que é também o dos privilégios que provocam o sufocamento do primeiro, do sujeito/ser, senão a sua subordinação ao agente/ter. Dele fica "(...) uma parte mínima de humanidade"[35], e ainda mediada por essa exterioridade do ter/agente[36], clivada pelo meio geral da troca social, o dinheiro. O trabalhador não vê a si, sua imagem no espelho obnubilada por essa "alma exterior"[37] a quem lhe basta portar esses "objetos", na qualidade

---

34 Baseamo-nos em LANDA, Fábio. Loucura da língua e o assassinato do vivente. *Pró-posições*, Campinas, vol. 13, n. 3 (39), set./dez.2002. p. 11-17. O autor cita Philippe Lacoue-Labarthe que descreve o encontro entre Paul Celan e Martin Hedeigger, e dele "avança uma hipótese": o primeiro pedira ao segundo "(...) diga uma palavra, uma só: uma palavra sobre a dor. A partir da qual, talvez, tudo seja ainda possível. Não a "vida" (ela é sempre possível, ela era possível mesmo em Auschwitz, sabe-se bem), mas a *existência*, a poesia, a *palavra*. Quer dizer a relação ao outro". p. 11-12 (destaques nossos). Pedido não realizado. Semblante do outro ausente.

35 ASSIS, Machado de. O espelho. Esboço de uma nova teoria da alma humana. In: GLEDSON, John. (Org.). *50 contos de Machado de Assis*. São Paulo: Companhia das Letras, 2007. p. 157-158. Nesse momento de nossa narração, inspiramo-nos nesse conto do autor e o articularmos com a problemática do sujeito/agente. Cf. nota a seguir.

36 ARENDT, Hannah. *A condição humana*. p. 194-200. A autora distingue o sujeito e seus atributos. Para ela, quando se diz *quem é* ele, refere-se também aos seus atributos, *ao que ele é*. Quem é da ordem do sujeito, *o que* é da ordem do agente. Trazemos essa problemática para o campo do sujeito/agente. Cf. ROSA, Maria Inês. Do governo dos homens: "novas responsabilidades" do trabalhador e acesso aos conhecimentos. *Educação & Sociedade*, Campinas, n. 64/Especial, set.1998. p. 130-147, particularmente p. 133-134. Em nossa narração, damos continuidade a essa problemática.

37 ASSIS, Machado de. O espelho. Esboço de uma nova teoria da alma humana. In: GLEDSON, John. (Org.). *50 contos de Machado de Assis*. p. 154 e passim.

de mercadorias materiais e não materiais, simbólicas, carregadas de privilégios e de prestígio, que ao sabor das circunstâncias sociais, vê esvaziada: olha-se no espelho e não vê a si refletido mas a vestimenta cambiável dessas mercadorias e do seu fetichismo[38]. Sem elas o sujeito é tornado estritamente agente e sente-se e vê-se desnudo. O contrário sucede com o trabalhador. Ele contempla a si e, mesmo na ausência daquele semblante e de sua palavra acolhedora demandados, vê-se por inteiro, sujeito/agente, interrogando-se graças a sua capacidade de estar só[39] e em diálogo consigo – a sós (*in solitude*)[40]. É o sentimento de estar sozinho (*alone*)[41] porém em relação ao outro/ao sujeito, presente ou não, o que lhe permite essa não separação (entre sujeito e agente) e a "(...) interação entre mim e mim mesma (...)"[42]. É o diálogo consigo mesmo que o trabalhador estabelece ao olhar-se no espelho: " (...) um homem cheio de embaraços" "nesse diálogo

---

38 Inspiramo-nos nesse belo e profundo conto de Machado de Assis tendo em nosso horizonte a análise sobre o fetichismo da mercadoria desenvolvida por Karl Marx. Cf. MARX, Karl. *O capital (Crítica da Economia Política). Vol. 1: O processo de produção capitalista. Vol. 1.* cap. I, p. 79-93.
39 Sobre a capacidade de estar só do ser humano, já na tenra idade, no processo de maturação (ou desenvolvimento) biológico, psíquico, intelectual do bebê , na relação com o outro, no caso a mãe ou substituta, estando essa ausente ou não, confrontar WINNICOTT, Donald Woods. A capacidade para estar só (1958). In: IDEM, *O ambiente e os processos de maturação. Estudos sobre a teoria do desenvolvimento emocional.* cap. 2, p. 31-37; LEVINAS, Emmanuel. *Le temps et l'autre.* p. 31-38: "(...) A solidão não aparece pois como um isolamento tal qual um Robinson, nem como a incomunicabilidade de um conteúdo de consciência, mas como unidade indissolúvel entre o existente e *sua obra de existir* (...) *A solidão está no fato mesmo que há existentes.* (...). (...) o existente contrai seu existir (...)". p. 22 (destaques nossos); "(...) O presente consiste em um retorno inevitável a si mesmo (...) o existente (...) não pode se separar de si mesmo. O existente se ocupa de si – é a materialidade do sujeito (...). p. 36 (destaques nossos). Tradução livre. De acordo com o autor, a solidão não prescinde do outro, mesmo que esse esteja ausente, nessa "obra"– a do sujeito ocupar-se de si mesmo, e ela é já responsabilidade consigo e com o outro; ARENDT, Hannah. Pensamento e considerações morais. In: IDEM, *Responsabilidade e julgamento.* São Paulo: Companhia das Letras, 2004. p.251-257. As reflexões da autora se articulam, entre outros aspectos, com a distinção entre as atividades de pensar e conhecer, e ambas as atividades se presentificam na relação consigo mesmo, na relação ao outro e no espaço público enquanto esfera do político.
40 ARENDT, Hannah. Pensamento e considerações morais. In: IDEM, *Responsabilidade e julgamento.* p. 254.
41 ARENDT, Hannah. Pensamento e considerações morais. In: IDEM, *Responsabilidade e julgamento.* p. 254.
42 ARENDT, Hannah. Pensamento e considerações morais. In: IDEM, *Responsabilidade e julgamento.* p. 255.

solitário silencioso que chamamos de pensar"[43]. Ele se ocupa de si e de seu eu, de sua existência[44], "mestre do possível" que é, em relações humanas, sociais, da forma social despótica do capital sobre o trabalho. E na ausência daquelas demandas recai a sombra da solidão própria daquela posição de *homo clausus*: "você é um à parte na sociedade (...) (e não consegue fazer uso da palavra, silencia)". Sente-se estar só entre seus semelhantes no tempo de vida de desemprego a que foi lançado por essa forma social, em particular, pela relação social da compra/venda da força de trabalho. O trabalhador desempregado endereçando ao outro, a nós, Entrevistadores-Pesquisadores, a palavra exprime o sentimento de ter sido extraído desse convívio. Essa sombra inunda a sua "alma interior" e aqueles estar a sós (*in solitude*) e sozinho consigo (*alone*) graças à capacidade de estar só. Ela empreende invertê-los nessa outra solidão, a dessa posição, e se estende a esse tempo de vida de desemprego do trabalhador e o recobre. "Na penumbra" vivera esse tempo acompanhado desse sentimento e submergido na privação dos "objetos" necessários à sua sobrevivência imediata e a de seus filhos. Carência do "Cada dia do nosso pão[45] naquelas marcas que o trabalho da memória faz emergir na narração do testemunho do trabalhador, ao mesmo tempo que outras são "esquecidas", não lembradas e tornadas resíduos/restos, porém deixando, como aquelas, seus rastros na história e biografia do trabalhador, em sua memória. E nas marcas dessa vivência, nesse tempo "na penumbra", a sombra do isolamento da solidão da posição de *homo clausus*, a de sua "autoimagem" (...) característica de um estágio recente da civilização (...)"[46]:

---

43 ARENDT, Hannah. Pensamento e considerações morais. In: IDEM, *Responsabilidade e julgamento*. p. 255. A autora cita Shakespeare e sua personagem Ricardo III, e ao longo do artigo refere-se a Sócrates e a seu julgamento. Ele ousara pensar: estar sozinho (*alone*) e a sós (*in solitude*). Cf. nota 35 do referido artigo.
44 Inspiramo-nos em LEVINAS, Emmanuel. *Le temps et l'autre*. p. 35-38. Cf. nota 39 do presente capítulo. Cf. nota 25 do capítulo 2.
45 Cf. nota 24 do presente capítulo.
46 ELIAS, Norbert. *A solidão dos moribundos*. Rio de Janeiro: Jorge Zahar Editor, 2001. p. 61. O estágio a que se refere o autor concerne ao longo processo de individuação cuja culminância dá-se na sociedade contemporânea, com o seu regime econômico capitalista. Georg Simmel refere-se a esse estágio em termos também de um longuíssimo processo histórico da humanidade em que tem lugar a separação entre sujeito e objeto. Nesse processo, tem-se, juntamente, o desenvolvimento, a complexidade, e os vaivéns da relação social da troca em que o mediador e/

(...) as pessoas em geral se veem *como seres individuais, fundamentalmente independentes, como mônadas sem janelas, como "sujeitos" isolados,* em relação aos quais o mundo inteiro, incluindo todas as outras pessoas, *representa* o "mundo exterior". Seu "mundo interno" , *aparentemente*, é separado desse "mundo externo", e portanto das outras pessoas, como por um muro invisível[47].

É em oposição a essa representação de si e do outro "como mônadas sem janelas, como 'sujeitos' isolados", que o trabalhador Fresador-Ferramenteiro, contemplando-se no espelho, demanda ao outro, seu semelhante, o gesto de acolhimento/de hospitalidade, valor impalpável, sem dimensão, imaterial. Aí expressa uma outra solidão, a da capacidade de estar só e em diálogo consigo (*in solitude*) e "solitário que chamamos de pensar", inerente a condição humana que, para sua realização, já porta a (inter)dependência dos seres vivos humanos entre si – a relação ao outro e essa hospitalidade. Em tensão "na penumbra" essas duas expressões de solidão, e, pois, a tentativa por aquela outra, a da posição de *homo clausus*, de tornar real, porque experienciado como "autoimagem", na própria pele[48] do trabalhador desempregado, aquela separação do seu "mundo interior" com o entorno social, o "mundo exterior", e não um e outro dando-se nessa interdependência própria das relações humanas, sociais. Essa tentativa dessa posição se faz acompanhar de uma outra, a daquela inversão dessa solidão, da capacidade de estar só e de seus desdobramentos. Inversão essa que exprime a indiferença ao outro, tal qual a do meio geral da troca, o dinheiro, colocando no lugar da hospitalidade a destrutividade/hostilidade ao outro/ao sujeito, sobretudo por negar e abstrair essas (inter)dependência entre os seres vivos humanos, constitutivas dessas relações. Com essa inversão ela também empreende a prevalecência da exterioridade do sujeito na condição de agente que tem atributos/"objetos", sob a forma ou não de mercadorias, cambiáveis, vendáveis das quais se "desveste" ao sabor das injunções das circunstâncias[49]. Essa tentativa de prevalência dá-se

---

ou meio, e abstrato, torna-se o dinheiro. Ele torna-se o equivalente geral da troca dos "objetos" e constroi a subjetividade, ancorada nessa separação. SIMMEL, Georg. *Philosophie de l'argent*. cap. 1, p. 21-124; cap. 2, p. 125-233; cap. 3, p. 235-341; cap. 4, p. 345-410.
47 ELIAS, Norbert. *A solidão dos moribundos*. p. 61.
48 Cf. nota 28 do presente capítulo.
49 Cf. nota 38 do presente capítulo.

Penumbra: experiência, memória. Descarte do trabalhador

em detrimento do sujeito/SER, malgrado essa condição se fazer graças à inseparabilidade do sujeito/ser por inteiro do sujeito/agente[50]. Não obstante pairar sobre essa inseparabilidade e, pois, sobre o sujeito essa fantasmagoria de "um estágio recente da civilização" e da relação social da troca mercantil capitalista que o configura, ou seja, da forma social despótica do capital sobre o trabalho, o trabalhador não é despojado ("desvestido") do que lhe é próprio – o constitui como sujeito/ser e é a sua posse – a língua particular de ofício. Essa lhe foi *transmitida*[51] pela língua relação ao outro por meio da qual deu-se (e se dá) o *encontro* entre gerações de trabalhadores, entre a adulta e a jovem. Um encontro particular, o da hospitalidade que é a língua, na (inter)dependência de experiências, a coletiva e a individual. Histórias que aí se cruzaram e se interpenetraram, se confluíram, "história social individual", configuradora dessa língua particular e de sua posse por cada membro dessas gerações e da relação entretida de cada um deles com ela, consigo mesmo, com o outro, e com o coletivo de trabalhadores, em trabalho e fora de seu espaço[52]. No tempo de vida de desemprego do trabalhador, ela, essa "história social individual" e, pois, a do trabalhador, é posta "na penumbra", vida em penumbra[53]. É imposto ao trabalhador, nessa

---

50 Cf. nota 36 do presente capítulo.
51 Acreditamos que a presente narração, ancorada em nosso trabalho de pesquisa e tecendo-se no entrecruzamento com as palavras da narração do testemunho do trabalhador e palavras escritas de autores vários com distintos pontos de vista, contribui para o entendimento, senão alargamento, do que empreeendemos compreender por modo de ser profissional e/ou modo de ser trabalhador, ser profissional, sob o aporte foucauldiano do poder. Nesse sentido, confrontar notas 80, 84, 144 do capítulo 2.
52 Cf. notas 62, 63, 64, 65, 66 e páginas respectivas do capítulo 2.
53 Essas palavras do trabalhador – "na penumbra" –, na narração de nosso texto, foram por ele ditas ao perguntarmos-lhe como vivera o tempo de vida de desemprego. Nesse sentido, confrontar item 3.1, subitem 3.1.1 do presente capítulo. Cf. nota 1 do capítulo 1. Ao longo da construção da narração de nosso texto e no entrecruzamento com a narração do testemunho do trabalhador, estamos conferindo-lhes sentidos e significados em relação com a problemática que vimos desenvolvendo. E estamos fazendo, ancorados na interlocução quer com as palavras da narração dos testemunhos do trabalhador quer com palavras escritas expressas por óticas várias de diversos autores. Remetemos o leitor para outros sentidos e significados dessas palavras, associadas com outras, num contexto distinto: SCHWARTZ, Yves. La pénombre de la vie et les recentrements. In: IDEM, *Expérience et connaissance du travail*. cap. 14, p. 439-470. Ao longo desse capítulo, o autor refere-se ao termo "penumbra", p.447; "(...) " na penumbra" (...). p. 443; "(...) penumbra de hominização (...)", p. 449; "(...) de "penumbra" (...)". p. 451; "(...) "penumbra" do ser vivo (...)", p. 458. Ressalte-se que, no decorrer do capítulo, explicitando

situação social, aquela posição de *homo clausus* e o isolamento que dela decorre, e, insidiosamente, o faz sentir que "você é um à parte na sociedade", e não seu partícipe que compartilha o "mundo comum" das relações humanas, sociais. Contradição pois o sujeito/agente foi (é) constituído por essas relações e, na condição de trabalhador assalariado, e delas porta a língua particular de ofício, que o constitui também sob essa condição, bem como a essa língua que é resultado daquele encontro de experiências pelas quais o trabalhador se fez "mestre do possível" em relações de subordinação econômico-sociais do regime de trabalho despótico-capitalista.

---

ou não esse termo, o autor está analisando "a penumbra da vida", segundo suas palavras, no título desse capítulo. Ele se debruça, entre outros aspectos, sobre o processo de hominização no qual jamais se coloca a ruptura corpo (mãos, inteligência, sensibilidade, percepção) e atividade de fabricação visto que essa já é atividade humana, e industriosa, e, pois, o uso e/ou o experimentar que se faz o ser vivo humano, estando implicadas, ao nosso ver, as atividades de pensar e de conhecer. É o corpo-si, de acordo com as palavras do autor. Isso transcorre na história, não importando sob que meios de fabricação, e auxiliares, tanto dos mais rudimentares quanto aos relativos à aplicação da ciência e da técnica, nos processos produtivos imediatos, de trabalho. E isso malgrado a existência de interdições postas para o pleno desenvolvimento da atividade humana industriosa e dessas atividades, em relações sociais, humanas, heterônomas . Em outras palavras, o homem, ser da norma, que é (re)elabora as tentativas que se fazem a essa ruptura ao longo da história, calcadas nessas relações. Nesse sentido, confrontar: "(...) existirão formas de recentramento das atividades industriosas em torno do indivíduo humano". p. 462; "(...) do ajustador ao engenheiro de concepção, em todos os níveis das forças produtivas, há uma unidade profunda no distanciamento (*décalage*) entre tarefas prescritas e trabalho real: em todos os casos, a tendência ao recentramento seria, de todo modo, a busca do "livre jogo das faculdades", o corpo sendo o lugar do encontro, o campo do "jogo" dessas faculdades, o campo dessa "espontaneidade regulada" para tomar os termos de Kant (...). Com o corpo é, portanto, o *inapreensível da vida* que é solicitado". p. 466 (destaques nossos); "(...) essa parte de penumbra inapreensível assinala-nos o quanto haveria de ilusório em querer dimensionar totalmente a atividade industriosa a partir de modelos integralmene conceituais". p. 467. Tradução livre. Ainda nessa obra do autor, confrontar cap. 20, p. 706. Sobre essa problemática, confrontar SCHWARTZ, Yves. Introduction. Métier et Philosophie. In: IDEM, *Le paradigme ergologique ou un métier de Philosophe*. p. 7-68, particularmente p. 53-56. O autor refere-se à "(...) penumbra da atividade (...). p. 37; "(...) "enigma do fazer industrioso", p. 53; "(...) vida na penumbra (...), p. 55; "(...) normas de vida na penumbra" (...). p. 56. Podemos dizer, de acordo com o pensamento do autor, na Introdução: "trabalho" e/ou atividade humana na penumbra, nas drámáticas de uso de si por si mesmo, como ofício incontornável. Nesse sentido, confrontar p. 33. Sobre a definição de atividade humana industriosa, confrontar nota 161 do capítulo 2. Concernente ao termo ofício (*métier*), confrontar nota 3 do capítulo 2.

3.1.2 O trabalho avulso

Essa língua particular de ofício, então "na penumbra", palavras do trabalhador, vem à luz no tempo de vida da segunda situação de desemprego, em 2003, não no espaço do *locus* de trabalho da fábrica, no setor de Ferramentaria, mas sim no da escola de formação profissional da rede Senai (Serviço Nacional da Indústria). Nesse espaço ele realiza as atividades de trabalho real de ensinar, na qualidade de Professor, denominado de Instrutor, nessa instituição[54], durante quatro meses. Essas atividades de trabalho são realizadas sob essa condição de trabalho avulso. Vale dizer, sem qualquer vínculo empregatício e, pois, sem o registro na Carteira de Trabalho, o que significa ausência de direitos previstos na CLT Esse tipo de "serviço", segundo palavra do trabalhador, ou seja, as atividades de trabalho real de ensinar na escola não eram realizadas ao longo da semana de trabalho, na escola.

> Comecei a dar aula no Senai, tal, *amenizou um pouco* que eu estava desempregado. Só que se eu continuasse lá, dando aulas, seria muito bom (fala enfático). Só que eu estava dando duas horas aulas por dia, *não me sustentava*.
> Fresador-Ferramenteiro (destaques nossos)

O trabalhador Fresador-Ferramenteiro, em suas atividades de trabalho real de ensinar, *transmitia* aos alunos conhecimentos específicos de disciplinas da língua particular de ofício: Trigononometria, Interpretação de Desenho e a Teoria de Pitágoras. Esses conhecimentos são inseparáveis de si como sujeito/agente e na condição de trabalhador assalariado. Ele analisa que as "duas horas aulas" que ministrava duas vezes por semana, somente "amenizou um pouco" a privação dos "objetos" necessários à sua sobrevivência e a de sua família. Em outros termos, persistia essa privação sob o trabalho avulso na qualidade de trabalhador-Professor.

---

54 ROSA, Maria Inês. Formar, não treinar: o lugar da palavra. *Pró-posições*, Campinas, v.21, n.3(63) set./dez. 2010. p. 155-172, particularmente p. 157-167.

3.1.3 A longa duração do tempo de vida de desemprego

Passadas as três situações de tempo de vida de desemprego, o trabalhador Fresador-Ferramenteiro, em agosto de 2007 (após o 8º. emprego) é lançado ao desemprego. Porém o trabalhador, de imediato, não se colocou à busca/ à "procura de emprego", conforme suas palavras. Isso porque estava sob a precisão inelutável de se submeter à cirurgia de varizes nos membros inferiores visto que poderia sofrer trombose, a qualquer momento, e correr risco de vida. Para a realização dessa intervenção cirúrgica teve a "ajuda" financeira do pai, do irmão e daqueles dois membros da família nuclear da mãe. Ratearam entre si os custos desse ato médico, enquanto que um desses membros arcou com as despesas pós-operatórias, inclusive a de remédios, durante a sua convalescença. Essa "ajuda"[55] é aquela manifestação da capacidade de preocupação com o outro, valor sem dimensão/imaterial, constitutiva da hospitalidade que é a língua, relação ao outro. Acolhem-no para que, restabelecido, o trabalhador pudesse pôr-se a caminho da busca de emprego que lhe exige, de acordo com suas palavras, ir "andando, andando, andando rua por rua" dos bairros onde se concentram as fábricas metalúrgicas.

    O trabalhador, nessa ocasião da intervenção cirúrgica, já no desemprego, contava com mais de trinta anos de trabalho. Nesse tempo, trabalhara de 2ª. a 6ª. feiras, com jornada diária das 7 às 17 horas ou 17h30min., com meia hora de almoço, e sábado, quando efetuava a denominada hora-extra, a qual foi uma constante, bem como nesses outros dias da semana. A lida diária dava-se em pé, no posto de trabalho e, aí, operando a máquina e instrumentos necessários (meios de produção) à realização das atividades de trabalho real que exigiam medidas de precisão, inclusive aqueles conhecimentos disciplinares ministrados nas atividades de trabalho de ensino naquela modalidade de trabalho avulso, resultando no trabalho "bem feito", com qualidade técnica[56]. É-lhe interditado, o que também ocorre com outros trabalhadores, caminhar no espaço do *locus* onde se localiza o posto de trabalho, isso porque estaria "produzindo" tempo ocioso e/

---

55 Cf. nota 22 do presente capítulo.
56 Cf. notas 144, 145, 168 do capítulo 2.

Penumbra: experiência, memória. Descarte do trabalhador

ou poros nessa lida diária de trabalho, e não a labuta em seu interior que efetiva, no uso de si capitalístico, do trabalhador, o máximo de rendimento ou produtividade à obtenção da mais valia, tempo de trabalho excedente, não pago. Sob essas condições de trabalho, que torna o trabalho – as atividades de trabalho real – "labuta e pena", dizima-se a saúde do trabalhador[57], tenha ele ou não tendência à manifestação desse problema vascular.

Inicia o trabalhador Fresador-Ferramenteiro a busca de emprego após restabelecido desse ato cirúrgico. Vale dizer, iniciam-se aquelas peregrinações, "andando rua por rua" onde existam empresas metalúrgicas para a entrega de seu Currículo Profissional. A essas peregrinações acrescenta-se uma outra, as concernentes às agências de emprego cuja maioria, seus proprietários, se estabeleceu como agentes econômicos constitutivos da relação social da compra/venda da força de trabalho e, pois, da relação capital e trabalho[58]. Contribuem à redução

---

57 ROSA, Maria Inês. Condições de trabalho e penalização do corpo. (Depoimento). *Psicologia. Ciência e Profissão*. N. 1/90, p. 33-35; IDEM, Relações de trabalho: o dizimamento da vida do trabalhador. *Serviço Social & Sociedade*, Ano XIII, n. 38, abril/1992. p. 96-107; IDEM, *Trabalho, subjetividade e poder*. cap. 2, p. 60-66; IDEM, *Usos de si e testemunhos de trabalhadores. Com estudo crítico da Sociologia Industrial e da Reestruturação Produtiva*. cap. 5, particularmente p. 171-196; cap. 6, p. 229-253. Sobre as condições de trabalho e relações de trabalho despóticas que incidem sobre a saúde física e psicológica do trabalhador, confrontar IDEM, *A indústria brasileira na década de 60: as transformações nas relações de trabalho e estabilidade (de emprego)*. cap. 2, f. 70-119. Cf. nota 120 do capítulo 2. Sobre a questão da não relação de saúde nas relações de trabalho, na perspectiva de Georges Canguilhem, confrontar nota 71 do capítulo 2. Essa não relação de saúde acaba por incidir na penalização do corpo e dizimação da saúde do trabalhador.

58 Concernente a essa relação capital e trabalho, confrontar: MARX, Karl. *El capital. Libro I. Capítulo VI (Inédito)*. O autor escreve: "(...) *"Se concebe o capital como uma coisa, não como uma relação* (...). O capital não é uma coisa, senão determinada relação de produção social, correspondente a determinada formação social histórica, relação que *se representa* em uma coisa e confere a essa um caráter social específico. O capital não é a soma dos meios de produção materiais e produzidos. Capital são os meios de produção *transformados* em capital, os quais em si não são capital, do mesmo modo que o ouro e a prata em si não são dinheiro". p. 10, nota 9 (destaques nossos). E, ainda conforme o autor, em continuidade a essa nota explicativa: "(...) O capital não é uma *coisa*, senão uma *relação social entre pessoas*, mediada por coisas". p. 11 (o primeiro destaque é do autor, os demais são nossos). Em relação à categoria trabalho, afirma o autor: "(...) *Capital e trabalho assalariado* (assim denominamos o trabalho do obrero [operário, trabalhador] que vende sua própria capacidade de trabalho) *não expressam outra coisa que dois fatores da mesma relação*". p. 38 (destaques nossos). Tradução livre. Essa relação social capital e trabalho abarca todo e qualquer trabalhador que tem de próprio, para a sua

dos custos para o comprador dessa mercadoria, o capital, nessa transação mercantil. Essas peregrinações se constituem em uma atividade específica pois são elas a própria busca de emprego e/ou de tentativa de venda da força de trabalho para o capital. Essa atividade é entremeada pela esperança de logo obter-se emprego, ou seja, de que se efetive essa transação. Todavia, ela se esgarça a cada dia em que prosseguem essas peregrinações de incessante busca de emprego.

> Estou entrando no desespero.
> Fresador-Ferramenteiro (anotações diário de campo)

Já transcorreram onze meses de tempo de vida de desemprego, de agosto de 2007 a julho de 2008, aí incluído aquele tempo da ocorrência da intervenção cirúrgica. A atividade de peregrinações à busca de emprego prosseguia, contudo o trabalhador não era contatado, quer por aquelas empresas a que entregara seu Currículo Profissional "na(s) porta(s) da(s) fábrica(s)", quer por aquelas a quem enviara por meio da internet, e muito menos pelas agências de emprego[59]. Num encontro informal que tivemos com o trabalhador Fresador-Ferramenteiro, em abril de 2008, ele nos narrou as dificuldades de acesso às empresas para as entrevistas específicas que o avaliariam, diretamente, conduzindo-o ou não para o exame teórico-prático. Isso ocorre porque as agências de emprego fazem a intermediação entre elas e o trabalhador que demanda as vagas nelas disponíveis. Aplicam as entrevistas, como uma prévia seleção e segundo os critérios das empresas, e decidem pelo encaminhamento ou não do trabalhador à empresa para essa entrevista específica e esse exame. Ou simplesmente, as agências nem contatam o trabalhador, após tomar conhecimento de seu Currículo para essa entrevista preliminar, em função mesmo desses critérios. O trabalhador fica à mercê dessa decisão ou desse exercício de poder de controle do acesso à disponibilidade de

---

sobrevivência, somente a sua força de trabalho, sob essa "relação de produção social". Nesse sentido, confrontar notas 8, 9, 13, 14, 15, 38, 41, 42, 43 do capítulo 1. Cf. nota 3 do presente capítulo.
59 Sobre as agências de emprego, confrontar GUIMARÃES, Nadya Araujo. Flexibilizando o flexível: mercado de intermediação e procura de trabalho em São Paulo. In: GUIMARÃES, Nadya Araujo; HIRATA, Helena; SUGITA, Kurumi (Orgs.). *Trabalho Flexível, empregos precários?* São Paulo: Editora da Universidade de São Paulo, 2009. p. 271-312.

Penumbra: experiência, memória. Descarte do trabalhador

vagas nas empresas, mesmo delas tendo conhecimento e dos requisitos exigidos pelas empresas ao consultar o *site* da agência na internet. Na avaliação do trabalhador, ele poderia ser encaminhado à empresa para o devido exame de seleção graças à posse da língua particular de ofício e de seu desdobramento em anos de experiência nas atividades de trabalho real, no tempo de vida de não desemprego/de trabalho.

Essa situação já fora vivenciada pelo trabalhador no primeiro momento ou situação de tempo de vida de desemprego, acompanhada pelo descarte dessas posse e experiência e, pois, do trabalhador. Jogava-se o Currículo Profissional "no lixo", como ele expressou na narração de seu testemunho, um documento – prova condensadora e simbolizadora do fio daquele tempo de vida de não desemprego ancorado nessa língua formadora dessa sua experiência, de sua história e biografia, na condição de trabalhador assalariado. O agravante nessa situação que se *repete* no tempo e vida de desemprego concerne a esse exercício de poder de decisão e controle do acesso às empresas e vagas nelas disponíveis para o exame de seleção, por parte das agências de emprego.

O trabalhador Fresador-Ferramenteiro diz

Não é fácil

Fresador-Ferramenteiro (anotações diário de campo)

essa atividade de peregrinações na tentativa de venda de sua força de trabalho ou na busca de emprego[60]. Sobre ele recai, como lhe ocorrera naqueles outros

---

60 A longa duração do tempo de vida no desemprego se alarga, como veremos, até o início de 2010. Nesse momento, estão em curso as consequências da crise do regime econômico capitalista, sob a égide do capital financeiro, que explodiu no segundo semestre de 2008, continuando até o momento presente. Na perspectiva marxiana, esse regime e o seu modo de produção produzem e se reproduzem, com crise ou sem ela, pela criação, permanente, de um "exército de trabalhadores" e/ou de um "reservatório inesgotável de força de trabalho disponível". Em ocorrência de crise, essa parte significativa da população trabalhadora é simplesmente ampliada, e, tal qual esse modo, não reconhece fronteiras. A ampliação dessa população varia segundo as peculiaridades de desenvolvimento e historicidade de cada região e país. Ela é lançada ao desemprego de longa duração, crônico e intermitente. O trabalhador Fresador-Ferramenteiro, sob o tempo de vida de desemprego de longa duração, integra essa população. É lançado para aquele segmento dessa população denominado de categoria "estagnada", porém não deixa também de integrar o seu outro segmento, a categoria "flutuante", de acordo com Karl Marx.

momentos de tempo de vida de desemprego, a solidão e o isolamento da posição de *homo clausus*, a "penumbra" de não se estar em relação ao outro e partícipe de um mundo comum. Essa posição é aguçada no tempo de espera pelo trabalhador para ser chamado e/ou contatado pelos intermediadores das empresas, as agências de emprego, e por elas próprias à manisfestação de si, sujeito/agente, no uso que faz da língua particular de ofício e de seus vários conhecimentos técnicos, humanos, sociais, na situação de seleção e exame à vaga ofertada na relação social da troca, no caso a da compra/venda da força de trabalho. Nesse tempo de espera também se aguça o que é próprio dessa posição: a autoimagem de si que não viveria na (inter)dependência das relações humanas, sociais, mas sim na posição de "mônada"[61] e pela suspensão da relação ao outro. Lembremos que o trabalhador é forçado a vivê-la como real, em sua pele, uma vez que o mediador dessas relações e, por conseguinte, da relação de troca é o dinheiro, o equivalente geral, sendo-lhe indiferente a especificidade desse uso: o da manifestação do "mestre do possível" que é o sujeito/agente, mesmo sob o crivo das injunções do uso de si capitalístico, no regime despótico do trabalho assalariado, cuja antessala é essa transação mercantil e/ou a relação da compra/venda da força de trabalho. Nessa antessala da indiferença e, pois, da hostilidade ao outro, é o trabalhador, no tempo de vida de desemprego, arrastado, senão mergulhado, "na penumbra" da posição de *homo clausus*, "mônadas sem janelas", e de sua solidão.

3.1.3.1 O embuste

O tempo de espera de ser chamado ou contatado por dada empresa é suspenso. Uma agência contata o trabalhador para fazer "teste" numa empresa. Aí chegando, ele dirigiu-se ao banheiro para trocar de roupa, colocar a que se nomeia roupa de trabalho. Impossível fazê-lo porque não havia nenhuma privacidade, visto o banheiro estar destelhado e sem porta. Tomou o rumo do espaço do *locus* de trabalho à realização do "teste": as máquinas eram obsoletas, o local onde se

---

É a intercambiabilidade da força de trabalho já na esfera da relação social da troca. Cf. notas 7, 17 do presente capítulo.
61 Cf. notas 46, 47 do presente capítulo.

Penumbra: experiência, memória. Descarte do trabalhador

encontravam as ferramentas estava empoeirado e elas também. O trabalhador assoprou a poeira nelas acumuladas para poder utilizá-las. Pernilongos voavam em todo recinto. Nesse espaço havia ausência completa de trabalhadores, que corresponderia ao setor de Ferramentaria. Na empresa, havia um total de dez empregados. Foi-lhe pago pelo "teste" R$ 40 (quarenta reais), em espécie[62]. No momento em que o trabalhador nos narrou essa situação de embuste, apreendemos o sentimento de desolação e o daquela solidão, mergulhado que estava naquela posição que lhe corresponde. Também apreendemos que se vira obrigado a se submeter a essa situação devido a sua redução ao estrito campo da necessidade, à da situação de privação material, de penúria em que vivia, nesse tempo de vida de desemprego.

3.1.3.2 Não registro na Carteira de Trabalho

  E. – (...) Eu queria que você falasse um pouco, que hoje você está vivendo, novamente, o desemprego já desde,

  T. – outubro

  E. – do ano passado (de 2008),

  T. – do outro ano (de 2007),

  E. – (...) 2007? Não. Você não trabalhou naquela firma do setor informal?

  T. – Ahhn, cinco meses, aquilo lá não conta.

O trabalhador Fresador-Ferramenteiro, após o 8º. emprego (maio/2006 a agosto/2007), trabalhou esses cinco meses, primeiro semestre de 2008. Em outros termos, obteve emprego trabalhando esse tempo e sem o vínculo empregatício que é comprovado pelo registro na Carteira de Trabalho. Esse tempo o trabalhador expressa pelas palavras "aquilo não conta", e estende o tempo de vida de desemprego em que está mergulhado para outubro de 2007 a outubro de 2009, momento em que nos narra o seu testemunho. Nesse mês de outubro de 2007, tivera alta médica daquela cirurgia de varizes, membros inferiores, a que se

---

[62] Anotações: Diário de campo, 13/ 06/2008.

submetera. Recobre esses cinco meses de tempo de vida de não desemprego e os inclui no tempo de vida de desemprego.

Cremos que, numa primeira aproximação ao entendimento dessas palavras, elas negam esse tempo de vida de não desemprego, de trabalho. E isso é devido a esse não registro e, pois, da inexistência desse vínculo, em termos legais. Na ausência de um e de outro, o trabalhador não usufrui os denominados "benefícios", isto é, os salários indiretos, quer sob a forma de direitos, de acordo com a CLT, quer de acordos negociados entre capital e trabalho, ou seja, entre empresa e sindicato, quando da data-base de reajuste da categoria à qual o trabalhador está adstrito. Não usufrui também do patamar salarial da categoria, no mercado de trabalho, e o atinente à escala funcional do setor, no caso o da Ferramentaria onde realiza as atividades de trabalho real na área de produção da empresa. Não obstante, indagamo-nos se, com essa negação, o trabalhador não estaria "jogando no lixo", descartando esse tempo de vida de não desemprego no qual ocorreu o uso de si capitalístico propiciando tempo de trabalho excedente, não pago – a mais valia – ao empregador? Tempo esse de vida que somente pôde realizar-se graças à língua particular de ofício detida, constituída ao fio de sua história e biografia pessoal e de trabalhador assalariado, no encontro entre experiência coletiva e experiência individual e seus conhecimentos vários, diuturnamente renovados nas atividades de trabalho real. Como testemunhara o trabalhador em sua narração, o seu Currículo Profissional era "jogado no lixo", quer pelos empregados, "guardas", que trabalham nas portarias das "firmas", onde o entregava pessoalmente nas suas atividades de peregrinações à busca de emprego, quer pelos empregados do departamento de Recursos Humanos das empresas que recebiam o seu Currículo encaminhado por meio da internet. Não equivaleria à negação dos cinco meses de trabalho sem o registro na Carteira de Trabalho pelo trabalhador esse gesto e ação de descarte dessas experiências e dessa língua particular que as ancoram, bem como de sua história e biografia, que o Currículo condensa e simboliza? Podemos dizer que não há essa equivalência e nem essa negação porque esse tempo de vida de não desemprego o trabalhador fez constar no seu Currículo Profissional, no "item-Experiência Profissional (Empresas)" além de

Penumbra: experiência, memória. Descarte do trabalhador

aí citar o nome da razão social da empresa, e a condição em que fora admitido: "Sem registro na carteira: 5 meses, 2008". Essa empresa corresponde ao seu 9º. emprego. Entretanto, relutara o trabalhador em fazê-lo constar pois que se veria obrigado a explicitar que o uso de si capitalístico ocorrera, nesse tempo, sob aquelas ausências.

Acreditamos que as palavras "aquilo lá não conta", isto é, aqueles cinco meses de emprego em que se deu o uso de si capitalístico, na condição de trabalhador assalariado, implicam essa relutância do trabalhador e aludem a esse tempo de vida de não registro que é também o de não firmação de contrato de trabalho. Todavia, tanto essa relutância quanto essa alusão embutem um outro tempo, o da condição de sujeito de direto a ter direitos que o registro na Carteira de Trabalho ratifica e, igualmente, reconhece na firmação do contrato de trabalho. O tempo dessa condição é-lhe interditado e suspenso, imperando, exclusivamente, o tempo desse uso de si, o do *quantum*, na perseguição de tempo de trabalho excedente, não pago, a mais valia e sua apropriação. Sob o crivo dessa interdição da condição de sujeito de direito a ter direitos, vive o trabalhador o *desamparo* das proteções e garantias prescritas e reguladas pelo Direito do Trabalho, formuladas na CLT, em relação a esse uso. Em termos de direito, da *prova* que ele aufere, o 9º. emprego do trabalhador inexiste, mesmo que a *contraprova* seja ele constar de seu Currículo Profissional. Vale dizer, do tempo de vida de não desemprego, os cinco meses trabalhados, não há prova legal conferida pelo seu registro na Carteira de Trabalho. Formal e institucionalmente o trabalhador é situado no tempo de vida de desemprego. Nessa ótica, o trabalhador Fresador-Ferramenteiro encontra-se desempregado desde agosto de 2007 até outubro de 2009. As palavras "aquilo lá não conta" encerram essa situação de apagamento desse tempo de vida de não desemprego graças a essa inexistência. Não obstante, esse tempo consta do Currículo que se constitui naquela contraprova. Ele é relembrado na narração do testemunho do trabalhador porque ele integra a sua memória/história, ele *lhe pertence* e deixou rastros, jamais podendo ser-lhe extirpado por essa situação de apagamento e por aquela inexistência de prova. A aparente negação desse tempo que essas palavras ensejam é a própria expressão de que sua lembrança "não é calma" para o trabalhador. "É também luta, tensão, sofrimento"[63] suscitando sentimentos e emoções contraditórias que a palavra, *testemunha que é*, vê-se ultrapassada em expressá-los, na narração do testemunho.

3.1.3.3 Peregrinações, desesperanças, esperanças

T. – Que horas você levanta para procurar trabalho?

E. – Depende, depende da onde eu vou. Se o lugar é mais longe, levanto quatro e meia, quatro horas, quatro e meia.

E. – Você vai a pé?

T. – Estou indo.

E. – Está indo? Quantas horas demora da sua casa até o local a que você vai? Por exemplo, que bairro que você vai, saindo de lá (de onde mora) (...) para onde procurar?

T. – A maioria indo (do bairro Americanópolis, São Paulo, capital) para Cotia.

E. – Mas indo para Cotia (município fora da capital de São Paulo), caminho de Cotia, que bairro é caminho de Cotia?

T. – Num sei os nomes daqueles bairros, vou andando, vou achando as firmas que têm, que (entrega o Currículo Profissional).

E. – E quanto tempo demora para você chegar numa delas, que você sai tão cedo e ainda a pé.

T. – Umas três horas e meia.

E. – Três horas e meia!!! E para voltar, a mesma coisa?

T. – Ehn, aquela outra (firma) lá de Diadema , você vai para lá, leva uma, uma hora e meia.

E. – A pé para ir e para voltar?

T. – Para ir.

E. – Aí você volta de ônibus?

T. – Não. Se vou a pé, volto a pé.

E. – Uma hora e meia a pé para ir, uma hora e meia (a pé) para voltar...

T. – (Silêncio longuíssimo)

---

63 Cf. nota 30 do presente capítulo.

Penumbra: experiência, memória. Descarte do trabalhador

E. – Vou deixar ligado (o gravador), se você tiver que falar alguma coisa você fala.

T. – (Silêncio longuíssimo, mais ainda do que o anterior).

E. – Nomeamos o trabalhador (não dá para entender o que dissemos porque, emocionados, faláramos baixo demais).

T. – Desta vez, eu não tenho muito que falar, não.

O trabalhador Fresador-Ferramenteiro testemunha a atividade de peregrinações, em sua narração: "vou andando, vou *achando* as firmas que têm, que (entrega o Currículo Profissional)", indo à(s) "porta(s) da(s) fábrica(s)". Essa atividade de busca de emprego apresenta-se-lhe como vã, pois vive o tempo de vida de desemprego já há dois anos, de agosto a dezembro de 2007 (excluídos os dias de setembro/outubro (um mês) relativos àquela intervenção cirúrgica); ano de 2008 (excluídos aqueles cinco meses de tempo de vida de não desemprego, sem registro na Carteira de Trabalho); ano de 2009; e janeiro de 2010. Se nesse tempo incluíssemos o mês dessa intervenção, ele corresponderia a dois anos e um mês. Longa duração, longuíssima, para o trabalhador e seus semelhantes que se encontram nessa situação, privados que estão do dinheiro, sob forma salário, para comprar alimentos indispensáveis para si e para quem deles dependem, e não somente para poderem tomar ônibus à busca de emprego. O trabalhador peregrina percursos longuíssimos de até três horas e meia nessa busca, levando o mesmo tempo para retornar à sua casa. No caminho da peregrinação, encontra outros trabalhadores, seus semelhantes, vivendo essa situação:

E. – Você tem encontrado muita gente que está passando o que você está passando?

T. – Está cheio. Está cheio de gente.

E. – Na sua profissão?

T. – Na minha profissão, em outras profissões (silêncio).

"Está cheio de gente. Está cheio de gente", de trabalhadores, e não somente ele, vivendo sob a égide dessa privação, no tempo de vida de desemprego:

E. – Como estão (...) se virando? Vocês chegam a conversar?

T. – Ahhh (silêncio). Tem um colega meu que ele está sobrevivendo porque os filhos ajudam. Come porque os filhos trabalham.

O trabalhador Fresador-Ferramenteiro reporta-se a esse trabalhador e não a si, diretamente, para não dizer dessa privação que os arrasta à situação de penúria. Todavia (mesmo tendo dificuldades de colocarmos-lhe questões) indagamos-lhe:

E. – E você (o nomeamos), como está sobrevivendo?

T. – (Silêncio). Com a ajuda de (cita aqueles dois membros familiares) (Fala baixo).

E. – E comida de todo dia, a sua amiga, seus amigos que dão?

T. – É (fala muito baixo).

E. – É.

T. – (Silêncio longuíssimo, emocionadíssimo contém o choro, que sobrevém e, ocorrendo o mesmo conosco). Não é todo dia que eu como na casa deles (desses amigos). Por eles eu comia todo dia, mas também seria demais, não é?

Diz de si e do outro, do trabalhador que lhe é próximo, o colega, e dos mais distantes, declina a si e o outro, o *Si*, a "história social individual" por todos vivida em que são reduzidos ao campo da necessidade estrita dessa situação, a do mínimo vital: "come(m)". Está "na penumbra": "Desta vez, eu não tenho muito que falar, não".

As palavras lhe faltam, embaralham-se para exprimirem essa situação de penúria que o coloca na dependência do outro, adulto que é e trabalhador há mais de 30 anos. Tanto que esclarece que "Não é todo dia que eu como na casa deles (desses amigos)". Esse embaralhamento é o modo de as palavras dizerem dos sentimentos do trabalhador, ele emudece e o silêncio sobrevém. Toma-o funda emoção. Sentimo-nos profundamente afetados e o acolhemos, do nosso jeito, nesse momento, compartilhando o seu sofrimento pela língua, relação ao outro. As cesuras[64] postas pelo silêncio reiterado, acompanhando esse estado d'alma do

---

64 Inspiramo-nos em GAGNEBIN, Jeanne Marie. História e cesura. In: IDEM, *História e narração em Walter Benjamin*. Perspectiva: São Paulo, 2004. p. 93-114, particularmente

Penumbra: experiência, memória. Descarte do trabalhador

trabalhador, significam a não linearidade da narração de seu testemunho porque não o é a própria história, no caso a do trabalhador, essa "história social individual" a qual ela integra . Ela é prenha dos imponderáveis da forma social em que se está desenrolando, que ele e a "gente", os outros trabalhadores, vivenciam nessa situação de penúria. Um trabalhador do setor Metalúrgico com trinta e cinco anos de tempo de trabalho e experiência, tal qual o trabalhador Fresador-Ferramenteiro, declara que:

> (...) Quando cortaram a luz da minha casa por causa de R$ 80 tive de acampar com minha mulher e meus dois filhos na casa da minha sogra. Eu me sinto envergonhado, humilhado(...)[65].

A emoção incontida que manifestou o trabalhador Fresador-Ferramenteiro, após palavras ditas e entremeadas pelos silêncios longuíssimos, que as interrompiam, aquelas cesuras, aludem a esses sentimentos desse trabalhador que, como ele, foi lançado à situação de penúria. Essa situação o arrasta ao constrangimento da dependência do outro e, igualmente, esse outro trabalhador que se viu obrigado a não mais morar em sua casa com a família e, diante disso afirma que "tive de acampar" e não residir numa outra moradia.

Acreditamos também que se encontra "sem expressão"[66], em silêncio, um outro constrangimento, o de ser o trabalhador, ele mesmo,

> (...) o responsável pela falta de trabalho. O desempregado individual passou a ser vítima do desemprego social, cabendo-lhe definir estratégias para superar ou contornar essa interiorização de um problema coletivo que não causou(...)[67].

Sente-se o trabalhador "o responsável pela falta de trabalho" e, por conseguinte, pela situação de desemprego que é "um problema coletivo", social. Esse

---

p. 96-97; 100-106. Cf. GAGNEBIN, Jeanne Marie. Memória, história, testemunho. In: IDEM, *Lembrar, escrever, esquecer.* p. 49-57. Cf. nota 56 do capítulo 1.
65 O Estado de S. Paulo, 21/09/2009, B, p. 5.
66 Inspiramo-nos em GAGNEBIN, Jeannne Marie. História e cesura. IDEM, *História e narração em Walter Benjamin.* p. 101. Cf. nota 64 do presente capítulo.
67 MARTINS, José de Souza. A cultura do desemprego anunciado. In: O Estado de S. Paulo, 01/02/2009, p. J 3.

sentimento é da ordem daquela posição de *homo clausus* e do isolamento e solidão que lhe corresponde. Posição essa produzida pela forma social despótica do capital sobre o trabalho, particularmente na relação social da compra/venda da força de trabalho. O trabalhador Fresador-Ferrramenteiro encontra, na atividade de peregrinações à busca de emprego, trabalhadores – "Está cheio de gente" – que, como ele, vivem o desemprego, sendo esse "um problema coletivo". Em outros termos, disto ele tem conhecimento, entretanto, nele persiste esse sentimento e graças a essa posição experienciada como sua autoimagem, de mônada[68]. Ela retorna sobre si uma criação que não lhe pertence e da qual sofre seus constrangimentos e consequências: a criação dessa situação social de desemprego. Desse modo, aqueles sentimentos de vergonha e de humilhação pesam-lhe mais ainda, bem como a relação de dependência do outro para a sua sobrevivência imediata e a de seus dependentes.

Deparamo-nos, em outros momentos da narração do testemunho do trabalhador, com os seus silêncios[69]. Dentre outros aspectos, salientamos a insuficiência da palavra para "representar o que sentimos" e os "acontecimentos cuja importância em magnitude transcendem nossa capacidade de lhes dar a expressão que merecem"[70], o que vem ao encontro daqueles sentimentos "sem expressão", não nomeados, porém sendo experienciados pelo trabalhador na situação de desemprego de longa duração. Todavia, aqueles silêncios longuíssimos e reiterados do trabalhador literalmente interrompem a narração de seu testemunho, são "cesuras"[71], tornando-a sincopada:

> (...) O Dito tematiza o diálogo interrompido ou o diálogo retardado pelos silêncios, pelos fracassos ou pelos delírios; mas *os intervalos não são mais recuperados*. O discurso que suprime as interrupções do discurso relatando-as, não manteriam a descontinuidade sob os ligamentos onde o fio se religa?[72]

---

68 Cf. notas 46, 47, 61 do presente capítulo.
69 Sobre o nosso debruçar sobre o silêncio, confrontar notas 64, 66 do presente capítulo. Cf. notas 154, 157 do capítulo 2. Cf. nota 56 do capítulo 1.
70 Cf. nota 154 do capítulo 2.
71 Cf. notas 64, 66, 69 do presente capítulo. Cf. nota 56 do capítulo 1.
72 LEVINAS, Emmanuel. *Autrement qu'être ou au-delà de l'essence*. p. 264. Tradução livre.

Penumbra: experiência, memória. Descarte do trabalhador

"Os intervalos não são mais recuperados", postos por esses silêncios longuíssimos, e por aqueles outros longos ou não, na narração do testemunho. Mas aí eles estão na interdependência com as palavras, entrecortando-as e entrecortados pela funda emoção expressa na manifestação do choro contido do trabalhador que alude também à atividade de peregrinações contínuas à busca de emprego no que lhe é sua posse – a língua particular de ofício – amealhada ao longo de mais de trinta anos de trabalho. Dois anos desempregado e sob a peja de que é "tido velho", segundo suas palavras. "O Dito tematiza o diálogo" dos momentos pungentes, sofridos, desse tempo, silenciados, esses "intervalos", sem a palavra, porém nessa interdependência. "Dito" esse que porta outros sentidos àqueles sentimentos e, por conseguinte, àquela relação de dependência do outro que vive o trabalhador devido à situação de penúria duradora à que foi impelido na situação de desemprego de longa duração. Esses sentimentos não obnubilam que na "ajuda"[73] daqueles dois membros familiares e a dos amigos figura o sentimento da capacidade de preocupação com o outro, o trabalhador desempregado. É esse sentimento proximidade e/ou aproximação ao outro, ao sujeito/trabalhador e, através dele, aos que dele dependem economicamente, realizando-se nesse gesto de "ajuda" o acolhimento e/ou hospitalidade ao outro. Quem é acolhido e quem acolhe são afetados[74], mesmo que diferentemente, visto que o acolhedor não está na situação de penúria em que vive o trabalhador desempregado. E nem por isso ele deixa de estar vulnerável ao outro nessa diacronia e lhe responde com essa "ajuda" que permite ao trabalhador desempregado a sobrevivência imediata e de seus dependentes, mesmo que básica. Ele tem garantidos o pagamento do alu-

---

73 Cf. nota 21, 22 do presente capítulo.
74 Baseamo-nos em LEVINAS, Emmanuel. *Autrement qu'être ou au-delà de l'essence.* passim. Na perspectiva filosófica do autor, cada um de nós somos refém um do outro, já na língua, relação ao outro (hospitalidade/acolhimento), e na própria relação, em que um e outro são afetados. Cf. nota 42 do capítulo 2. Confrontar também: LEVINAS, Emmanuel. Vérité du dévoilement et vérité du témoignage. *Archivio di filosofia.* Padova, n. 1-2, 1972. p. 101-110, particularmente p. 107, em que é destacado, nessa relação, o "Dizer sem dito" (*Le dire sans dit*), antes da palavra, e impossível de tematizar e narrar visto ser ele aproximação em direção ao outro: "O Dizer antes de enunciar um Dito – e mesmo o Dizer de um Dito – *é aproximação do outro e já testemunho*". p. 107 (destaques nossos). Tradução livre. Aproximação (já essa relação) que é exposição ao outro e afetação. Cf. ROSA, Maria Inês. *Usos de si e testemunhos de trabalhadores. Com estudo crítico da Sociologia Industrial e da Reestruturação Produtiva.* cap. 4, p. 154.

guel do pequeno cômodo com banheiro no qual habita e o pagamento da pensão alimentícia de seus filhos, repartidos com esse mínimo vital necessário: "come", como expressou o trabalhador. Essas garantias, nesse acolhimento/proximidade, são praticadas por aqueles membros familiares, sobretudo por parte de um deles. É *doação* deles e dos amigos, dentre eles sobressai a da amiga, vizinha, no "Cada dia do nosso pão". Ou "(...) doação do próprio pão que eu como"[75]. Doação que manifesta essa vulnerabilidade na relação ao outro/proximidade que é exposição ao outro que questiona, senão coloca em xeque a posição de *homo clausus* e a sua autoimagem, a de mônada, e de isolamento interpostas, sobretudo na e pela relação social da troca mercantil capitalista, especificamente a da compra/venda da força de trabalho, intentando-se responsabilizar o trabalhador "pela falta de trabalho". Doação que constitui, senão é a própria *Amizade* nessa relação ao outro, aí compreendida a daquela dependência, sendo ela também essa vulnerabilidade. Essa é, por sua vez,

> A sensibilidade (que) é exposição ao outro[76]: (...) A significação um-para-outro não tem sentido senão entre seres de carne e de sangue[77].

"A significação um-para-outro" é da ordem da responsabilidade em direção ao outro, a *não indiferença*, que o "Dito" tematiza no diálogo e nos "intervalos (que) não são mais recuperados"/silêncios na narração do testemunho do trabalhador a nós, Entrevistadores/Pesquisadores. Ambos mutuamente vulneráveis, tais quais aqueles membros familiares e amigos vizinhos[78]. A amizade/doação/responsabilidade, como teia protetora, ampara o trabalhador mergulhado na situação de penúria. É ela expressão da *maternidade* – sensibilidade – na capacidade de preocupação com o outro, com o trabalhador no desemprego que

---

75 LEVINAS, Emmanuel. *Autrement qu'être ou au-delà de l'essence*. p. 116.
76 LEVINAS, Emmanuel. *Autrement qu'être ou au-delà de l'essence*. p. 120. Tradução livre.
77 LEVINAs, Emmauel. *Autrement qu'être ou au-delà de l'essence*. p. 119. Tradução livre.
78 Nesse momento da narração de nosso texto, reportamo-nos, tanto ao capítulo 2, item 2.1: notas 32, 39, 42 e páginas em sequência, quanto as notas 21, 22 do presente capítulo em que nos debruçamos sobre a "ajuda", palavra do trabalhador, por ele recebida. Destacamos, sobretudo, os seus significados de hospitalidade/acolhimento, na língua, relação ao outro. Valores sem dimensão/ imateriais que aí têm lugar. Nesse sentido, confrontar nota 74 do presente capítulo.

sofre as consequências dessa situação e da incessante atividade de peregrinações à busca de emprego. Em outros termos, ela é a manifestação da não indiferença ao outro, responsabilidade:

> (...) Estar em maternidade significa responsabilidade para os outros – chegando à substituição aos outros e até a sofrer do efeito da perseguição e do perseguido, mesmo quando o perseguidor cai no abismo. Maternidade – o carregar por excelência – carrega ainda a responsabilidade do perseguir por parte do perseguido.
> Em vez de natureza – ou antes dela – sem mediação (*l'immédiateté*) é essa vulnerabilidade, essa maternidade, esse pré-nascimento ou pré-natureza de onde vem a sensibilidade. Proximidade mais estreita – mais constrangedora – que a contiguidade, mais antiga que todo presente passado (...)[79].

Na "ajuda"/hospitalidade[80] – nessa sensibilidade – ao trabalhador, a sua dependência do outro é essa "maternidade (que) significa responsabilidade para os outros", a *não indiferença* para o outro e proximidade e, ainda, exposição mútua de um para o outro – vulnerabilidade/sensibilidade – afetação mútua em diacronia. Nudez do *Ser Sujeito*. Ela é o DIZER ("DIRE")[81] não tematizado na narração (no "Dito") do testemunho do trabalhador, o *terceiro*. É "a voz do silêncio"[82], antes da palavra, que dela faz maternidade e essas significações e, juntamente, acolhimento/hospitalidade na língua, relação ao outro. Na maternidade/amizade, presentifica-se a justiça dessa "voz" que é abstraída e negada pelo dinheiro enquanto construção e forma social de equivalente geral na relação social da troca e na da mercantil capitalista e, nela, a da relação da compra/venda da mercadoria força de trabalho. Ele, na condição deste meio, é medida e quantificação dos objetos (mercadorias) e dos privilégios decorrentes de sua possessão. Já essa justiça é da ordem da própria significância dessas significações

---

79 LEVINAS, Emmanuel. *Autrement qu'être ou au-delà de l'essence*. p. 121. Tradução Michel Thiollent. O termo "*l'immédiateté*" consta em GODIN, Christian. *Dictionnaire de philosophie*. [S.l.]: Fayard/Éditions du Temps, 2004. p. 625. Aí o seu segundo sentido refere-se a "Ausência de mediação" (2. *Absence de médiation*). Desse modo, fizemos constar os termos "sem mediação" que nos pareceu aproximar-se mais do significado que o autor quer expressar.
80 Cf. nota 21, 22, 73, 78 do presente capítulo.
81 Cf. nota 74 do presente capítulo.
82 LEVINAS, Emmanuel. *Autrement qu'être ou au-delà de l'essence*. p. 211-212.

e, antes da palavra: "(...) Proximidade mais estreita – mais constrangedora – que a contiguidade, mais antiga que todo presente passado". É a própria Amizade/ Maternidade/Doação/Proximidade – valor sem dimensão/valor imaterial[83] – na interdependência das relações humanas, sociais e, nela, a língua relação ao outro, sua especificidade, senão a maior, inescapável[84].

Essa justiça da "voz do silêncio"/ do "DIZER" – "Dizer sem dito", antes da palavra – fazendo-se na Amizade/Maternidade, presentificando-se na "ajuda" ao trabalhador desempregado, também o ampara para que ele não resvale em direção ao puro desespero nesse tempo de vida de desemprego de longa duração: de privações à sua manutenção e de seus filhos e de desesperança à obtenção de emprego, malgrado a contínua atividade de peregrinações em sua busca.

> T. – (Silêncio). Se um dia eu chegar a ir embora de São Paulo (capital), uma coisa você pode ter certeza: eu não volto mais, nem para pas-se-ar (fala compassadamente e enfático), nem para pegar um ônibus para outro canto. Ja-mais eu vou voltar, não, nem para passeio, por na-da (expressa sentimentos de dor, revolta, indignação).
>
> E. – E por que não?
>
> T. – Porque não volto. O dia que eu for embora daqui, eu não volto mais aqui. Por nada. Por nada (fala enfático) (silêncio). Nem que meu irmão morrer, for enterrado (...).
>
> E. – E para ver seu filho? Sua filha?
>
> T. – Eles vão atrás de mim (...). A partir do momento que eu for embora, eu falo para eles, olha: eu estou (não dá para entender porque as palavras se atropelam), em tal lugar. A casa do pai vai estar sempre aberta (fala para dentro, como para si próprio). Esta chuva aí está desde manhãzinha, aí (silêncio).

O trabalhador Fresador-Ferramenteiro, antes da colocação dessa última questão feita por nós, reiterara:

---

83 Sobre valor sem dimensão, confrontar nota 37 do capítulo 1. Sobre valor imaterial confrontar nota 40 do capítulo 2.
84 Sobre a negação dessa especificidade da língua e do sujeito, tomando o seu lugar o privilégio, confrontar ROSA, Maria Inês. Privilégio e apagamento do sujeito. Rio Claro, *Educação: teoria e prática*. v. 18, n. 31, jul./dez. 2008. p. 87-102.

Penumbra: experiência, memória. Descarte do trabalhador

Eu só falo isso: o dia que eu for embora (de São Paulo, capital) nunca mais eu volto, nem que meu irmão seja enterrado, eu num venho no enterro.
Fresador-Ferramenteiro

A palavra, na narração do testemunho do trabalhador, *testemunha*, nessa interlocução, que ele é empurrado àquela posição de *homo clausus* e de seus desdobramentos, o isolamento e solidão, retornando ao trabalhador desempregado a responsabilidade de um "problema coletivo", o dessa situação "social individual", a da "falta de trabalho". Empurra-o, por conseguinte, a ter como único horizonte o desenraizamento do seu *lugar de origem*, a cidade onde nasceu[85]: São Paulo. Aí ele cresceu, laços afetivos familiares e não familiares construíram-se, respaldando a sua maturação emocional, intelectual, afetiva. Na adolescência, com quinze anos, iniciou-se na lida de trabalhador assalariado, operário, laços outros se construíram impregnando as suas história, biografia e formação de trabalhador no acesso à língua particular de ofício, nas e pelas atividades de trabalho real. Nesse acesso, encontros entre gerações se deram, com base na *hospitalidade* do outro, trabalhador, na *transmissão* dessa língua e de suas heranças na convergência entre experiência coletiva e experiência individual e saberes respectivos, e interpenetração de ambas e inseparabilidade entre elas. E, no dia a dia das atividades de trabalho real, nesse tempo de encontros/hospitalidade, assim *se disse*, na narrativa de seu testemunho: "(...) sou um profissional"[86]. Vale dizer, essa língua particular de ofício é a sua posse e a sua *marca* são esse anos de trabalho, desde a adolescência, totalizando mais de trinta anos de experiências de trabalho particular, concreto. Esse tempo são, pois, as experiências e, juntamente, a história, a biografia e a formação do trabalhador; todas são tidas como supérfluas e descartáveis pelo capital, representado e figurado naquelas relações sociais e sua forma social de realização ancorada naquela posição e naqueles seus desdobramentos. Sob esse prisma elas poderão cair no esquecimento e serem banidas pela indiferença e/ou

---

85 Inspiramo-nos em ARENDT, Hannah. *As origens do totalitarismo(III). Totalitarismo, o paroxismo do poder*. Rio de Janeiro: Editora Documentário, 1979. capítulo 4º, p. 225-248, particularmente p. 248. A autora analisa o regime totalitário nazista que obrigou milhões de pessoas de origem judaica ao desenraizamento de seus lugares de origem e lares, e impôs-lhes a morte nos campos de concentração.
86 Cf. nota 84 do capítulo 2.

não hospitalidade – pela hostilidade – dessas relações humanas e as de trabalho do regime despótico do capital sobre o trabalho cuja particularidade, com base na forma social dinheiro, é a da abstração da responsabilidade ao outro – abstrações da maternidade e da justiça que ela comporta, a da "voz do silêncio". Lastro esse dessa forma que, no uso de si capitalístico, do ser vivo humano, na condição de trabalhador nesse regime, vê-se aumentado graças ao não pagamento de tempo de trabalho excedente, a extração da mais valia, apropriada, no decorrer da jornada de trabalho.

E na narração do testemunho do trabalhador, o banimento, a superfluidade e o descarte de suas experiências, história/memória e biografia de trabalhador, que se fizeram ao fio desses anos de trabalho – construtores de seu SER trabalhador[87] –, com base no acesso à língua particular de ofício, são tematizados em torno das palavras "ir embora", "eu não volto mais" as quais são reiteradas várias vezes. Reiterações essas que se associam[88] a outras: "nem que meu irmão morrer, for enterrado" retornará ao seu lugar de origem, onde transcorreu esse tempo de vida e de trabalho. Porém, os liames afetivos com os filhos não serão rompidos: "a partir do momento que eu for embora, falo para eles, olha: eu estou (...) em tal lugar. A casa do pai vai sempre estar aberta". O trabalhador Fresador-Ferramenteiro suspende essa tematização que lhe pesa n'alma, em seu ser por inteiro – corpo-próprio/corpo-si /corpo-ego –, ao se referir ao tempo: " Esta chuva aí está desde manhãzinha, aí (silêncio)."

Acreditamos que essa suspensão é feita devido à insuportabilidade daquele horizonte, quase exclusivo, posto pelo tempo de vida de desemprego de longa duração: o do banimento (desenraizamento), o da superfluidade e do descarte de *si* na condição de trabalhador, e assalariado e, por conseguinte, das experiências ancoradas nessa língua particular. É a sua memória/história e, pois, o próprio tra-

---

87 ROSA, Maria Inês. *Trabalho, subjetividade e poder*. particularmente cap. 2, p. 55-111, cap. 4, p. 155-200. Com base no aporte foucauldiano do poder, em sua positividade (produtor) e das relações de trabalho também como relações de poder sob esse caráter, tecemos a análise da construção do SER trabalhador, e na tensão com o seu outro caráter, o repressivo. Nessa tensão, o inacabamento dessa construção que se explicita nos momentos de conflitos, de reivindicações. Cf. notas 51, 86 do presente capítulo.
88 Cf. nota 64 do capítulo 2.

Penumbra: experiência, memória. Descarte do trabalhador

balhador que se empreende aniquilar, senão empurrar para o desterro. Rondam-lhe as pulsões de morte, destrutivas[89] desse horizonte calcado naquela abstração da responsabilidade ao outro e na abstração desse tempo de vida e de trabalho, abstrações que recaem sobre o trabalhador – sobre essas particularidades/qualidades – que o constituíram como sujeito/agente trabalhador possuidor dessa língua na interdependência da herança da experiência coletiva e experiência individual, em outros termos, da experiência/ "história social individual". As palavras reiteradas do trabalhador "nem que meu irmão seja enterrado, eu num venho no enterro" aludem a essas pulsões. Elas portam a perda, quase palpável, de não mais poder dar vida, na condição de trabalhador assalariado, a essa língua particular de ofício, *fonte* de sua sobrevivência imediata e de seus dependentes:

> (...) O que é um diretor se ele não pode dirigir? Ele é um projecionista sem filme, um moleiro sem grãos.
> Ele não é nada.
> Absolutamente nada[90].

Assim como o diretor, o trabalhador Fresador-Ferramenteiro é "um moleiro sem grãos", pairando-lhe o sentimento de que "Ele não é nada. Absolutamente nada":

> Dessa vez não tenho muito o que falar (fala muito baixo). *Nas outras vezes eu tinha*, mas dessa vez eu não tenho muito não (continua a falar muito baixo, para dentro) (...) num estou com muita cabeça para falar nada, não.
> Fresador-Ferramenteiro (destaques nossos)

O trabalhador já afirmara anteriormente, na narração de seu testemunho, que "Desta vez eu não tenho muito que falar não" e o reafirma nesse momento e

---

89 Inspiramo-nos em FREUD, Sigmund. *Um estudo autobiográfico*. Rio de Janeiro: Imago, 1998. p.67-73; IDEM, *Mas alla del principio del placer*. Obras Completas. Vol. I. Madrid: Editorial Biblioteca Nueva, 1948. p. 1129-1139.

90 Palavras do personagem dramaturgo Albert Jerska, no filme *A vida dos outros*, sob a direção do cineasta Florian Henckel von Donnersmarck. Alemanha (2006). Ele foi, durante dez anos, relegado ao ostracismo e impedido de realizar as atividades de trabalho real da língua particular de ofício de dramaturgo pelo regime totalitário da RDA (República Democrática Alemã). É nesse contexto que ele expressa essas palavras.

acrescenta que "Nas outras vezes, eu tinha (...)", e fala de modo quase inaudível e como se desculpasse por não poder *se* dizer e dar-nos "ajuda" para o nosso trabalho de pesquisa. Está " na penumbra", conforme suas palavras, na latência[91], as experiências amealhadas e que foram construídas, na relação ao outro, ancoradas na língua particular de ofício, sua posse, no transcurso daqueles anos de atividades de trabalho real e, com elas, o "mestre do possível" que *foi* nesse tempo de uso de si capitalístico, "mestre do possível" que ainda *é*. Essas reiterações se reportam ao tempo de vida de não desemprego, de trabalho, e à narração de seus testemunhos, anos de 1990, 2006 (por duas vezes), e ano 2009, já vivendo o tempo de vida de desemprego. Reiterações desses tempos a nós "DITO"(S), na qualidade de trabalhadores-pesquisadores, na situação de trabalho de entrevista[92]. A reiteração também se expressa pelas palavras "num estou com muita cabeça para falar nada, não". Manifesta dor moral e não somente física e, como dantes, as palavras são suspensas porque não pode *se* dizer. Endereça-as ao seu corpo-próprio/corpo-si, a sua pele. Em suma, dor e sofrimento por estar "na penumbra" a qual foi impelido pelo banimento, superfluidade, e descarte do despotismo do capital sobre o trabalho, quer pela sua antessala, a relação social da compra/venda da força de trabalho (o mercado de trabalho), quer pelo uso de si capitalístico, quando se atravessa essa antessala, e se adentra no espaço do *locus* de trabalho. Aí tem lugar esse uso calcado na representação do corpo do homem, na condição de trabalhador e escravo, enquanto "uma máquina animada", e com novos contornos: os da assimilação do funcionamento do corpo ao de uma máquina e sob a égide do domínio da língua do código de fábrica à extração da mais valia, absoluta e relativa[93]. Essa condição se (re)atualiza pelo exercício dessa língua mediante a supervisão suportada em regras e normas de controle técnico-social, no interior da divisão e da organização do trabalho, conformando o regu-

---

[91] Inspiramo-nos em FREUD, Sigmund. *A interpretação dos sonhos*. IDEM, *Um estudo autobiográfico*. p. 51-56; IDEM, *Os chistes e a sua relação com o inconsciente*. p. 151-165.

[92] Sobre a situação de entrevista como situação de trabalho, e particular, confrontar ROSA, Maria Inês. *Usos de si e testemunhos de trabalhadores. Com estudo crítico da Sociologia Industrial e da Reestruturação Produtiva*. cap. 3, p. 78-121, particularmente p. 77-79. Todo capítulo é o desenrolar dessa situação de trabalho.

[93] Cf. nota 45 do capítulo 1.

lamento punitivo, o "regulamento penal", sobre o trabalhador. Essa língua desse código é a do "látego do feitor de escravos" que prescinde da presença do feitor, configurando o despotismo do capital sobre o trabalho, o uso de si capitalístico, do homem, do ser vivo humano, na condição de trabalhador assalariado. Não obstante, esse uso só se concretiza porque há o seu contrapelo: o uso de si por si, o "mestre do possível", que é o ser vivo humano, na sua plasticidade, no caso, enquanto sujeito/agente trabalhador contra-atacando, no dia a dia das atividades de trabalho real, essa representação e seu despotismo pelo exercício dessa língua nas relações de trabalho. Ela, tal qual o dinheiro, equivalente geral da troca mercantil e capitalista, abstrai, nesse uso de si capitalístico, do trabalhador, as suas experiências e seus encontros renovados, individual e coletivamente, à realização dessas atividades. Por conseguinte, nega-se o "mestre do possível", que é o trabalhador, no uso de si por si mesmo, tendo em vista a perseguição do máximo de rendimento/de produtividade à extorsão de tempo de trabalho excedente, não pago, a mais valia. Conjugam-se esse modo de existir do dinheiro e aquelas representação e concepção da condição humana sob o regime despótico do trabalho assalariado, ou seja, esse uso do homem, uso de si capitalístico:

> A gente se sente mar-gi-na-li-zado (fala compassadamente e enfático). Por quê? Onde a gente *tem experiência que poucos têm, a gente não presta mais* para fazer isso (fala para dentro, quase não dá para entendermos) (silêncio). A gente não pode fazer mais *isso* porque a gente é velho (fala agora pausado). E os novos não têm a experiência que a gente tem (continua a falar pausado). Então, fica um negócio difícil, passou dos quarenta você é ... Você só pode se aposentar depois de cinquenta e três anos, aí esse período de cinquenta a cinquenta e três anos, como é que fica? *Como que a gente vive?* (indignação). É difícil você bater, bater, cada dia você bate em porta de fábrica e você não consegue nada. Você andar, andar, andar, você levantar de madrugada, andar, andar, andar, e nada porque você é velho, você é velho. Mas os novos (trabalhadores) não têm a experiência que a gente tem. Eles vão pegar uma coisa (o desenho) para fazer, o que que eles vão ficar (fazendo): pensando, olhando, pensando, pensando, pensando quinhentas vezes e ainda fazem errado. A gente *olha* (o desenho) já sabe o que é para fazer. Às vezes, até a gente corrigir, a gente corrige (o desenho) (fala todo esse período pausado, e contendo o sentimento de desalento). Mas o governo não vê. O governo fala tanto (enfatiza) de social, social, social, por

que ele não põe uma lei para as firmas contratar (enfatiza) não só *a gente*, como aqueles que estão passando por, pelo que eu passo?

Fresador-Ferramenteiro (destaques nossos)

As palavras da narração do testemunho do trabalhador condensam aquelas abstrações: "onde a gente tem experiência que poucos têm, a gente não presta mais para fazer isso (silêncio). A gente não pode fazer mais isso porque é velho". Em torno da condensação gravita o descarte das experiências – memória/história/formação – do trabalhador ancoradas na língua particular de ofício e tecidas no decorrer do tempo de vida de não desemprego, de trabalho. A palavra "isso", que na narração é reiterada, significa esse descarte bem como os trabalhos concretos que, ao longo desse tempo, realizou com base nessa língua, e desde a idade de quinze anos, contando nesse momento, outubro de 2009, com cinquenta anos de idade e mais de trinta anos de trabalho, de uso de si capitalístico. "A gente não presta mais" alude a este uso que se finca naquelas concepção e representação do corpo assimilado ao funcionamento de uma máquina[94], e calcadas, lembremos, numa tradição específica, a da concepção do corpo humano do trabalhador e na condição de escravo, como "uma máquina animada". Herança renovada por essas representação e concepção[95]. Sob esse ângulo, o corpo do ser vivo humano, na condição de trabalhador, se desgastaria, nesse uso, tornando-se obsoleto e, tal qual a máquina usada, põe-se de lado: " velho" – descartado. *Quem*, o trabalhador, que possui essas história/memória/formação – experiências – na qualidade de agente, e sendo por elas constituídas, na qualidade de sujeito, e na inseparabilidade de um e de outro, vê-se reduzido estritamente à primeira condição, exclusivamente como agente[96]. E, como tal, ele porta uma mercadoria a ser vendida na relação social da troca da compra/venda, a força de trabalho, no mercado de trabalho. Essa, nessa condição de mercadoria, igualmente ao dinheiro, "vira-se-a e a revira-se-a"[97] não haveria nenhum substrato qualitativo e

---

94 Cf. notas 131, 132, 133, 134, 136 do capítulo 2.
95 Cf. nota 94 do presente capítulo. Cf. cap. 2, item 2.2, subitem 2.2.1.
96 Cf. nota 36 do presente capítulo.
97 Sobre essa abstração das singularidades, nessa relação social, confrontar MARX, Karl. *O capital (Crítica da Economia Política). Livro 1. O processo de produção capitalista. Vol. 1.*

particular, ou seja, essas singularidades de si, de *quem* – sujeito/agente, trabalhador. Relembremos que o critério dessa relação social, que é o da mercadoria dinheiro, meio de troca e equivalente geral, é o do *quantum*, o da quantificação e o da mensuração à (re)produção do máximo rendimento à extração da mais valia no uso de si capitalístico, do trabalhador. É a "matematização das experiências humanas"[98] graças a esse critério, ancorado, por sua vez, nessa abstração da forma social da relação de troca, do dinheiro, e no uso de si capitalístico fundado naquelas representações e concepções do corpo humano para essa (re)produção.

cap. I, p. 41-104. O autor a analisa, sob o ângulo de longo processo histórico, em que sobreleva o dinheiro como equivalente geral ("forma dinheiro"), já sob "a forma geral do valor", de todos os produtos dos trabalhos particulares, tornados trabalho humano em geral, homogêneo. Essa configuração, para o autor, é própria da "produção burguesa", de acordo com suas palavras, malgrado esse longo processo que analisa, em que não se antevia essa "produção" como seu resultado. "A forma geral do valor, que torna os produtos do trabalho mera massa de trabalho humano *sem diferenciações*, mostra, através de sua própria estrutura, que é expressão social do mundo das mercadorias. Desse modo, evidencia que o caráter social específico desse mundo é constituído pelo caráter humano geral do trabalho". p. 76 (destaques nossos). Nessas indiferenciações, ocorre a igualização dos diferentes trabalhos concretos, particulares (e cai no esquecimento *quem* os realiza), além de "(...) "encobrir as características sociais do próprio trabalho *dos homens*, apresentando-as como características materiais e propriedades sociais inerentes aos produtos do trabalho; por ocultar, portanto, a relação social entre os trabalhos individuais dos produtores e o trabalho total, ao *refleti-la como relação social existente, à margem deles, entre os produtos do seu próprio trabalho*. (...) Uma relação social definida, estabelecida entre os homens, assume a forma fantasmagórica de uma relação entre coisas. (...) Chamo a isto de *fetichismo*, que está sempre grudado aos próprios produtos do trabalho, quando são gerados como mercadorias. É inseparável da produção de mercadorias". p. 81 (destaques nossos). Sob outra perspectiva teórica e considerando-se o processo histórico de longa duração da relação social da troca e suas mudanças que resultam num único meio/mediador da troca, o dinheiro, separando sujeito e objeto, confrontar SIMMEL, Georg. *Philosophie de l'argent*. Nesse sentido, confrontar nota 6 do presente capítulo. Cf nota 51 do capítulo 2.

98 CANGUILHEM, Georges. Milieu et normes de l'homme au travail. *Cahiers Internationaux de Sociologie*. Paris, Ed. Seuil, vol. III, Cahier Double, 2ème année, 1947. O autor analisa, entre outros aspectos, a racionalização taylorista e destaca as contribuições de Georges Friedmann em seu livro *Problèmes humains du machinisme industriel*. Paris: Gallimard, 1946, para o seu entendimento crítico e a construção de uma espécie de humanismo " (...) como filosofia a fortificar e a construir (...)", que coloque em questão essa racionalização, que se estende para além do meio de trabalho. Em relação à racionalização, salientamos que se constitui também, segundo o autor, em "(...) um método de matematização da experiência". p. 122 Tradução livre. Cf. ROSA, Maria Inês. *Usos de si e testemunhos de trabalhadores. Com estudo crítico da Sociologia Industrial e da Reestruturação Produtiva*. cap.6, p. 247. Cf. CANGUILHEM, Georges. Machine et organisme. In: *La connaissance de la vie*.p. 126.

É o reino do fetichismo da mercadoria, de sua forma social[99], nas relações humanas, no caso, tanto daquela relação social da compra/venda da mercadoria força de trabalho quanto das relações de trabalho que têm lugar no espaço do *locus* de trabalho. Em ambas as relações sociais não haveria nenhum *lastro* das singularidades do homem, na condição de trabalhador – o de sua história/memória, experiência, formação. Lastro esse que, nesse uso, acrescenta mais dinheiro ao que foi pago ao trabalhador, sob aquela condição estrita de agente (e proprietário) da mercadoria força de trabalho em sua compra/venda na relação social da troca. Possível esse acréscimo porque não há a separação do sujeito/agente[100]. Ele *é* o ser por inteiro/ Ser/Sujeito(Agente) e é como tal que se dá o uso de *Si* capitalístico pelo capital. Não obstante, esse lastro é tido como supérfluo e é descartado. Vale dizer, as experiências humanas são reduzidas a trabalho abstrato ou humano geral que não comportaria o fio das história/memória e experiências de cada trabalhador, na condição de trabalhador assalariado. São essas reduzidas a abstrações e negadas em suas particularidades. Empreende-se, repetidamente, apagá-las, malgrado seus rastros suportarem aquele critério da quantificação e dessas reduções nesse tempo de vida e de trabalho. A isso expressa o trabalhador na narração de seu testemunho: "a gente tem experiência que poucos têm". Ele demarca as particularidades de suas experiências – esses rastro/lastro – ao longo de mais de trinta anos desse tempo, bem como a sua não superfluidade. E o faz referindo-se à geração jovem: "Eles (os jovens trabalhadores) vão pegar uma coisa (o desenho) para fazer, o que que eles vão ficar (fazendo): pensando, olhando, pensando, pensando, pensando quinhentas vezes e ainda fazem errado. A gente olha (o desenho) já sabe o que é para fazer. Às vezes, até a gente corrigir, a gente corrige (o desenho)". Pela palavra "a gente", fala de si e do outro, dos demais trabalhadores que, como ele, assim procedem.

---

99 Cf. nota 97 do presente capítulo.
100 Georg Simmel considera o processo histórico de longa duração em que se configura a relação social da troca culminando no dinheiro como o equivalente geral da troca. Enfatiza nesse processo a separação sujeito e objeto e a mediação do dinheiro nas relações humanas, sociais. Guardaria o sujeito a condição de agente. Cf. SIMMEL, Georg. *Philosophie de l'argent*. Cf. notas 6, 58, 97, 99 do presente capítulo.

Penumbra: experiência, memória. Descarte do trabalhador

O trabalhador Fresador-Ferramenteiro, nessa demarcação entre ele e demais trabalhadores (membros da geração adulta) e o jovens trabalhadores, "eles" (membros da geração jovem) imprime o lastro/rastros deixados pela experiência que se sedimentou, pouco a pouco, no transcurso do tempo de vida e de trabalho. É ela, com essa sedimentação, que o conduz, num simples "olhar"[101], a realizar as atividades de trabalho real e, juntamente, a efetuar correções nos projetos (desenhos), oriundos do setor de Projetos e Métodos de Trabalho, quando necessárias, calcadas na língua particular de ofício. Dessas experiências/sedimentação, renovadas no dia a dia dessas atividades e que escapam ao enquadramento das normas do trabalho prescrito – das normas antecedentes –, carecem ainda os jovens trabalhadores por força de tempo de vida e de trabalho não transcorridos. A par disso, as palavras na narração do testemunho do trabalhador tematizam uma ausência entre ele, membro da geração adulta, e esses jovens trabalhadores (membros da geração jovem). Essa ausência é a da não *transmissão,* pela geração adulta da experiência coletiva e da experiência individual – da experiência "social individual" – dessa língua particular para a geração jovem, no encontro diuturno entre ambas no espaço do *locus* de trabalho e, aí, nas atividades de trabalho real. No vazio deixado pela ausência da transmissão, coloca-se a ruptura, entre gerações e dos liames tecidos pela transmissão/encontro graças à língua relação ao outro – hospitalidade, ruptura daquela "preciosa experiência" que o velho pai deixou para os seus filhos, no leito de morte[102]. Essa ruptura se (re)produz pela e na relação social da troca da compra/venda da força de trabalho de trabalhadores, membros da geração adulta, mediante o descarte de suas experiências e, pois, de suas histórias/memórias, formações, biografias, construídas ao longo do tempo de vida e de trabalho. São tidas como supérfluas e relegadas ao "esquecimento" como se não mais figurassem a experiência "social individual", a de cada um desses trabalhadores, em suas especificidades de uma língua particular, a de ofício, que se renova ao fio da história. Há o movimento contra o acolhimento/hospitalidade da língua relação ao outro, ganhando força o seu contrário, a hostilidade. Enfraquer-se-ia "uma certa experiência", a das

---

101 Cf. nota 8 do capítulo 2.
102 Cf. nota 17 do capítulo 2.

> (...) palavras tão duráveis que possam ser transmitidas como um anel de geração em geração?(...)[103],

palavras essas que remetem à tradição imemorial da experiência humana e de sua transmissão/transmissibilidade que as renovam no encontro entre gerações adulta e jovem, nas atividades humanas em geral, e no caso considerado, nas atividades de trabalho real. Mormente esse movimento destrutivo próprio das pulsões de morte, o movimento da vida lateja, mesmo que "na penumbra" e na interdependência com aquele. "A vida é experiência (...)"[104] e abre horizontes novos à transmissão/encontro entre gerações e à durabilidade das palavras aí transmitidas, nos espaços sociais, aí compreendido o do *locus* de trabalho e as atividades que nele se desenrolam. Esse movimento da vida guarda um outro solo que a ele remonta, o da "voz do silêncio", "riqueza silenciosa"[105] nessa transmissão/encontro: a sensibilidade/maternidade/proximidade – a hospitalidade que é a língua. Valor comum, sem dimensão, imaterial dessa "voz" que embala a vida e, pois, a experiência em direção ao outro, sujeito, em oposição àquele movimento da hostilidade/destrutividade.

Retomemos as palavras da narração do testemunho do trabalhador:

> (...) então fica um negócio difícil, passou dos quarenta você é... Você pode se aposentar depois de cinquenta e três anos, aí como é que fica esse período de cinquenta a cinquenta e três anos, como é que fica? Como que a gente vive? Como que a gente vive? (indignação). É difícil você bater, bater, cada dia você bate em porta de fábrica e você não consegue nada. Você andar, andar, andar, você levantar de madrugada, andar, andar, andar, e nada porque você é velho, você é velho (...). Mas o governo não vê. O governo fala tanto (enfatiza) de social, social, social, por que ele não põe uma lei para as firmas contratar (enfatiza) *a gente*, como aqueles que estão passando por, pelo que eu passo?
>
> Fresador-Ferramenteiro (destaques nossos)

---

103 BENJAMIN, Walter. Experiência e pobreza. In: IDEM, *Magia e técnica, arte e política*. São Paulo: Brasiliense. p. 114.
104 CANGUILHEM, Georges. Machine et organisme. In: IDEM, *La connaissance de la vie*. p.118. Cf. nota 137 do capítulo 2.
105 Cf. notas 17, 18 do capítulo 2 e páginas em sequência. Nesse momento da narração, essas últimas palavras aludem ao "DIZER", "voz silenciosa", antes da palavra. Nesse sentido, confrontar notas 74, 80 do presente capítulo.

Penumbra: experiência, memória. Descarte do trabalhador

Essas palavras do trabalhador condensam, mais uma vez, aquela condição de ser tido "velho" e, por conseguinte, o descarte de que é objeto bem como o de suas experiências. E, sob essas injunções, ele ressalta a atividade de peregrinações, incansável, à busca de emprego: "bater, bater, cada dia você bate em porta de fábrica e você não consegue nada. Você andar, andar, andar, você levantar de madrugada, andar, andar, e nada porque é velho, você é velho". Em suas reiterações depreende-se o seu cansaço tanto dessa atividade quanto dessas injunções que interditam a "porta de fábrica" abrir-se para si, como sujeito/agente possuidor de uma língua particular de ofício desdobrada naquelas experiências. É relegado o trabalhador à "penumbra", segundo suas palavras e, juntamente, são relegadas essa língua e essas experiências que ganharam vida no longo tempo de vida de não desemprego, de trabalho, e sustentaram a sua sobrevivência e de seus dependentes. No conteúdo manifesto[106] dos significados das reiterações das palavras do trabalhador há o clamor da justiça. Essa se refere aos quadros legais do direito institucional, a de sua justiça. Clama por uma lei, por parte do "governo que fala tanto de social, social, social"[107], para que as "firmas" contratem todo e qualquer trabalhador "que estão passando por, pelo que eu passo". Ou seja, que são descartados como "velhos", em plena maturidade de sua experiência de trabalho e, por consequência, não conseguem mais emprego/trabalho mediante essa experiência específica, a da língua particular de ofício amealhada ao fio de anos de trabalho e sedimentada e renovada pelas/nas atividades de trabalho real realizadas no decorrer desse tempo. Ao se reportar ao governo, o trabalhador clama também que ele e demais trabalhadores sejam tidos como sujeitos de direito a ter direitos, no caso, que seja promulgada essa lei que coíba e/ou coloque limites àquelas injunções do exercício do poder despótico do capital sobre o trabalho, já no espaço da relação social da compra/venda da força de trabalho, malgrado esse exercício calcar-se na língua do código de fábrica no espaço do *locus* de trabalho que se estende em direção a essa relação e a configura. Ambos os exercícios de

---
106 Inspiramo-nos em FREUD, Sigmund. *A interpretação dos sonhos*. IDEM, *Um estudo autobiográfico*. p. 51-56.
107 O trabalhador Fresador-Ferramenteiro refere-se ao governo do ex-presidente Luiz Inácio da Silva, Lula. Governou o Brasil durante oito anos: de 01/01/2003 a 31/12/2010.

poder, o da lei e o dessa língua, cada uma em suas especificidades[108], se conjugam à conformação e prática desse despotismo. Não obstante, o clamor de justiça pelo trabalhador é pela existência dessa coibição, mediante a lei que a aplicaria, clamor esse feito na condição de sujeito de direito que é – de ter direitos – o princípio universal desta condição: que *todos* são iguais, trabalhadores da geração adulta e da jovem, perante a lei. E o Direito do Trabalho, em sua particularidade, a de ter como "objeto" o uso de si capitalístico[109], do trabalhador pelo capital, redobraria essa aplicação e, pois, essa coibição, velando pelo seu cumprimento por parte do capital e opondo-se a esse exercício despótico e a esse ilegalismo. Paradoxo, senão contradição, cremos que ambas as coisas, porque esse último exercício não (re)conhece limites, especificamente no campo em que se o pratica, o da divisão e organização do trabalho e hierarquias correspondentes, ancoradas na língua do código de fábrica, no espaço do *locus* de trabalho, nas esferas da produção e da administração, e, por extensão, na divisão social do trabalho. Todavia, esse clamor pela lei se situa em sua não impossibilidade de colocar limites, e de coibi-lo, malgrado esses caracteres.

Há outro clamor de justiça nos significados do conteúdo latente das reiterações das palavras do trabalhador. Ela se situa para além do quadro legal-institucional do direito[110] e, pois, dessa condição de sujeito e a ter direitos. Entretanto, essa condição é dela dependente para que haja a efetivação dessa não impossibilidade.

Essa justiça já se presentificara na "ajuda"/amizade – maternidade – daqueles membros familiares e amigos na relação ao outro, ao trabalhador Fresador-Ferramenteiro, desempregado. Também se presentificara na capacidade de preocupação manifestada pelos trabalhadores da geração adulta que, no encontro com esse trabalhador, então membro da geração jovem, o acolheram transmitindo-lhe a língua particular de ofício, e alimentando a hospitalidade que é a língua relação ao outro[111]. Ela é a "voz do silêncio", antes da palavra, sensibilidade/vul-

---

108 Cf. notas 46, 80, 93, 94, 160, 175 do capítulo 2. Sobre a língua do código de fábrica, confrontar capítulo 2, itens 2.1; 2.2, subitem 2.2.1; item 2.4 e notas 88, 92, 96, 175.
109 Cf. nota 179 do capítulo 2. Cf. notas 31a 46 e respectivas páginas do capítulo 1.
110 LEVINAS, Emmanuel. *Autrement qu'être ou au-delà de l'essence*. p. 247-248.
111 Cf. notas 10, 32 do capítulo 2.

nerabilidade – maternidade – da "Proximidade mais estreita – mais constrangedora – que a contiguidade, mais antiga que todo presente passado". É, ainda, manifestação da responsabilidade para os outros, a não indiferença/hospitalidade, na proximidade. Reportemo-nos às palavras escritas que acolhem essa justiça e, por conseguinte, o seu clamor pelo trabalhador e de outros trabalhadores:

> (...) Todas as relações humanas enquanto humanas *procedem* do desinteressamento (*désintéressement*). O um-para-outro da proximidade não é uma abstração deformante. Nela se revela, de imediato, *a justiça nascida, assim, da significância da significação do um-para-outro da significação*. Isso quer dizer concreta ou empiricamente que a justiça não é uma legalidade regendo as massas humanas de onde se extrai uma técnica "de equilíbrio social" colocando em harmonia forças antagonistas – o que seria uma justificativa do Estado entregue às suas necessidades (...)[112].

Destaquemos das palavras escritas em direção ao outro, ao trabalhador e para além dele, a todos nós que "O um-para-outro da proximidade não é uma abstração deformante. Nela se revela, de imediato, a justiça nascida, assim, da significância da significação do um-para-outro da significação", da vulnerabilidade/sensibilidade na exposição "do um-para-outro", já, aí, responsabilidade em direção ao outro e, pois, *não indiferença*. Sem essa justiça, o clamor de justiça, sob a forma da lei, expresso nas significações do conteúdo manifesto das palavras reiteradas na narração do testemunho do trabalhador, não é *escutado* e se emudece. Ele permanece naquela "penumbra", imposta ao trabalhador no tempo de vida de desemprego já de longa duração. Ocorre também de essa justiça dos marcos legais não portar em seu cerne essa justiça d' "O um-para-outro", que a transcende, e essa nela não ter ressonância, de acordo com a continuidade dessas palavras escritas:

---

112 LEVINAS, Emmanuel. *Autrement qu'être ou au-delà de l'essence*. p. 247-248 (o primeiro destaque é do autor, os demais são nossos). Tradução Michel Thiollent. Escrevemos no original a palavra "désintéressement" e dela permaneceu essa tradução porque ela não equivale à ausência de interesse no contexto da obra do autor. O sentido mais próximo, cremos, está presente em GODIN, Christian. *Dictionnaire de philosophie*. "Esquecimento ou sacrifício de seu interesse pessoal imediato. Não há desinteressamento ("*désintéressement*") senão em relação a um interesse mais profundo. O desinteressamento ("*désintéressement*") não é o desinteresse (ausência de interesse). p. 321.

A justiça é impossível sem que aquele que a exerce se encontre ele mesmo na proximidade. Sua função não se limita à "função do julgamento", à subsunção de casos particulares sob a regra geral. O julgador não está fora do conflito, mas *a lei está no seio da proximidade*. A justiça, a sociedade, o Estado e suas instituições – *as trocas e o trabalho entendidos a partir da proximidade* – isso significa que *nada escapa ao controle do um-para-outro* (...)[113].

Nenhuma relação humana, não importa a instância em que tenha lugar, subtrai-se a essa justiça da "voz do silêncio" – "O um-para-outro da proximidade", que tanto essas quanto aquelas palavras escritas sublinham em direção do clamor dessa "voz" nas significações do conteúdo latente das palavras da narração do testemunho do trabalhador. A lei a isso não escapa, ela "está no seio da proximidade", da responsabilidade, "d'O um-para-outro". Como tal, ela deverá portar, em seu âmago, a sensibilidade e vulnerabilidade – a maternidade – esta responsabilidade, diremos *do* político, a do bem comum. O clamor de justiça dos significados do conteúdo manifesto daquelas palavras do trabalhador, se realizado pela lei, só se revestirá plenamente do *novo* e indo ao encontro da efetivação de apor limites ao exercício do poder despótico do capital, no espaço do *locus* de trabalho e fora dele, na relação social de compra/venda da força de trabalho, *se* não se subtrair a esse fio imemorial da proximidade, "mais antiga que todo presente passado", – de seu "controle do um-para-outro" e de sua responsabilidade/hospitalidade. A plena condição de sujeito de direito e a ter direitos se coloca como possível nesse (re)encontro desse fio imemorial da justiça nas relações humanas, aí compreendidas as desses espaços sociais. Em outros termos, essa plena condição se coloca no (re)ligamento dessa justiça do "DIZER"("DIRE")[114] questionadora da indiferença, da hostilidade dirigidas à condição humana do trabalhador no seu tempo de vida de desemprego e no de não desemprego/trabalho: "(...) – as trocas e o trabalho entendidos a partir da proximidade", d'"O um-para-outro". Nesse sentido, a continuação daquelas palavras escritas vem ao encontro do clamor dessa justiça pelo trabalhador, ao enfatizarem que

---

113 LEVINAS, Emmanuel. *Autrement qu'être ou au-delà de l'essence*. p. 248 (destaques nossos). Tradução Michel Thiollent.
114 Cf. nota 74 do presente capítulo. Cf. nota 42 do capítulo 2.

Penumbra: experiência, memória. Descarte do trabalhador

Importa que se reencontrem todas essas formas (as que foram ditas anteriormente por essas palavras escritas) a partir da *proximidade* em que o ser, a totalidade, o Estado, a política, as técnicas, o trabalho estejam em cada instante a ponto de terem seu centro de gravitação em si mesmos, e pesarem por si próprios[115].

E sob a ausência desse reencontro de proximidade – "O um-para-outro" ou daquele (re)ligamento dessas formas, ou seja, "a justiça, a sociedade, o Estado e suas instituições – as trocas e o trabalho" e, ainda, "a política", "as técnicas", "o ser", "a totalidade" – proximidade e (re)ligamento que permanecem, entretanto, na *"significância"* das *significações* do conteúdo latente das palavras do trabalhador, na narração de seu testemunho, prossegue o trabalhador a atividade de peregrinações à busca de emprego. Retomemos à narração de seu testemunho, lembrando que, nela, a palavra é *testemunha* dessa atividade, incansável:

> (...) É difícil você bater, bater, cada dia você bate em porta de fábrica e você *não consegue nada*. Você andar, andar, andar, você levantar de madrugada, andar, andar, andar, *e nada*.
> Fresador-Ferramenteiro (destaques nossos)

Ao lado dessa atividade de peregrinações "em porta de fábrica" entregando o Currículo Profissional, o trabalhador envia-o também, por meio de internet, às empresas bem como às agências de emprego. Ele dirige-se, pessoalmente, a essas últimas com o intuito de saber se, de fato, não haveria nenhuma vaga nas empresas, nas atividades de trabalho real que realizou por mais de trinta anos. Recordemos que isso demonstra o controle, o exercício de poder, por parte das agências, das vagas que as empresas notificam nelas existirem e com base no fato de que são elas que efetuam o primeiro momento de exame de seleção, mediante o Currículo do trabalhador e contata-o comunicando-lhe sobre a vaga e o encaminha para as empresas à realização do "teste"/exame teórico-prático. E "não consegue nada", "nada" de emprego, o que se estende já há dois anos.

---

115 LEVINAS, Emmanuel. *Autrement qu'être ou au-delà de l'essence*. p. 248 (destaque nosso). Tradução Michel Thiollent.

Persiste a situação de penúria do trabalhador. Sobrevive com aquela "ajuda" daqueles dois membros familiares e de amigos e por meio de "bicos", segundo suas palavras:

E. – Que bicos você faz?

T. – O que aparece (silêncio). Encher laje, fazer massa (silêncio longuíssimo, segura o choro, as lágrimas teimam em vir, abaixa a cabeça, levanta-a e olha para longe).

Esse momento da narração do testemunho do trabalhador transporta-nos àquele outro momento em que ele fora indagado por nós, Entrevistadores-Pesquisadores, sobre essa situação de penúria e essa "ajuda"[116]. Do primeiro momento, destacamos, dentre outros aspectos, que essa "ajuda" se é relação de dependência do outro, que lhe estende a mão, é essa relação também hospitalidade e abrigo/amizade – maternidade – e aquela justiça da "voz silenciosa", antes da palavra, nessa situação de penúria a que foi impelido o trabalhador, no tempo de vida de desemprego. Também ressaltamos, em sequência a esse momento, o sentimento de perda, quase palpável, não da posse da língua particular de ofício, mas de não mais poder dar-lhe vida, na condição de trabalhador assalariado, fonte que ela foi de sua sobrevivência e de seu Ser/Sujeito trabalhador, ao longo de mais de trinta anos de trabalho. A "penumbra" é-lhe reservada. Em ambos os momentos, a manifestação de funda emoção do trabalhador, em que também nos sentimos afetados, e o silêncio duradouro, sincopando as palavras, na língua relação ao outro, ao sujeito. Desse outro segundo momento, destaquemos que ele se faz acompanhar do "DIZER"("DIRE"), daquele clamor de justiça, o dessa "voz", antes da palavra. Vulnerabilidade/sensibilidade, nesse clamor de justiça, e também "é exposição ao outro", proximidade e essa afetação d'"O Um-para-

---

116 Cf. cap. 2, item 2.1, notas 32, 39 e páginas em sequência. Cf. notas 22, 78, 80 do presente capítulo. Nesse momento de nossa narração, graças ao entrecruzamento com a narração do testemunho do trabalhador, de suas palavras, portamos outros significados à palavra "ajuda" por ele expressa e endereçada ao outro, a nós, entrevistadores-pesquisadores, e para além de nós, ao "DIZER", a "voz do silêncio", justiça, antes da palavra: hospitalidade/ maternidade/ amizade – não indiferença ao outro.

outro", sem a proteção que, por vezes, a palavra fornece e detém. Nudez[117] nessa exposição e clamor que se presentificou nessa "ajuda"/acolhimento – hospitalidade. Essa presentificação, que é também essa proximidade, fortalece o trabalhador nessa exposição ao outro e para além dela, para trabalhar "(n)o que aparece" para o seu sustento imediato, comer, devido àquela situação de penúria a que foi relegado no tempo de vida de desemprego.

Esses trabalhos, denominados de "bicos" pelo trabalhador, não são atividades que tenham regularidade no tempo, são meramente pontuais, com duração de algumas horas, um dia ou até dois, no máximo. Não se constituem em atividades de trabalho avulsas, como aquelas efetuadas, anteriormente, pelo trabalhador[118]. E "(n)o que aparece" de "bicos, além daqueles de "encher laje, fazer massa", está a atividade de trabalho de Motorista particular realizada pelo trabalhador. Ele decide efetuar o curso regular para Motorista, categoria D, que lhe permitirá dirigir caminhões de transporte de cargas. Essa decisão é por ele tomada porque já tem a experiência daquela atividade de Motorista e, assim, talvez, obtivesse emprego nessa outra condição. Busca resolver um "problema que é coletivo"[119] e que o implica e o arrasta àquela posição de *homo clausus* e àquela situação de penúria. Para a realização desse curso, teve a "ajuda" daquele membro familiar que mais o ajudou financeiramente. Esse membro pagou o curso bem como as taxas para a efetivação do exame para essa categoria profissional de Motorista. De posse de seu documento comprobatório, a carteira de Motorista-Categoria D, iniciou também a busca de emprego nesse novo campo de trabalho. Colocava-se-lhe a possibilidade de não mais trabalhar em atividades não regulares, esporádicas, os "bicos". Em seu Currículo Profissional foi incorporada essa formação e aqueles trabalhos, esporádicos, de Motorista particular. O outro membro familiar, atendendo aos anúncios de empregos de vagas de ambas as categorias de Motorista, encaminhou diversos Currículos, por meio de internet e pelo correio. Jamais houve, por parte dos interessados, qualquer contato, com exceção de um deles, que, após entrevista, não selecionou o trabalhador.

---

117 LEVINAS, Emmanuel. *Autrement qu'être ou au-delà de l'essence*. p. 116.
118 Cf. item 3.1.2 do presente capítulo.
119 Cf. nota 67 do presente capítulo.

Esse momento foi em setembro de 2009, e o trabalhador já se encontrava, no tempo de vida de desemprego de longa duração, há mais de um ano e meio. Em novembro desse ano, o trabalhador Fresador-Ferramenteiro foi à busca de emprego para uma vaga de porteiro[120].

Nesse tempo de realização dessas atividades de trabalho não regulares, continua o trabalhador a atividade de peregrinações à busca de emprego na atividade de trabalho real da qual tem a posse da língua particular de ofício: a "bater, bater, cada dia, você bate em porta de fábrica", entregando o Currículo Profissional, enviando-o, por meio de internet, às empresas e às agências de emprego, e nessas indo também pessoalmente verificar a existência de vagas. Uma delas o contatou:

> (...) falei (para o empregado que o atendia), a última ("firma") que *trabalhei* foi esta, trabalhava *como informal*, eles *não me registraram*. 'Ai, ai', ele (este empregado) diz: 'Mas é esta firma mesmo'. Aí ligaram para lá (para a "firma"), eles falaram: 'eu não trabalho com *gente* que *trabalhou* aqui (imita o modo de eles falarem, com desdém)'. Ah, paciência. Era para ser registrado (lamento), ganhava mais do que eu estava ganhando na época, sem registro (silêncio).
> Fresador-Ferramenteiro (destaques nossos)

"Eles (os empregados do departamento de Recursos Humanos da "firma") falaram: "eu não trabalho com gente que trabalhou aqui"'. Lembremos que essa empresa, "firma", que não registra "gente", trabalhadores que nela trabalharam, "sem registro" na Carteira de Trabalho, corresponde ao 9º. emprego (primeiro semestre/2008) do trabalhador Fresador-Ferramenteiro. Aí trabalhou durante aqueles cinco meses. Ele foi dispensado com outros trabalhadores do setor de Ferramentaria, se bem lembramos, sob a mesma condição de uso de si capitalístico, no que tange à ausência desse registro que não somente formaliza o vínculo empregatício mas, sobretudo, garante os direitos do trabalho, de acordo com a CLT e a proteção legal à sua pessoa, nesse uso de si à extração da mais valia, de tempo de trabalho excedente, não pago. Essas palavras dos empregados da "firma", como representantes do capital e, pois, de sua língua, a do código de

---

120 Anotações: Diário de campo, setembro a novembro/2009.

Penumbra: experiência, memória. Descarte do trabalhador

fábrica, no exercício de suas atividades de trabalho real, portam a *indiferença* ao outro, ao ser vivo humano, na condição de trabalhador assalariado, pondo no esquecimento aquela justiça – "O um para-outro da proximidade" – que já é vulnerabilidade/sensibilidade na relação ao outro, e do qual *procede* toda relação humana[121]. No esquecimento dessa justiça, essas palavras manifestam a hostilidade nessa relação, ancoradas que estão nessa indiferença dessa língua e de seu exercício de poder despótico sobre o trabalho, e para além do espaço do *locus* de trabalho, no espaço da relação social da compra/venda da força de trabalho. O outro/o sujeito é por ela abstraído e é desdenhado, descartado, após ter ocorrido o uso de si capitalístico durante aqueles cinco meses "sem registro" na Carteira de Trabalho. Depreende-se, ainda, na manifestação dessas palavras, que a empresa tem como política interna a prática do ilegalismo patronal[122] que se constitui no não cumprimento dos direitos do trabalhador, no caso, esse não registro do vínculo empregatício, sob a forma de contrato de trabalho, no documento do trabalhador, prova do tempo de uso de si capitalístico no tempo de não desemprego/de trabalho, na condição de trabalhador assalariado, e de suspensão dessas garantias e proteções ao trabalhador durante esse uso. Com essa política e sua prática, a empresa tem reduzido os custos sob a forma salário porque não paga para a força de trabalho do trabalhador "sem registro" o mesmo montante, o mesmo preço, que se paga para a força do trabalhador com registro, com contrato de trabalho: "Era para ser registrado (lamento) ganhava mais do que eu estava ganhando na época". Afora o fato de a empresa economizar nos chamados "benefícios", os salários indiretos: restaurante, seguro-saúde, vale-transporte, e no dispêndio de direitos: férias, 13º.salário, mesmo que proporcionais ao tempo de serviço, de trabalho na empresa. Por outro lado, tem-se, com essa política e prática, internamente no espaço do *locus* de trabalho, no caso do setor de Ferramentaria, a desigualdade em torno das faixas salariais em relação aos trabalhadores que

---
121 Cf. nota 112 do presente capítulo.
122 Cf. capítulo 2, item 2.2, subitem 2.2.1. O ilegalismo patronal escora-se na língua do código de fábrica. Nesse sentido, confrontar notas 88, 92, 96, 175 do capítulo 2. Cf. ROSA, Maria Inês. *A indústria brasileira na década de 60: as transformações nas relações de trabalho e a estabilidade (de emprego)*. cap. 2. f. 70-114.

realizam as mesmas atividade de trabalho real, como ocorrera com o trabalhador Fresador-Ferramenteiro e demais trabalhadores que tiveram a compra/venda de suas forças de trabalho não regidas pelo estatuto do Direito do Trabalho, que a CLT configura e normatiza, como o contrato de trabalho e seu registro na Carteira de Trabalho. Discriminam-se, entre si, os trabalhadores. Esse ilegalismo patronal e, pois, essas política e prática, escoram-se naquelas indiferença/hostilidade e naquele desdém ou escarnecimento do outro, do trabalhador assalariado de *quem* fez o uso de si capitalístico. Ele se escora na língua do código de fábrica que lhe dá o suporte e conforma o poder despótico do capital sobre o trabalho, nesse espaço e no social. Naquele lamento entrevisto nas palavras do trabalhador está a ausência tanto dessa justiça institucional quanto daquela outra, a da justiça d' "O um-para-outro" – proximidade/responsabilidade. A essas ausências segue-se aquele silêncio, o não dito – sem palavra –, na narração do testemunho do trabalhador, ausências sentidas na sua pele, no seu corpo-próprio, entrevendo-se o clamor dessa segunda justiça, a da "voz do silêncio" – antes da palavra.

E o trabalhador Fresador-Ferramenteiro prossegue a atividade de peregrinações à busca de emprego em atividades de trabalho real que realizou graças a língua particular de ofício, ao longo dos mais de trinta anos no tempo de vida de não desemprego, de trabalho assalariado. Lembremos que já são passados dois anos de tempo de vida de desemprego e de o trabalhador estar reduzido ao campo da necessidade: "come", de acordo com suas palavras. Em dado momento da narração de seu testemunho expressa que está

> Triste (fala baixo) (silêncio), tão triste. É, depois de tantos anos de trabalho, *tanta experiência, tantos cursos que eu fiz, agora* não valem nada (fala pausado, baixo) (silêncio). Para que fez tantos cursos (silêncio). Tem *gente* que tem mais curso do que eu e está assim também. Está na mesma que eu, na mesma situação (continua a falar baixo, pausado, manifestando grande tristeza) (silêncio longuíssimo) ...
>
> Fresador-Ferramenteiro (destaques nossos)

As palavras, seu encadeamento, são interrompidas pelos silêncios, um deles tão longo, tão duradouro, que julgáramos que o trabalhador, nesse momento, não mais usaria da palavra. No entanto, em sequência, dela faz uso:

Penumbra: experiência, memória. Descarte do trabalhador

Por isso eu acho que ele devia fazer (fala para si, tão baixo que é quase impossível ouvir), fazer medida provisória, por que não faz medida provisória para ajudar esse pessoal de quarenta, cinquenta anos a trabalhar (...)?
Fresador-Ferramenteiro

O trabalhador Fresador-Ferrramenteiro, nessa sequência de sua narração, clama para o presidente da república[123] expresso pela palavra "ele" e não pelo seu nome próprio, assim, tomando distância na relação ao outro. E desse modo procede por acreditar que "ele" não desconheça essa situação que ele e a "gente", os demais trabalhadores, estão vivendo nessa atividade de peregrinações à busca de emprego, no caso a de discriminação de que são objeto devido à idade, ao arrepio da Constituição do país[124]. Poderíamos dizer que o trabalhador estaria personificando, na pessoa do presidente, o exercício de poder. Todavia, ao endereçar-lhe o seu clamor de justiça, institucional, aquele outro clamor é-lhe também endereçado, o da "voz do silêncio"[125] – o de sua justiça: da proximidade/da vulnerabilidade, da responsabilidade para o outro visto que "nada escapa ao controle do um-para-outro" que se move na hospitalidade/acolhimento do outro. Na ausência dessa última justiça nas relações humanas da forma social despótica configurada pelo regime de trabalho assalariado e a sua antessala, a da relação social da compra/venda da força de trabalho, a justiça institucional é tolhida, para não dizer, é colocada em suspensão, e sobrévem o desamparo do trabalhador reduzido à situação de penúria, ao mínimo vital à sua sobrevivência. Os silêncios e aqueles longuíssimos, que entre eles sobressaem, interrompem a narração do testemunho do trabalhador e, mais uma vez, entrecortam as suas palavras. Os intervalos que se colocam na narração jamais serão recuperados[126] mas são eles interdependentes com as palavras, e essas e eles amalgamam-se na manifestação do sentimento do trabalhador: "Triste (fala tão baixo) (silêncio), tão triste". Sentimento esse que se esparrama por todo esse momento da narração, suspenso somente por esse

---

123 Cf. nota 107 do presente capítulo.
124 *Constituição da República Federativa do Brasil*. São Paulo: Atlas, 1989. cap. II, XXX, p. 20.
125 Cf. notas 80, 105, 112, 113, 115 do presente capítulo.
126 Cf. nota 72 do presente capítulo.

177

duplo clamor de justiça. Na narração o "DITO"[127] a tematiza, mesmo com esses intervalos e/ou pela interrupção dos silêncios. Ele nos orienta à apreensão do significado desse fundo sentimento de tristeza.

Cremos que esse significado é de um outro sentimento que é o daquela perda, quase palpável, no sentido de que jamais virá a dar vida à língua particular de ofício, na condição de trabalhador assalariado e, pois, empregado, mormente o trabalhador continuar a ter a sua *posse,* na condição de agente portador de uma mercadoria particular, a da força de trabalho, que é constituída por essa língua. Todavia esse sentimento significa também uma outra ameaça, a do descarte de seu tempo de vida e de trabalho – que é o de sua história pesssoal/sua biografia e memória, e experiências, em suma, de si próprio como trabalhador, ao longo de mais de trinta anos de trabalho. E a isso se reporta ao enfatizar: "É, depois de tantos anos de trabalho, tanta experiência, tantos cursos que eu fiz, agora não valem nada". Nas reiterações do fio do tempo pelas palavras "tantos"/"tanta" sobressai o tempo de trabalho qualitativo e não o tempo de trabalho abstrato, quantitativo. E esse tempo de trabalho qualitativo é o da língua particular de ofício, um "bem imaterial"[128], muito particular, que transcende essa sua posse nessa condição de agente portador (proprietário) da mercadoria força de trabalho. Melhor dizendo, a *posse* se configura como esse bem e/ou a qualifica e a particulariza e, como tal, o trabalhador a "reteve como um bem pessoal"[129] e dela nunca será despojado, mesmo se essas ameaças se realizem: ela o constitui como sujeito e na somente enquanto esse agente que a porta, significando que a perda jamais se dará plenamente bem como o estado de luto, que dela se avizinha[130].

---

127 Cf. nota 114 do presente capítulo.
128 MARTINS, José de Souza. Simples e velha honestidade. In: O Estado de S. Paulo, 15/07/2012, p. J6. Cf. nota 40 do capítulo 2.
129 Cf. nota 128 do presente capítulo. Sob essa ótica do autor, podemos considerar o SER profissional e/ou o modo de SER profissional, como esse bem imaterial retido pelo trabalhador Fresador-Ferramenteiro, mesmo na perspectiva de poder foucauldiana, em sua positividade, construtor desse SER/Modo, que desenvolvemos em ROSA, Maria Inês. *Trabalho, subjetividade e poder.* Nesse sentido, confrontar notas 46, 80, 84, 144 do capítulo 2.
130 Em nossa narração, no entrecruzamento de nossas palavras escritas com as palavras da narração do testemunho do trabalhador Fresador-Ferramenteiro, apresentamos a não efetivação da perda da língua particular de ofício, porém inspiramo-nos em SIGMUND, Freud. *Duelo y melancolia (1915 [1917]).* Obras Completas. Madrid: Editorial Biblioteca Nueva, 1973.

Penumbra: experiência, memória. Descarte do trabalhador

Relembremos, concretizando-se essas ameaças, o trabalhador sentir-se-á tal qual aquele trabalhador, dramaturgo e cineasta que *se* diz:

> O que é um diretor se ele não pode dirigir? Ele é um projecionista sem filme, um moleiro sem grãos.
> Ele não é nada.
> Absolutamente nada[131].

Nesse sentido, esse "bem imaterial"/ "pessoal", a língua particular de ofício, permenecerá "na penumbra", palavras do trabalhador, e sem a chama da vida. Essa língua reporta o trabalhador a *tantas* lembranças de *encontros* vários, dentre eles o encontro com membros da geração adulta que a *transmitiram*, acolhendo-o, e a ensinaram-lhe, em sua adolescência e juventude e, aí, dando-se a sua *tradição* já renovada, no aqui e agora, das atividades de trabalho real. Nessa transmissão e acolhimento/hospitalidade nas atividades de trabalho real e, nessas, as de ensinar vivificava aquele fio invisível que aquele velho pai, em seu leito de morte, transmitiu aos filhos, no encontro entre experiência coletiva e experiência individual[132]: a de uma "riqueza" "preciosa", a "preciosa experiência", valor sem dimensão, que essas ameaças situam como "agora não valem nada".

Esse descarte, em sua hostilidade ao outro, ao trabalhador e suas experiências, pelo uso de si capitalístico no processo imediato de trabalho, no espaço do *locus* de trabalho, e pela sua antessala, a da relação social da troca da compra/venda da força de trabalho, empreendem a suspensão dessa transmissão e a ruptura do fio entre gerações. Transmissão e fio esses conformadores da língua particular de ofício como "bem imaterial"/ "pessoal" e essas riquezas, enquanto também esse bem. E com esse empreendimento coloca-se uma nova penúria, a da "pobreza de experiência" e se tenta apagar os rastros[133] desse duplo bem imaterial, jamais quantificável, retido pelo trabalhador e demais trabalhadores, "esse

---
      p. 2091-2100. O autor considera o luto e o seu trabalho em relação à perda do objeto amado, seja pessoa ou ideias, quando ela se efetiva.
131 Cf. nota 90 do presente capítulo.
132 Remetemos o leitor ao cap. 2, item 2.1 e páginas em sequência.
133 Inspiramo-nos em BENJAMIN, Walter. Experiência e pobreza. In: IDEM, *Obras escolhidas. Magia e técnica, arte e política*. Vol. 1. p, 118-119.

pessoal de quarenta, cinquenta anos", que sobre eles recaem essa nova penúria, a par com a penúria material, a da redução ao estado da necessidade, "come(m)", no tempo de vida de desemprego de longa duração.

As palavras escritas "Não somos descartáveis", constantes de um cartaz na manifestação, no espaço público, contra o desemprego, em Portugal, em 12 de março de 2011[134], aludem a essa tendência, a dominância, da "pobreza de experiência" e, pois, dessa ruptura entre gerações. Elas remontam a essa "riqueza" "preciosa", imaterial, e por ela clamam. Clamam também para aquela "voz silenciosa", à sua justiça d' "O um-para-outro" que com essa tendência vê-se exangue porque essa última ancora-se no descarte do ser vivo humano, na condição de trabalhador assalariado. Ele é tido como supérfluo e, por conseguinte, o seu tempo de vida e de trabalho, suas experiências, no que concerne ao integrante da geração adulta. Todavia, também o é aquele que integra a geração jovem para quem está ainda por realizar este tempo e sua relação subjetiva com a língua particular de ofício, aquele "bem imaterial"/"pessoal", valor sem dimensão, em ligação com "as palavras tão duráveis" dessa "voz" na transmissão daquele fio da tradição, renovada, "como um anel de geração em geração"[135]. Essas palavras escritas são interdependentes àquelas expressas pelo trabalhador: "É, depois de tantos anos de trabalho, tanta experiência, tantos cursos que eu fiz, agora, não valem nada". Ambas as palavras remetem a essa tendência do empobrecimento da experiência/ da "pobreza de experiência", dando-se para além da esfera do trabalho, de seus espaços dos *locii* imediatos de trabalho, nas relações humanas, no social. Isso significa que esse empobrecimento se estende para as esferas do mental, intelectual, afetivo (pessoal)[136]. O efêmero e o supérfluo tendem a ser o horizonte nessas relações e, por conseguinte, poderão ter lugar esses empobrecimentos. Contudo, um dos significados da palavra horizonte é o tempo portando o intervalo de

---

134 As palavras desse cartaz foram apresentadas por PAIS, José Machado. Conferência: A esperança em gerações de futuro sombrio, em 19/10/2011. In: *Seminário Internacional sobre Sociologia e Esperança*. Cidade Universitária, São Paulo, SP, Prédio de Filosofia e Ciências Sociais, FFLCH-USP, setembro e outubro /2011.
135 Cf. nota 103 do presente capítulo.
136 Sobre esse empobrecimento, confrontar ROSA, Maria Inês. Formar, não treinar: o lugar da palavra. *Pró-posições*, Campinas, v. 2, n.3 (63) set./dez.2010. p. 155-172.

nascimento e morte[137] e, juntamente, esse clamor de justiça da "voz do silêncio", antes da palavra, da qual essas relações não escapam ao seu controle, d'"O um-para-outro"[138] – da proximidade e da responsabilidade em relação ao outro. E esse significado é obscurecido, senão barrado, nessa tendência de horizonte à dominância do instantâneo e supérfluo, graças a esses descartes. Não obstante, ela, essa justiça aí tremula e faz-se presente.

A forma social despótica do poder do capital sobre o trabalho, no uso de si capitalístico, do trabalhador, no processo de trabalho, persegue tanto a produção de uso quanto a produção do valor. Essa domina a primeira, que é a do tempo de trabalho excedente, não pago, a mais valia[139]. Essa prevalência se funda e se faz por aquelas concepção e representação do corpo humano cujo funcionamento é assimilado ao de uma máquina que é herdeira das concepção e representação do corpo do trabalhador, na condição de escravo, tomado como "uma máquina animada"[140]. Sob esse prisma, o ser vivo humano, enquanto trabalhador, é supérfluo e, pois, descartável tal qual uma máquina, o que vem ao encontro desse uso cujo âmago é tanto o de escapar àquele controle da "voz silenciosa" da justiça quanto o da indiferença para com ela e, pois, para com o outro de quem se extrai, diuturnamente, o valor.

À (re) produção desse processo social, o capital, pelos seus representantes na condição de trabalhadores assalariados situados nos postos de comando hierárquicos funcionais e salariais na divisão e organização interna no espaço do *locus* de trabalho, empreendem mudanças nesse uso de si capitalístico, imprimindo-lhe uma nova modalidade, a de sua densificação[141] e, mais uma vez, tem-se a redução drástica de postos de trabalho, e nas mais diversas situações de trabalho, não somente nas fabris. Dão-se os movimentos de dispensas de trabalhadores,

---

137   Inspiramo-nos em ARENDT, Hannah. A condição humana. cap. 1, p. 15-29, particularmente p. 15-16.
138   Cf. notas 112, 113, 115 do presente capítulo.
139   Cf. notas 4, 9, 14, 15, 45 do capítulo 1. Cf. notas 52, 124, 171, 172 do capítulo 2.
140   Sobre essas concepção e representação do corpo do trabalhador, na condição de escravo, confrontar nota 134 do capítulo 2. Sobre a transmissão dessas concepção e representação modificadas, confrontar notas 133, 136, 138, 139, 141 do capítulo 2.
141   Cf. notas 120, 121, 122, 125, 126, 127, 128 do capítulo 2. Cf. nota 45 do capítulo 1.

aparentemente difusos e pontuais. Todavia, eles não o são visto serem interdependentes e, pois, as dispensas porque resultam dessas concepções e representações do corpo do homem, na condição de trabalhador, que em seu uso de si capitalístico se descarta, de acordo com a perseguição da produção do valor, da mais valia, e sua (re)produção que é também a desse processo. Generalizam-se as dispensas – o desemprego – e o descarte de experiências múltiplas e as por vir e, por conseguinte, generaliza-se aquela dupla situação de penúria: a da sobrevivência imediata e a da "pobreza de experiência". No momento presente, em que aquelas palavras escritas de trabalhadores se expressaram na manifestação, no espaço público, contra o desemprego e, portanto, contra esses descartes, os movimentos de dispensas se alastram pelo "mundo capitalista". Eles variam de intensidade de um país para outro e, em consonância com as suas conjunturas sociais, políticas e econômicas. Esses movimentos são capitaneados pelos interesses especulativos do capital financeiro, gerador imediato da crise atual do sistema econômico capitalista, explodida no ano de 2008. Entretanto esses interesses são interdependentes dos interesses daquela (re)produção do valor cujo lucro se efetiva nas relações sociais de troca mercantis, comandadas pelo equivalente geral, o dinheiro, base desses interesses e dos dessa (re)produção. Os interesses de ambos convergem entre si no que concerne a esta efetivação do lucro no complexo funcional da forma social desse sistema e, aí, do despotismo do capital sobre o trabalho. A essa efetivação nessas relações, antes tem lugar aquela do processo de produção do valor, a da mais valia, no uso de si capitalístico, do trabalhador, nas/pelas relações de trabalho no espaço do *locus* de trabalho. Nessas esferas reina a *indiferença* – a *hostilidade* – ao outro, no caso ao trabalhador e a sua sobrevivência imediata e existência e, sob o manto desse equivalente que se move pelo *quantum* do valor. *Abstraem-se* os "personagens", os trabalhadores que constituem esse complexo funcional e aquela forma social e os conteúdos particulares que portam e representam em seus lugares e posições diferenciados e conflitantes, em torno das categorias sociais e históricas, de um lado o capital, e de outro, o trabalho – da relação capital e trabalho –, que, por sua vez, configuram esse complexo e essa forma. Confluem essa indiferença e essa abstração, ambas acompanhadas da *impessoalidade* desse meio de troca geral, o dinheiro. Desse está separado e/ou

Penumbra: experiência, memória. Descarte do trabalhador

não tem a sua posse a classe trabalhadora, a não ser sob a forma salário visto ela também estar separada dos meios de trabalho[142]. Nesse sentido, ela, para a sua sobrevivência, sob essa forma social, tem que se colocar na esfera das relações sociais de troca mercantis e, aí, numa delas específica, como sabemos, a da relação da compra/venda da força de trabalho. O desemprego sempre se coloca como um sombra ameaçadora à manutenção da sobrevivência e existência. Sombra essa que é acompanhada do descarte de tempos vários e ainda por vir de trabalho e de experiências múltiplas e de (re)encontros possíveis entre experiência coletiva e experiência individual.

Dois anos antes de aquelas palavras escritas – "Não somos descartáveis" – se endereçarem contra essas indiferença, abstração e impessoalidade no *espaço público*, em manifestação contra a situação de desemprego, em 2011, o trabalhador Fresador-Ferramenteiro nela já estava mergulhado, há dois anos, desde os anos de 2007 a 2009, adentrando-se o ano 2010. Nesse espaço dessa relação social de troca específica, prosseguia na busca de emprego, ou seja, da efetivação dessa transação mercantil pela atividade de peregrinações: dirigia-se, incessantemente "à porta(s) de fábrica(s)" e às agências de emprego entregando o Currículo Profissional e também o encaminhava para essas últimas e para as empresas, por meio de internet. Entremeava essa busca com atividades de trabalho (n) "o que aparece", os "bicos": "encher laje, fazer massa", dirigir carro de terceiros e para eles próprios, na condição de Motorista particular.

> T. – (Silêncio). A única coisa que eu posso falar é que *eu tenho esperança de voltar a trabalhar, só isso (silêncio)*.
>
> E. – Me fale dessa esperança.
>
> T. – (Silêncio). Esperança. *O dia que acabar a esperança você morre*, porque você morreu. Enquanto tem vida tem que ter esperança (silêncio). Isso. (Silêncio). Esperança de começar a trabalhar, e *recomeçar tudo de novo* (fala baixo) Recomeçar pelo *tanto de tempo que eu fiquei parado é recomeço*, de novo (silêncio).
>
> E. – Você tem esperança de trabalhar na sua profissão,

---

[142] Cf. notas 6, 17, 19, 60, 97 do presente capítulo. Cf. notas 23, 50, 52, 53, 56, 89, 90 do capítulo 2. Cf. notas 4, 8, 9, 11, 14, 15 do capítulo 1.

T. – (nomea-nos), esperança de trabalhar em qualquer lugar, (nomea-nos), não importa se é de Motorista, se de Fresador. O que eu quero é tra-ba-lhar (fala compassadamente e enfático). O que vier eu vou pegar.

E. – E se "não vier" na profissão de Motorista, nem de Fresador-Ferramenteiro,

T. – Aí continuar fazendo os bicos que eu faço.

(Destaques nossos)

O trabalhador, em suas palavras, na narração de seu testemunho, explica-nos o sentimento de esperança que o acolhe: "Esperança. O dia que acabar a esperança você morre, porque você morreu. Enquanto tem vida, tem que ter esperança (silêncio). Isso. (Silêncio)".

Acolhem-no, nesse sentimento as pulsões de vida em oposição às pulsões de morte. São as primeiras que mantêm aceso o lampejo da chama de esperança de "recomeçar tudo de novo. Recomeçar pelo tanto de tempo que eu fiquei parado é recomeço, de novo (silêncio)". "Recomeço" que é

(...) um novo começo; esse começo é a *promessa*, a única "mensagem" que o fim pode produzir (...)[143].

Um "recomeço" no sentido de um "novo começo" após o fim desse "tanto de tempo" transcorrido de vida de desemprego e, de acordo com palavras do trabalhador, é o fim também de estar "na penumbra" o seu tempo de vida e de trabalho, o de não desemprego, e, nele, as múltiplas experiências de encontros com o outro, geração adulta, à qual pertence, com a geração jovem. É também o fim de sua permanência "na penumbra", segundo suas palavras. Relegado que foi ao isolamento e à solidão daquela posição de *homo clausus*[144] que lhe interdita o convívio com seus iguais, no caso, entre trabalhadores bem como esses encontros/experiências nas atividades de trabalho real. Um "recomeço" que traga a "promessa" desse convívio e o de religamento com um outro tempo de vida, o de não desemprego. Com esse se suspenderá a situação de penúria e o tra-

---

143 ARENDT, Hannah. *As origens do totalitarismo (III). Totalitarismo, o paroxismo do poder.* p. 248.
144 Cf. nota 57 do capítulo 1. Cf. notas 26, 32, 46, 47, 61, 68 do presente capítulo.

balhador, ao interrogar-se e olhar-se no espelho[145], pela capacidade de estar só e em diálogo consigo, a sós[146], poderá tomar distância desse isolamento e dessa solidão impostos por essa posição, no quadro das relações sociais de trabalho e de troca mercantis capitalistas. Mesmo sendo ilusória esta posição, é vivida como real, malgrado essas relações humanas somente se darem na interdependência e na interpenetração entre si, ou seja: na relação ao outro/ ao sujeito. E esteja o sujeito presente ou não. Nesse sentido, fortalecerão essa capacidade e esse diálogo e, juntamente, o sentimento de estar sozinho (alone)[147] e em convívio com os seus semelhantes, e não somente no espaço do *locus* de trabalho, mas nos demais espaços sociais.

 O trabalhador frisa, na narração de seu testemunho, que esse "recomeço", portando essa promessa, poderá não ser necessariamente no interior da língua particular de ofício que lhe propiciou a realização de atividades de trabalho real específicas – as de Fresador-Ferramenteiro – e a de seu sustento na condição de trabalhador assalariado: "esperança de trabalhar em qualquer lugar (...) não importa se é de Motorista, se de Fresador. O que eu quero é tra-ba-lhar (fala compassadamente e enfático). O que vier, eu vou pegar". Nessas últimas palavras, em seu conteúdo latente, entrevê-se o desejo de que o "recomeço" se dê na esfera dessa língua que configura os mais de trinta anos de trabalho em torno daqueles encontros e experiências – de sua memória/história – , de uma tradição que lhe foi transmitida e que herdou. Lembremos que ele jamais será despojado da língua particular de ofício que o constituiu como trabalhador e assalariado, sendo-lhe aquele "bem imaterial"/"pessoal". Contudo, nas palavras "o que vier, eu vou pegar", entrevê-se um outro significado desse conteúdo, o de que, seja essa língua ou a outra, a de ofício de Motorista, o que as une é a tradição, o seu fio invisível que com elas se herda, o fio daquela "preciosa experiência"[148], "riqueza" "precisosa", renovada no tempo de vida ativa, no intervalo entre nascimento e morte e, aí, em atividades várias de trabalho real. A língua é esta "riqueza" não

---

145 Cf. notas 34, 39, 40, 41 do presente capítulo.
146 Cf. nota 145 do presente capítulo.
147 Cf. notas 145, 146 do presente capítulo.
148 Cf. notas 17, 18 e 10 do capítulo 2.

quantificável, esse bem (bem comum) – "social individual" – que não é aprisionado pelo dimensionamento do *quantum* do dinheiro. A língua particular de ofício, não importa qual seja, é a *transmissão* – a herança – dessa "riqueza" na/pela língua, na relação ao outro que é ela[149]. No âmbito ainda desse religamento, teria o trabalhador dinheiro, sob a forma salário, que lhe propiciaria a efetiva suspensão da situação de penúria a que foi impelido: a de sua redução ao campo estrito do mínimo vital, o da necessidade imediata. Há a esperança de que esse religamento portando aquela promessa seja de que essa não se realize subtraída à justiça da proximidade d' "O Um-para-outro", a da "voz silenciosa", ao seu controle, visto que

> (...) A justiça, a sociedade, o Estado e suas instituições – *as trocas e o trabalho* entendidos a partir da proximidade – isso significa que *nada* escapa ao controle da responsabilidade do um-para-outro[150].

Há, entretanto, um outro significado do conteúdo latente dessas palavras do trabalhador que faz tremular o sentimento de esperança de "recomeço" e, com ele, aquela promessa: o de que ele não obtenha emprego em nenhuma daquelas línguas particulares, em sua busca de emprego pela incessante atividade de peregrinações. E "Aí, continuar fazendo os bicos que eu faço". Em outros termos, tremula, em suma, a promessa do religamento com um outro tempo, o de não desemprego que traz o emprego/trabalho regular e sob o vínculo empregatício que corresponde a ter o contrato de trabalho, o registro na Carteira de Trabalho. Com esse se legalizaria a transação mercantil da compra/venda da força de trabalho do trabalhador, no sentido de conferir-lhe o estatuto jurídico de sujeito de direito a ter direitos, no caso, os do Direito do Trabalho.

---

149 Sobre essa transmissão com relevo na língua, relação ao outro, confrontar notas 49, 50, 51, 52,53, 55, 57 do capítulo 1. Cf. notas 10, 12, 32, 42 do capítulo 2. Também as notas 16, 17, 18 do capítulo 2. Cf. notas 74, 76, 77, 78, 79, 80 do presente capítulo. Sobre a transmissão do ofício não referido a dado trabalho particular mas à atividade humana industriosa que atravessa a história da humanidade, e modificado, confrontar nota 3 do capítulo 2. Cremos que a análise que efetua o autor do ofício se insere na transmissão dessa "preciosa experiência"/tradição, mesmo que não tenha dado primazia à língua, relação ao outro, em suas reflexões.
150 Cf. nota 113 do presente capítulo, destaques nossos.

Penumbra: experiência, memória. Descarte do trabalhador

Os silêncios acompanham o sentimento de esperança e se interpõem no encadeamento das palavras e as entrecortam. Eles colocam intervalos na narração que jamais serão recuperados[151]. Palavras e silêncios amalgam-se na manifestação desse sentimento e constroem a sua narração, sendo ela tematizada pelo "DITO" de um outro sentimento, o daquela perda. Perda de que ao trabalhador lhe seja interditada a realização daquele desejo: o de que o "recomeço", em sua "promessa", se dê ancorado na língua particular de ofício que constituiu o seu modo de SER trabalhador e profissional[152] e que a "reteve como um bem pessoal" desde a sua adolescência, na condição de trabalhador assalariado. Envolvendo esse desejo está aquela não ruptura da herança/transmissibilidade específica da língua e, pois, a da não "pobreza de experiência" e, juntamente, o não descarte de si e daqueles mais de trinta anos de trabalho. Esse desejo faz tremular o seu desdobramento, o da esperança de o trabalhador obter emprego nas atividades de trabalho real que realizou nesse tempo de vida de não desemprego e fincadas nessa língua particular. Com ela não se encontra" Fora de sintonia", segundo palavras do trabalhador, que logo mais o "escutaremos" pronunciá-las.

E prossegue o trabalhador a atividade de peregrinações, entregando, pessoalmente, em "porta de fábrica", o seu Currículo Profissional, às agências de emprego e para essas últimas enviando-o, também por meio de internet bem como às empresas. E essa busca continuava a se centrar na demanda de obter emprego nessas atividades de trabalho real que realizara nesse longo tempo de trabalho, de não desemprego. Porém não deixava de buscar emprego nas atividades de Motorista Profissional (Carteira Nacional de Habilitação)-Categoria 5 (caminhão de carga). E, concomitante a essa busca, continuava a realizar os "bicos" de trabalho.

---

151 Cf. notas 72, 126 do presente capítulo.
152. Cf. notas 51, 86, 87, 129 do presente capítulo. Cf. notas 46, 80, 84, 144 do capítulo 2.

Epílogo

1. Recomeço

O tempo de vida de desemprego de longa duração, dois anos e um mês, foi interrompido em fevereiro de 2010[1]. O trabalhador obteve emprego em uma empresa de fabricação de móveis para o exercício de atividade de trabalho real de Motorista, CNH (Carteira Nacional de Habilitação)-Categoria D, que corresponde à condução de caminhões de transporte de carga interestadual. A obtenção do emprego não foi conseguida quer de agências de emprego, quer através de anúncios de classificados de emprego em jornais de grande circulação. O trabalhador, tal qual na primeira situação de desemprego, teve a "ajuda"[2] de um daqueles

---

1   Apresentamos o alinhavamento das palavras da narração do testemunho do trabalhador e das palavras escritas de nossa narração, numa interlocução e interdependência mútuas. Nesse momento, como fizemos em trabalho anterior (ROSA, Maria Inês. *Usos de si e testemunhos de trabalhadores. Com estudo crítico da Sociologia Industrial e da Reestruturação Produtiva*. Epílogo, p. 255-323), convidamos o leitor, se assim o desejar e se interessar, a prosseguir a análise que efetuamos ao longo de nossa narração nos capítulos 1, 2, 3. Porém as palavras da narração do testemunho do trabalhador não poderão ser retrabalhadas, porque elas são a *testemunha* de sua história, de suas singularidades, experiências, formação e do "mestre do possível" que foi e é, sujeito, na condição de trabalhador assalariado. Elas também são a *testemunha* da "história social individual" dos trabalhadores que estão sob essa condição e, pois, desse trabalhador que a integra. Afora o fato de que, sendo a palavra relação ao outro/ao sujeito, as palavras da narração foram endereçadas a nós, trabalhadores Entrevistadores-Pesquisadores, numa especial situação de trabalho, a de entrevista, cuja particularidade é essa relação. Nesse sentido, confrontar nota 92 do capítulo 3.
2   Cf. cap. 2, item 2.1: notas 32, 39. Cf. notas 21, 22, 55, 73, 80, 116 do capítulo 3.

membros familiares, num encontro posto pelo acaso[3]. Ele entretinha conversa com uma jovem num café da região central, Avenida Paulista, São Paulo, capital, e soube que ela era chefe de departamento de Recursos Humanos (DRH). Disse-lhe sobre a busca de emprego do trabalhador Fresador-Ferramenteiro e de sua longa experiência de trabalho e de ter regulamentada as exigências para o exercício dessa atividade de trabalho e, se acaso não tivesse vaga para essa atividade, poderia realizar outra, pelo menos condizente com essa longa experiência. A chefe do DRH forneceu-lhe os números de telefones, o direto desse departamento, e o de seu celular a fim de que o trabalhador a contatasse. Esse encontro e conversa entretida teve lugar em fim de dezembro de 2009. Precisamente em dezoito de fevereiro de 2010, o trabalhador começou a trabalhar na empresa:

> (...) a mulher (a chefe do DRH) falou uma coisa (no decorrer da entrevista com ela efetuada), chegou lá (na fábrica) era outra: primeiro que eu ia trabalhar de Motorista, chego lá já não seria de Motorista, já tinha. Então, eu ia trabalhar na manutenção: arrrumar a máquina, a parte elétrica, e da firma em geral. Só que eu não sou eletricista, máquinas têm componentes eletrônicos !!!
> Fresador- Ferramenteiro

Perguntamos ao trabalhador:

E. – Como se sentiu trabalhando numa profissão que não é a sua?

T. – *Fora de sintonia.*

(Destaques nossos)

O trabalhador, somente depois de certo tempo, trabalharia na atividade de trabalho real de Motorista. Não houve a formalização da relação de emprego, do vínculo empregatício, sob a forma de contrato de trabalho, ou seja, não houve o registro desse vínculo ou da relação de compra/venda da força de trabalho, na Carteira de Trabalho. Esse ocorreria, de acordo com o Departamento de Recursos Humanos da empresa, decorridos dois meses de trabalho. Ausência total de qualquer direito do trabalho, de suas garantias de proteção do trabalhador, de seu corpo-próprio. Transcorrido esse tempo, e já uso de si capitalístico, com

---

3 Cf. nota 20 do capítulo 3.

essa formalização, esse emprego corresponde ao 10º. obtido pelo trabalhador. O salário estipulado foi de R$ 1.200. A empresa é de médio-porte, comportando duzentos empregados, adstritos entre fábrica (área de produção) e administração e ela não tem restaurante[4]. Ela não fornece os chamados "benefícios", os salários indiretos: seguro-saúde, vale-transporte. A empresa é distante da casa do trabalhador, o que o obriga a utilizar seis ônibus por dia: três na ida para o trabalho, e três de retorno para casa, perfazendo uma despesa diária de R$15. E ele se levanta às quatro horas da manhã para estar a postos às sete horas, no espaço do *locus* de trabalho. Antes de iniciar a atividade de trabalho nessa empresa, o trabalhador prosseguira a busca de emprego no campo em que realizou, por mais de trinta anos, as atividades de trabalho real adstritas ao setor de Ferramentaria, com base na língua particular de ofício que lhes é própria. Essa busca concerne à atividade de peregrinações entregando o seu Currículo Profissional em "porta(s) de fábrica" e diretamente nas agências de emprego e enviando-os também por meio de internet. Essa atividade foi suspensa somente por ocasião da interrupção do tempo de vida de desemprego, ao obter esse emprego. Dessa busca resultou que duas empresas contataram o trabalhador para realizar entrevista e "teste", de acordo com suas palavras. Nessa ocasião, entretêramos conversa com o trabalhador. Disse-nos que

> tinha esperança de ser chamado por uma das duas empresas.
> Fresador-Ferrramenteiro (anotações diário de campo)

Esse encontro em que se deu essa conversa ocorreu três dias antes de iniciar o trabalho na empresa de fabricação de móveis. Ela foi breve, porque o trabalhador estava apressado pois iria pintar a parede da casa de um amigo, fazer "bico", e ganharia

---

[4] Não é obrigatório por lei a empresa manter restaraurante (Lei 229 de 28/02/1967: Art. 458, da CLT). Restaurantes existem nas empresas quando são convencionados em acordos coletivos ou convenções coletivas pela empresa e sindicato. A NR (Norma Regulamentadora) 24 (Portaria GM no. 3.214 de 8/06/1978), item 24.3.1 obriga existência de refeitórios, em estabelecimentos com mais de 300 trabalhadores. Cf. site: http://portal tem.gov.br/data/files/FF8080812BE914E6012BF2, 04/01/2013. Essa NR é mantida pela Portaria SSST no. 13 de 17/09/1993, item 24.3. 15.5. Cf. site: http://guiatrabalhista.com.br/legislacao/nr/nr24.htm#refeitorios, 04/01/2013.

uns trocados e um guarda-roupa usado.
Fresador-Ferramenteiro (anotações diário de campo)

Em 01 de março de 2010, o trabalhador Fresador-Ferramenteiro obteve emprego em uma daquelas empresa do ramo metalúrgico.

E. – O que você sentiu quando te chamaram para trabalhar?

T. – Não acreditei! Esta firma faz *sete anos* que estava batalhando para entrar nela. Sei que lá o trabalho não é *enrolação*.

E. – Que firma é?

T. – Firma de usinagem de peças, usinagem de precisão. Ferramentaria, *ela* usina e monta ferramentas de corte, de plásticos etc. Usinagem é de fabricação de peças.
(Destaques nossos)

A empresa tem quarenta empregados, dos quais seis estão adstritos "no escritório", conforme palavras do trabalhador. O proprietário da empresa e filho a administram. Nesses sete anos, o trabalhador enviou, por três vezes, o seu Currículo Profissional à empresa. Ele não se lembra se a última vez em que o remeteu foi fim do ano de 2009 ou no início de 2010.

O trabalhador Fresador-Ferramenteiro frisa que nos *locus* do espaço de trabalho em que realiza as atividades de trabalho real, setor de Ferramentaria:

> Só tem trabalhadores antigo de casa (que trabalha na empresa há cinco anos e mais). Em *meu* setor, tem *gente* de vinte e nove, sessenta anos (de idade). O mais novo tem cinco anos, os mais *velhos* têm vinte anos (de tempo de trabalho na empresa). O mais novo (em relação a este tempo), eu e outro rapaz.
Fresador-Ferramenteiro (destaques nossos)

"Recomeçar pelo tanto de tempo que eu fiquei parado é recomeço, de novo", palavras do trabalhador na narração de seu testemunho, anteriormente mencionadas e, nessa empresa, naquelas atividades de trabalho real, ancoradas na língua particular de ofício, à qual deu vida por mais de trinta anos de trabalho. Então,

E. (...) como está se sentindo por estar trabalhando...

Penumbra: experiência, memória. Descarte do trabalhador

> T. Puxa! *Coisa gostosa* (fala sorrindo) *você estar levantando cedo e indo trabalhar, voltando tarde, à noite, e cedo indo trabalhar* (...). Estou contente de estar trabalhando, *voltando a ser gente*.
> (Destaques nossos)

Igualmente à empresa de fabricação de móveis, essa empresa não firmou a relação de emprego, o da compra/venda da força de trabalho, isto é, não houve a formalização desta relação que é a do vínculo empregatício sob a forma de contrato de trabalho, registrado na Carteira de Trabalho. Esse registro será efetuado somente após transcorrido dois meses de uso de si capitalístico, uso do trabalhador, de seu corpo-próprio e sem qualquer garantia jurídica, a do direito do trabalho. Em ambas as empresas esse tempo de trabalho e de uso de si é denominado de período de experiência. Transcorrido esse tempo, houve essa formalização desse uso de si, no mês de maio. Esse emprego corresponde ao 11º. Com essa formalização e/ou registro na Carteira de Trabalho, o trabalhador começou a usufruir do "benefício", salário indireto, convênio médico, e direitos do trabalhador e da condição de sujeito de direito a ter direitos. A empresa não mantém refeitório.

> Almoçam todos no bar, *a firma toda*, restaurante meia-boca: é um bar (fez-se um "puxado", palavra do trabalhador, lá na empresa), que dá almoço só *para a empresa*. *Comida boa e o pessoal come bem. Só estou almoçando, nem jantar estou jantando*. O dono paga o almoço, inclusive ele e o filho almoçam lá.
> Fresador-Ferramenteiro (destaques nossos)

Essas palavras, as anteriores e as mencionadas a seguir referem-se às últimas palavras da narração do testemunho do trabalhador. Proferiu-as já ele vivendo o tempo de vida de não desemprego/de trabalho. O trabalhador manifestou a sua vontade de não mais *se* dizer ou dizer de *Si*, e, pois, do outro, na condição de trabalhador assalariado[5], sob este tempo. Deste modo, desconhecemos se houve

---

5 Nesse momento, deixamos de fazer anotações no Diário de campo, em 02/2012. As anotações feitas abarcam o "recomeço" do tempo de vida de não desemprego/trabalho do trabalhador Fresador-Ferramenteiro, de 02/2010 até essa data. Essas palavras do trabalhador e as que se seguem concernem à última narração do seu testemunho, em 03/2010, expressas na situação de trabalho de entrevista, já sob esse tempo de vida.

melhoria do patamar do salário em relação às outras empresas, sobretudo às de pequeno porte, em que trabalhou, naqueles mais de trinta nos de trabalho nas atividades de trabalho real do setor de Ferramentaria. Todavia, no "recomeço pelo tanto de tempo que eu fiquei parado" é o desse tempo de uma nova modalidade de uso de si capitalístico, que a palavra, *testemunha que é*, *diz*, nessa narração e nos encontros informais que com ele entretivemos, nesse "recomeço".

2. Na penumbra, a "voz silenciosa" da justiça: sua promessa

O horário da jornada de trabalho é

> Das sete horas e trinta às dezessete horas e trinta (de segunda a sexta-feiras), *se trabalhar normal.* Como *a gente tem que cumprir as ordens de fabricação do desenho* (que) atrás do desenho está carimbado para fazer em cinco horas ou dez horas. Então, você tem que ficar trabalhando estas cinco ou dez horas. Fico até as sete (horas da noite). Ontem (sábado) entrei seis e quinze (da manhã) e saí meio-dia e quinze. Ontem, eu consegui fazer as minhas quarenta horas (semanais). Tem gente que faz em trinta horas (as peças) e aí *pega outro trabalho.* Se fico *devendo* estas horas, recebo normal, mas *tenho que recuperar* no mês seguinte.
>
> Fresador-Ferramenteiro (destaques nossos)

"As ordens de fabricação do desenho" que impõem o número de horas na usinagem de cada peça correspondem ao trabalho prescrito, as suas normas antecedentes e internas à língua do código de fábrica. Ultrapassando-as ou não as *cumprindo,* o trabalhador Fresador-Ferramenteiro, como testemunha, "fico devendo" pelo fato de não haver realizado essa atividade de trabalho real de usinagem conforme a cronometração das horas de trabalho constantes dessas "ordens". Nelas há a prevalência do tempo de trabalho quantitativo, o do *quantum*, que subsume o tempo de trabalho qualititavo, o do trabalho real – do trabalho concreto – à realização do processo de trabalho de usinagem de cada peça. Essa prevalência é a do máximo rendimento e/ou do máximo de produtividade, sob a égide daquela modalidade de uso de si capitalístico, nesse modo de trabalho e desse seu *método*:

> É a primeira vez que trabalho em *produção*.
> Fresador-Ferramenteiro (destaque nosso)

O dia de trabalho e/ou a jornada de trabalho é das 7 horas às 17h30min., aquele "trabalhar normal", de acordo com as palavras e aquela explicação do trabalhador. Ela é prolongada para além desse horário, e jamais é fixa. Pode estender, como faz o trabalhador, até 21 horas com o objetivo de terminar a peça, ou seja, a tarefa determinada. Esse prolongamento é feito porque, à sua consecução, o trabalhador ultrapassou aquelas "ordens de fabricação do desenho" – aquelas horas prescritas, impostas, no verso do projeto do desenho para sua consecução, que é o da usinagem da peça. Finda a tarefa, "aí pega outro trabalho".

Esse horário inicial da jornada de trabalho também não é fixo, em função mesmo desse *método* nesse modo de trabalho – de suas normas antecedentes, prescritas, as do trabalho teórico ou prescrito: às 6 horas da manhã o trabalhador começa as atividades de trabalho real. Não é somente ele, mas também o conjunto de trabalhadores que asssim procedem. Em outros termos, o horário da jornada de trabalho não fixo que corresponde ao seu prolongamento, já, a partir de seu início, afeta a todos os trabalhadores do setor de Ferramentaria, significando que o fazem não por vontade própria mas porque *devem* usinar a peça conforme as horas determinadas nessas normas, que são as dessas "ordens de fabricação". Contudo, o trabalho de usinagem da peça requer aquele tempo de trabalho qualitativo, o trabalho real e de precisão, interno a esse trabalho, o que conduz o trabalhador a não realizá-lo de acordo com o tempo de trabalho quantitativo, base dessas "ordens".

O prolongamento da jornada de trabalho diariamente se dá internamente a mesma. Sob a nova modalidade de uso de si capitalístico recorre-se ao "velho" método de trabalho por tarefa ou peça[6] acoplando-o às determinações dessas "ordens". Ambos interditam a existência da jornada de trabalho das 7 horas às

---

6   KARL, Marx. *O capital (Crítica da Economia Política). Livro 1: O processo de produção capitalista.* Vol. 1. cap. XIII. p. 466-477; IDEM, *O capital (Crítica da Economia Política). Livro 1: O processo de produção capitalista.* Vol. 2. cap. XIX, p. 636-646.

17h30min., denominada de "trabalhar normal" pelo trabalhador, quer dizer, conforme o horário do contrato de trabalho registrado na Carteira de Trabalho.

Estende-se o prolongamento sobre o repouso semanal: é comum o trabalhador Fresador-Ferramenteiro e demais trabalhadores, o seu conjunto, trabalharem aos sábados e aos domingos[7], sob esse regime ou modo de trabalho. Houve negociação, os denominados acordo setoriais, entre capital e trabalho e/ou sindicato e empresas[8] a essa prática de não horário fixo ou de não limites de horário da jornada de trabalho durante os cinco dias da semana, de segunda a sexta-feiras, e da suspensão do repouso semanal. Prática essa conhecida pelo termo gerencial de flexibilização[9] ou modernização ou, ainda, reforma dos direitos do trabalhador, aqueles constantes no *corpus* jurídico da CLT . Essa negociação corresponde a

> (...) adoção do princípio de que o negociado entre patrões e empregados deve *prevalecer sobre a lei* [10].

Estão em curso trâmites (anteprojeto) para que o "negociado" – a flexibilização – seja legalizado, ou seja, torne-se lei. Conferir-lhe-á caráter não mais particular mas geral: todo e qualquer trabalhador estará submetido a esse novo quadro jurídico, no que tange a sua condição de sujeito de direto a ter direitos[11], no caso os direitos no campo do trabalho e enquanto trabalhador assalariado.

> (...) o parcelamento de férias em três períodos e a redução de 60 para 45 minutos do período de descanso e almoço, desde que haja compensação da jornada (...)[12].

Antecede a esse quadro jurídico-institucional o "negociado", já, funcionando enquanto lei, e com base nas normas organizacionais do trabalho[13], vale

---

7 Cf. nota 5 do presente Epílogo.
8 Cf. notas 32, 33 , 34 do capítulo 1. Cf. nota 156 do capítulo 2.
9 Cf. notas 29, 30, 32, 33, 34, 35 do capítulo 1.
10 O Estado de S. Paulo, 13/07/2012. p. A3 (destaques nossos).
11 Cf. notas 54, 180 do capítulo 2.
12 O Estado de S. Paulo, 13/07/2012. p. A3.
13 ROSA, Maria Inês. Desregulamentação e legalização das normas organizacionais do trabalho: a cidadania posta em questão. *Pró-posições*, Campinas, vol. 13., n. 3 (39), set./dez. 2002, p. 31-44.

dizer, ancorado nas normas da língua do código de fábrica e, portanto, de seu "regulamento penal", aplicado no uso de si capitalístico, uso do trabalhador.

O trabalhador Fresador-Ferramenteiro tem trabalhado nos fins de semana, no repouso semanal, para

> Acabar a peça.
> Fresador-Ferramenteiro (anotações diário de campo)

E junto a ele os demais trabalhadores cujas atividades de trabalho real estão adstritas ao setor de Ferramentaria. A não fabricação ou usinagem das peças no tempo – nas horas prescritas – nas "ordens de fabricação" *obriga-os* ao não repouso semanal e ao prolongamento da jornada de trabalho. Isso acarreta a variação do horário dessa última e no decorrer de toda a semana. Num domingo, o trabalhador Fresador-Ferramenteiro iniciou a jornada pela manhã, às 7 horas, estendeu-a até as 18 horas. Teve a companhia de um outro trabalhador, colega de seção, desse setor, que estendeu a jornada de trabalho até 3h30min. da manhã. Esse trabalhador tem vinte sete anos de idade, e cinquenta e um anos o trabalhador Fresador-Ferrramenteiro. As faixas etárias dos trabalhadores no espaço do *locus* de trabalho da unidade fabril, onde tem lugar aquele setor, varia de vinte sete a sessenta anos. Todos realizam as atividades de trabalho real sob a égide do exercício de poder daquela língua (re)configuradora do regime de trabalho assalariado e, nele, do modo de trabalho e de suas normas, de seus métodos, dessas "ordens". Ao termos em mente esses exercícios de poder e regime, perguntamos ao trabalhador Fresador-Ferramenteiro se não mais usufruía do repouso semanal. Respondendo-nos, disse:

> Mas está bom, eu estou trabalhando, isto que é importante (...). *No fim do mês tenho o salário.*
> Fresador-Ferramenteiro (anotações diário de campo, destaques nossos)

Lembremos que, somente após longa duração de tempo de vida de desemprego, o trabalhador obteve emprego e, passados dois meses de trabalho, tidos como experiência, teve firmado o contrato de trabalho com o seu registro na Carteira de Trabalho e, pois, do vínculo empregatício. Testemunha que, na seção em que trabalha, o trabalhador com menos tempo de "casa" "tem cinco anos", conforme suas palavras. Os outros trabalhadores têm mais tempo, um deles perfaz vinte anos. Vínculo empregatício durável, e todos sob as injunções, em suas atividades de trabalho real, da nova modalidade de uso de si capitalístico.

A suspensão do repouso semanal é uma constante, apesar de os trabalhadores verem-se obrigados, com frequência, àqueles prolongamentos da jornada de trabalho de 2ª. a 6ª. feiras:

> Há colegas que chegam mais tarde e saem mais tarde, 20, 21 horas para terminarem a peças. Vêm com dezesseis horas (as prescrições "nas ordens de fabricação") mas leva 20 horas para usinar (...). Tem trabalho.
> Fresador-Ferramenteiro (anotações diário de campo)

O trabalhador Fresador-Ferramenteiro, na labuta de "Cada dia do nosso pão"[14], tem "acumulado" no corpo-próprio/corpo-si a fadiga:

> Cansado, muito cansado.
> Fresador-Ferramenteiro (anotações diário de campo)

"Acumulação" de sentir-se "cansado" e, juntamente, a acumulação de *horas a pagar* que *deve* cada trabalhador ou o conjunto de trabalhadores. Essa última acumulação se dá igualmente as operações financeiras, as de débito e crédito do banco. Elas nada mais são do que um dos critérios do modo de agir do capital financeiro[15]. Seu referente imediato é o dinheiro, equivalente

---

14   Cf. notas 24, 45 do capítulo 3.
15   MARX, Karl. *O capital (Crítica da Economia Política). Livro 1: O processo de produção capitalista. Vol. 1.* O autor, na análise que efetua, destaca, já na transação da relação social da compra/venda da força de trabalho, no mercado de trabalho, que o trabalhador assalariado *adianta* o uso de sua força de trabalho ao seu comprador, o capitalista. Esse adiantamento nada mais é que o crédito que ele lhe concede: "(...) permite ao comprador consumi-la, antes de pagá-la; *dá crédito ao capitalista*", no processo imediato de trabalho e/ou nas atividades de trabalho real. p. 194 (destaques nossos). Prossegue a análise e ressalta que somente após um dado tempo de uso (uso de si capitalístico, do trabalhador), nessas atividades, é que o trabalhador receberá o pagamento do "seu emprego como valor de uso" (como essa força, mercadoria). p. 194. Esse pagamento é estipulado em contrato (com registro na Carteira de Trabalho) ou na ausência dele. Pode ser efetuado semanal, quinzenal ou mensalmente. Esse sistema de acumulação de horas a pagar (nomeado ou não de banco de horas) se assemelha ao modo de agir do capital financeiro. Todavia esse modo *é próprio do capital como relação social* no que tange a esse adian-

geral da troca, sob a forma salário, na forma social mercantil e capitalista, e sua abstração da relação social, no caso as de trabalho e, aí, o uso de si capitalístico, do homem, na condição de trabalhador. Essas operações e abstração convergem para o funcionamento das "ordens de fabricação do desenho (da peça)" e as figuram, isto é, vêm ao encontro daquela imposição do tempo de trabalho abstrato, quantitativo, as horas em que o trabalhador *deve* produzir cada peça, subsumindo o tempo de trabalho qualitativo, o tempo de trabalho real. O seu não cumprimento é a sua *dívida* a pagar, "acumula", segundo palavra do trabalhador, aplicando-se essas operações débito/crédito e vice-versa[16]. E o conjunto de trabalhadores encontra-se endividado, quer pela impossibilidade desse cumprimento nas atividades de trabalho real de fabricação, quer porque "se fico devendo estas horas, recebo normal (o salário que é *calculado* sob a base de duzentos e vinte horas mensais) mas tenho que recuperar no mês seguinte". Esse duplo endividamento suspende a existência de limites de horas, o "trabalhar normal", nas palavras do trabalhador, com horários fixos de início e término da jornada de trabalho, que, por sua vez, é associado àquele "velho" método de tarefas ou peças a serem fabricadas:

> Estou cansado (nomeia-nos), muito cansado. *Tipo escravo, quanto mais trabalha, sempre devendo horas: o serviço que a gente faz não está de acordo com o exato para fazer.*
> Fresador-Ferramenteiro (anotações diário de campo, destaques nossos)

"Tipo escravo"[17] graças à aplicação desses métodos empregados no uso de si capitalístico, do trabalhador. Recordemos que o "látego do feitor de escravos" é o configurador do "regulamento penal", constitutivo da língua do código de

---

tamento e/ou crédito que é obnubilado sob os critérios desse modo de agir. Cf. IDEM, *O capital (Crítica da Economia Política). Livro 1: O processo de produção capitalista. Vol. 1.* cap. IV, p. 165-197, particularmente item 3, p. 194. Sobre essa relação social, confrontar notas 58, 97, 99, 100 do capítulo 3. Confrontar sobre o denominado banco de horas: ROSA, Maria Inês. *Usos de si e testemunhos de trabalhadores. Com estudo crítico da Sociologia Industrial e da Reestruturação Produtiva.* Epílogo, item 4, p. 308-323. Cf. notas 14, 15 do capítulo 1. Cf. nota 172 do capítulo 2.

16   Cf. nota 15 do presente Epílogo.
17   Cf. notas 45, 56, 88, 92, 96, 118, 128, 129, 131, 132, 133, 134, 139, 141 do capítulo 2.

Maria Inês Rosa

fábrica, e, por meio dele, impõe-se a pena ao trabalhador: "sempre devendo horas" e "quanto mais trabalha". Isso tem lugar mormente a existência do estatuto jurídico do Direito do Trabalho, o *corpus* da CLT cujo "objeto" é o uso de si capitalístico, do trabalhador, corpo-si/corpo-próprio – "(...) 'bem' em sua pele (...) extrapatrimonial"[18] –, regulando esse uso, bem como o vínculo empregatício sob a forma do contrato de trabalho e direitos correspondentes. Todavia o lastro desse uso é a representação e concepção do corpo do homem, na condição de trabalhador, ao de "uma máquina animada", desdobradas na representação e concepção de sua assimilação ao funcionamento de uma máquina. Ambas as representações/concepções figuram e reconfiguram essa língua e seu regulamento e, por conseguinte, esse uso de si, do trabalhador, sob o regime de trabalho assalariado, seu despotismo:

> (...) Sendo ao mesmo tempo, *processo de trabalho e processo de criar mais valia, toda produção capitalista se caracteriza por o instrumental de trabalho empregar o trabalhador e não o trabalhador empregar o instrumental de trabalho.* (...) *o trabalhador existe para o processo de produção e não o processo de produção para o trabalhador* (...)[19].

"O serviço que a gente faz não está de acordo com o *exato* para fazer" significa aquela impossibilidade de não cumprimento das normas antecedentes do trabalho, as do trabalho prescrito, aquelas "ordens de fabricação", pelos trabalhadores, obrigando-os àquele duplo endividamento, *novo método* da "caderneta de dívidas", do "chamado regime de peonagem, a escravidão por dívida"[20]:

> veio uma peça para fazer, prescrição quatro horas mas fiz em doze horas, que é o *tempo que se faz*. Então, tive que trabalhar (mais oito horas) devido a essas horas. Não estava correta.
> Fresador-Ferramenteiro (anotações diário de campo, destaques nossos)

---

18 Cf. nota 40 do capítulo 1.
19 MARX, Karl. *O capital (Crítica da Economia Política). Livro 1: O processo de produção capitalista. Vol. 1.* cap. XIII, p. 483-484, 561, respectivamente (destaques nossos).
20 MARTINS, José de Souza. A escravidão com etiqueta. In: O Estado de S. Paulo, 21/08/2011, p. J5.

"Mas fiz em doze horas, que é o tempo que se faz", ou seja, fez no seu tempo pessoal/ergológico – subjetivo[21] – , configurador do tempo de trabalho qualitativo, e não a "prescrição (de) quatro horas". Essas horas, a "prescrição (de) quatro horas" ou aquele fazer "de acordo com o exato para fazer" corresponde ao

> "Takt é a palavra alemã que, aplicada à música, significa tempo, em geral de compasso (...) estar no tempo é tocar segundo os tempos do regente (ou do metrônomo) (...)"[22].

Já a realização ou a usinagem dessa peça (a realização da tarefa) nessas "doze horas" corresponde ao

> "Ritmo ('rhythmus') é o que acontece 'entre' os tempos" (...). "Pode-se dizer que takt é uma coisa morta", no sentido de burocrática, rotineira, "e que o ritmo é uma coisa viva, o ritmo pode trazer o tempo à vida (mas nunca o contrário)"[23].

As "doze horas" em que o trabalhador realizou a fabricação da peça – "ritmo que pode trazer o tempo à vida" – é a manifestação do "mestre do possível" que é o trabalhador, da pulsão de vida e de sua autoproteção, no emprego/uso de si capitalístico que dele é feito, no decorrer do "processo de criar mais valia" em que "o trabalhador existe para o processo de produção e não o processo de produção para o trabalhador". Além de que, sem essa manifestação, não há o resultado da atividade de trabalho real cujo resultado é a peça. E se encurrala o trabalhador sob esse novo método da "escravidão por dívida", na nova modalidade de uso de si, no regime de trabalho despótico capitalista:

> Igual um operário lá (na seção de Ferramentaria) ficou doente. Está *devendo* quinze horas. A firma *não aceita atestado médico* (porque ele percebeu o salário com base nas duzentas e vinte horas mensais, aí incluídas essas horas).
> Fresador-Ferramenteiro (anotações diário de campo, destaques nossos)

---

21 Cf. nota 36 do capítulo 2.
22 COELHO, João Marcos. Ensaios de uma obsessiva maestria. In: O Estado de S. Paulo, 04/08/2012, p. S8. O autor cita as palavras do maestro Carlos Kleiber.
23 COELHO, João Marcos. Ensaios de uma obsessiva maestria. In: O Estado de S. Paulo, 04/08/2012, p. S8. O autor cita as palavras do maestro Carlos Kleiber.

Maria Inês Rosa

Dizimação do corpo-si/corpo-próprio – de sua saúde física e mental – nessa redução do trabalhador assalariado, com ou não o vínculo empregatício, a "tipo escravo" que (con)figura "toda produção capitalista" e sua forma social despóstica plasmadas naquelas representações e concepções do corpo humano, do homem, na condição de trabalhador.

> Em 2002, foram registrados (no Brasil) 393.071 acidentes de trabalho. Em 2009, o número subiu para 723.452 – sendo que em 2008, o quadro tinha sido ainda pior, com 755.980 acidentes. No mesmo período de 2002 a 2009, o contingente de trabalhadores formais (com vínculo empregatício sob a forma de contrato de trabalho) passou de 28.683.913 para 41.207.546, o que representou uma elevação de 43,7%.
>
> Houve uma redução no número de mortes, de 2.968 para 2.496. *Mas mesmo assim todos os dias em média sete trabalhadores morrem no Brasil em decorrência de acidentes de trabalho*. A soma das mortes aos casos de invalidez permanente por acidente de trabalho totaliza 43 registros diários[24].

E

> O custo dos acidentes e doenças do trabalho para o Brasil chega a R$ 71 bilhões por ano, o equivalente a quase 9% da folha salarial do País, da ordem de R$ 800 bilhões (cálculo baseado em estudo de um professor e de acordo com suas palavras) "Trata-se de uma cifra colossal que se refere *a muito sofrimento e perda de vidas humanas*" (...). Os acidentes e doenças do trabalho causam ainda vários tipos de custos e danos aos trabalhadores e às respectivas famílias, e que são estimados em R$ 16 bilhões[25].

Sucedem-se mortes por excesso de trabalho, ao lado de acidentes de trabalho e destes decorrem mortes:

> Calcula-se que 300 (trabalhadores) japoneses morrem por ano vítimas de karoshi (excesso de trabalho)[26].

---

24 O Estado de S. Paulo, 3/05/2011, p. B6 (destaques nossos).
25 O Estado de S. Paulo, 21/01/2012, p B4 (destaques nossos). Palavras citadas de José Pastore, Professor de Relações de Trabalho da Universidade de São Paulo.
26 Revista Época, 12/10/2009, p. 16

Penumbra: experiência, memória. Descarte do trabalhador

Ocorrem também suicídios[27]:

A *pressão a que estão submetidos os empregados* vai alcançando, *em todos os lugares*, níveis recordes. Até aqui, não se vira uma resposta tão chocante como a dos empregados da France Telecom (França) (...). "Estou me matando por causa do meu trabalho na France Telecom", escreveu um suicida. "É a única razão"[28].

Nessa mesma empresa, houve a ocorrência de diversos suicídios de trabalhadores. Palavras escritas de um trabalhador, em carta, foram:

(...) "O trabalho é duro demais para suportar", justificou na carta[29].

E

(...) Em 2010, um suicídio coletivo ocorreu em uma das plantas da empresa (Foxconn) no país (China) (...) 14 delas morreram[30].

Dois anos depois,

Cerca de 150 trabalhadores chineses da Foxconn (...) ameaçaram cometer suicídio se jogando do telhado da unidade de Wuhan em protesto contra más condições de trabalho (...)[31].

Essa empresa

(...) pertencente ao Hon Hai group de Taiwan, é uma das maiores fabricantes por contrato do mundo – construindo e montando para marcas de ponta como Apple, Dell e HP. (Cita-se o nome de um professor, formação e universidade) diz que os fabricantes contratados como a Foxconn tomaram emprestadas técnicas dos EUA e do Japão. "A Foxconn tem 500 pessoas que *analisam cada ação que o trabalhador realiza*", disse (cita-se o nome do professsor). "Eles querem descobrir as *ações mais eficientes de um trabalhador*". (Cita-se o nome

---

27 Cf. nota 101 do capítulo 2.
28 Revista Época, 12/10/2009, p. 16 (destaques nossos).
29 O Estado de S. Paulo, 24/02/2007, p. B8. Informa-se o número de trabalhadores que se suicidaram, num total de seis, e, em sequência, num curto espaço de tempo. Esse último ocorreu no dia anterior à publicação desse acontecimento.
30 O Estado de S. Paulo, 12/01/2012, p. B16.
31 O Estado de S. Paulo, 12/01/2010, p. B 16.

do professor) diz que *os trabalhadores são tratados como máquinas* em algumas fábricas. Essa é a maravilha do boom manufatureiro de baixo custo da China[32].

Em uma outra unidade fabril dessa empresa no Brasil, na cidade de Indaiatuba, o

> (Nomeia-se o) presidente do Sindicato dos Metalúrgicos de Campinas e Região disse já ter identificado casos de doenças ocupacionais e psicológicas por causa da pressão no ambiente de trabalho na unidade de Indaiatuba. "Só que a empresa não reconhece essas doenças", disse. (Informa-se que representantes desse sindicato reuniram-se) para discutir sobre a *jornada e ritmo de trabalho, modelos de produção e a relação dessas questões com doenças identificadas nos funcionários.* (Em reunião com representantes sindicais, destacou-se que) "O trabalhador tem *metas e prazos absurdos* e, para cumpri-los, *faz movimentos repetitivos, em ritmo alucinante,* contou (o presidente do sindicato, citando-se seu nome)[33].

Essa "pressão no ambiente de trabalho" também tem lugar em uma unidade fabril da empresa Samsung, no Brasil, cidade de Campinas:

> Choro, amargura e *rostos cansados* são o denominador comum de vários trabalhadores da empresa que decidiram denunciar *abusos*. "Ordens dadas aos gritos, palavrões e agressões (...)" (de acordo com informações de uma fiscal, cita-se o nome, do Ministério Público do Trabalho, MPT, de Campinas, que investiga essa situação).
> A investigação concluiu que as *agressões físicas*, como empurrões, *e psicológicas, como insultos e pressão para aumentar a produção,* provocaram *"quadros depressivos, problemas na saúde, muitos de ordem mental e de sistema ósseo-muscular",* afirmou (a fiscal). Os empregados que testemunharam contra a Samsung na denúncia do MPT, apresentada em maio de 2010, narraram *jornadas extenuantes, com a realização de movimentos repetitivos na linha de produção, além de agressões e tratamento humilhante dos supervisores.*
> Segundo um estudo do Centro de Saúde do Trabalhador (Cerest), muitos dos empregados com *problemas ósseo-musculares são jovens que apresentam "lesões degenerativas relacionadas à velhice"*. À *pressão dos supervisores* para aumentar

---

32 O Estado de S. Paulo, 06/07/2010, p. B6 (destaques nossos). Palavras citadas de Luo Jar Der, Professor de Sociologia da Universidade Tsinghua, Pequim.
33 O Estado de S. Paulo, 24/04/2011, p. B9 (destaques nossos). Palavras citadas de Jair dos Santos, Presidente do Sindicato dos Metalúrgicos de Campinas e Região.

Penumbra: experiência, memória. Descarte do trabalhador

a produção, soma-se a constante ameaça de demissão. "As pessoas têm medo de denunciar por medo de perder o trabalho" (afirmação feita por um trabalhador).
A fiscalização do trabalho entende tratar-se esssencialmente de um problema cultural, já que foram registradas queixas similares nas (empresas) coreanas LG e Hyundai (fábrica em construção) (...)[34].

Outros "métodos" de dizimação da vida – da saúde física e mental do corpo-si/corpo-próprio[35] –, próprios da língua do código de fábrica e, pois, de seu "regulamento penal", são empregados no uso de si capitalístico, do trabalhador:

> A Zara, uma das marcas de roupas do grupo espanhol Inditex, foi denunciada pelo Ministério do Trabalho e Emprego (MTE) por uso de *mão de obra escrava* em oficinas de costuras "quarteirizadas" (a empresa terceirizada subcontrata uma outra) (...).
> Embora as oficinas fossem contratadas por uma empresa intermediária da Zara no País (Brasil) – a AHA, a multinacional foi responsabilizada pelas irregularidades (...).
> As diligências (do MTE) foram feitas em duas das 33 oficinas de costura da empresa (noticia-se que essas oficinas localizam-se em duas casas, na periferia da cidade de São Paulo). Lá, os fiscais encontraram 16 (trabalhadores) bolivianos adultos e cinco crianças, que viviam e trabalhavam no mesmo ambiente: sem ventilação, com fiação elétrica exposta, cômodos apertados e sujos. O chuveiro não tinha água quente e as cadeiras usadas pelos costureiros eram improvisadas com espuma e almofadas.
> *Sem registro* (na Carteira de Trabalho e, pois, sem contrato de trabalho e quaisquer direitos) os trabalhadores eram *submetidos a jornadas diárias de 14 a 16 horas*.
> Segundo as investigações, a AHA pagava à oficina, em média R$6 por peça. As anotações encontradas no local mostram que esse valor era dividido em partes iguais para o costureiro, o dono da oficina e para a manutenção da casa.
> Entre maio e junho (de 2011), de acordo com as investigações, essas oficinas produziram 50 mil peças de roupas para a Zara, rede com 1,5 mil lojas no mundo e 30 no Brasil (...)[36].

---

34 O Estado de S. Paulo, 18/11/2011, p. B13 (destaques nossos). Palavras citadas de Catarina von Zuben, fiscal do Ministério Público do Trabalho (MPT).
35 Cf. nota 17 do presente epílogo. Cf. nota 120 do capítulo 2. Cf. nota 57 do capítulo 3.
36 O Estado de S. Paulo, 18/08/2011, p. B16 (destaques nossos). Sobre o uso da força de trabalho de crianças nas fábricas, confrontar MARX, Karl. *O capital (Crítica da Economia Política)*.

(Informa-se que o referido grupo dessa empresa tomou as devidas providências junto ao fornecedor para) "(...) a imediata regularização" (do uso de) "mão de obra escrava"[37].

Essas condições aviltantes de trabalho e de prolongamento da jornada de trabalho que dizimam o corpo-si/corpo-próprio, no seu uso capitalístico, estendem-se a outras situações de trabalho:

> (...) também foram encontrados produtos de outras marcas, que também terão de prestar esclarecimentos, segundo a procuradora do Trabalho (do MTE, Ministério do Trabalho e Emprego) (...). Entre o ano passado e este, o MTE também identificou *uso de mão de obra escrava* em oficinas de costura que produziam para as redes Marisa, Pernambucanas e Collins[38].
> Duas oficinas de costura que produziam roupas das marcas Argonaut e Vanguard, da rede Pernambucanas, foram flagradas entre agosto de 2010 e março de 2011 com trabalhadores em *condições análogas à escravidão*, a maioria deles imigrantes bolivianos.
> Segundo o Ministério Público, eles estavam em locais inapropriados, *cumpriam jornadas de até 16 horas por dia* e recebiam entre R$0,20 e R$0,60 por peça costurada. A empresa recebeu 41 autos de infração, como servidão por dívida, jornada de trabalho excessiva e degradação do meio ambiente.
> Outras redes de varejo, como Zara, C&A e Marisa já foram investigadas por trabalho análogo à escravidão na sua cadeia produtiva. Todas, porém, assinaram o Termo de Ajustamento de Conduta (TAC) com o Ministério Público.
> (Informa-se que a empresa) A rede Pernambucanas (...) não concordou em assinar um Termo de Ajustamento de Conduta (TAC) proposto pelo órgão (Ministério Público do Trabalho de São Paulo) para encerrar o caso (aquelas ações). Essa é a primeira vez que uma investigação de trabalho análogo à escravidão no setor textil brasileiro segue para a Justiça[39].

E

O Ministério Público do Trabalho (MPT) pediu, em duas ações civis, a condenação da construtora MRV S/A ao pagamento de R$11 milhões por danos

---

Livro 1: O processo de produção capitalista. Vol. 1. cap. XIII, p. 449-459, particularmente p. 452, 453, 456. Sobre o trabalho por peça e seu pagamento, confrontar nota 6 do presente Epílogo.
37　O Estado de S. Paulo, 18/08/2011, p.B16.
38　O Estado de S. Paulo, 18/08/2011, p. B16 (destaques nossos).
39　O Estado de S. Paulo, 10/03/2012, p. B23 (destaques nossos).

Penumbra: experiência, memória. Descarte do trabalhador

causados a *trabalhadores mantidos em condições semelhantes à escravidão* e em condições precárias nos alojamentos e canteiros de obras em Americana e São Carlos, no interior de São Paulo (informa-se que os trabalhadores eram contratados por empresas terceirizadas, de acordo com os fiscais do MPT) (...).
(...) Cerca de *70 trabalhadores viviam num alojamento de duas casas geminadas, superlotadas, sem ventilação e em condições precárias, dormindo no chão*[40].

Permanências dessas condições de trabalho, nas situações de trabalho, as mais diversas, constituem-se em "métodos" do exercício de poder da língua do código de fábrica, com o seu "regulamento penal", o "látego do feitor de escravos". Horas extras integram esses "métodos" para o prolongamento da jornada de trabalho, com o seu consequente não pagamento:

(...) trabalhadores alegaram terem sido obrigados a permanecer nas dependências da empresa (JBS Friboi) por mais de dez horas diárias[41].

É

A maior empresa de carnes do mundo[42]. (Segundo essa notícia, ela foi objeto de 20 ações por parte de trabalhadores junto à Vara do Trabalho de Ituiutaba, na região do Triângulo Mineiro, Minas Gerais, Brasil. A empresa foi condenada por "dumping social". Esse é entendido, de acordo com a Anamatra, Associação Nacional dos Magistrados da Justiça do Trabalho, como procedimentos, por parte de empresas, que) (...) desrespeitam as leis trabalhistas. Para a Anamatra, o desrespeito à legislação, além de ser uma afronta ao Estado, provoca danos à sociedade na medida em que garante vantagens indevidas no mercado[43].

No Brasil, ano de 2006, tem-se os dados abaixo:

Em 10 anos, quase 18 mil pessoas (trabalhadores) foram encontradas *em situação de escravidão no País e libertadas*. Já foram feitas 34,5 mil denúncias de casos semelhantes e a Organização Internacional do Trabalho (OIT) estima que pode chegar a 25 mil o número de pessoas (trabalhadores) submetidas a condições análogas a *trabalho escravo* no Brasil (...).

---

40 O Estado de S. Paulo, 22/11/2011, p. B8 (destaques nossos).
41 O Estado de S. Paulo, 21/10/2009, p. B17.
42 O Estado de S. Paulo, 21/10/2009, p. B17.
43 O Estado de S. Paulo, 21/10/2009, p. B17.

> O relatório da OIT Trabalho Escravo no Brasil do Século 21 (...) aponta o Estado do Pará como o campeão de casos e de denúncias de trabalho escravo (...). Dos *trabalhadores libertados* em ações de fiscalização, 37,5% vieram daquele Estado.
> Depois do Pará, aparece Mato Grosso, com 22,3% dos *trabalhadores libertados* (...) (em áreas de) nova fronteira agrícola do País (...).
> Os dados da OIT e do Ministério do Trabalho mostram que 80% dos *trabalhadores* encontrados *em situação de escravidão* trabalham na pecuária (...). Depois da pecuária, a maior incidência de trabalhadores escravo está nas plantações de soja e algodão, com 10%.
> (Salienta o relatório o) (...) desrespeito às leis trabalhistas e aos direitos humanos (...).
> (Refere-se que o) *método usado para manter os trabalhadores em situação de escravidão* é o mesmo desde o século 19: a caderneta de dívidas[44].(...).

Nesse *"método"* juntamente com esses *"desrespeito(s)"* persistem:

> (...) péssimas condições de higiene, alimentação e moradia, sem segurança contra acidentes, com jornadas exaustivas (...)[45]

Houve o crescimento dessa situação de trabalho análoga à da escravidão nas regiões Sudeste e Sul

> (...) De janeiro a setembro deste ano (2009), foram *resgatadas* 743 vítimas em propriedades localizadas no Espírito Santo, Minas Gerais, Rio de Janeiro e São Paulo. A quantia é quase 40% maior se comparada ao total de *libertados* na região nos anos de 2008 (536) e 2007 (557). Os dados são do Ministério do Trabalho e Emprego[46].

Medidas governamentais, em nível federal, com vistas a combater essas situações de trabalho com *"métodos"* análogos aos da situação de trabalho de escravidão foram implementadas: "Grupo Móvel de Combate ao Trabalho Escravo" (1995) . Há "9 no País". São compostos por "auditores fiscais do Ministério do Trabalho, procuradores, delegados e agentes da Polícia Federal"; e o Plano Nacional de Erradicação do Trabalho Escravo (2003). Outro plano é elaborado

---

44 O Estado de S. Paulo, 21/09/2006, p. A19 (destaques nossos).
45 O Estado de S. Paulo, 06/06/2011, p. A9.
46 O Estado de S. Paulo, 26/10/2009, p. A4 (destaques nossos).

com esse objetivo (2008)[47]. Além dessas medidas, há a suspensão de concessão de empréstimos bancários, de parte de bancos públicos a empregadores infratores (portaria do governo federal, 2003)[48].

Em todas essas situações de trabalho, do "mundo" urbano-industrial ao "mundo" rural, nas mais diversas regiões do "mundo capitalista" persegue-se o objetivo último de "toda produção capitalista": "o processo de criar a mais valia", tempo de trabalho excedente, não pago. À sua realização "velhos" métodos persistem e associados com outras modalidades, ou simplesmente, são eles deslocados de um setor produtivo para outro, no interior da interdependência e da interpenetração, no complexo funcional, das relações sociais e de trabalho da forma social de dominação despótica do capital sobre o trabalho, não importando a região e o país. Esses métodos, normas antecedentes de trabalho, próprias dessa dominação, têm como *lastro* aquelas representação e concepção do organismo humano, do corpo humano como "uma máquina animada", imputadas ao trabalhador, na condição de escravo. Sob essa forma social, acrescentou-se-lhes, pois, a esse lastro, a representação e concepção do organismo/corpo humano assimilado ao funcionamento de uma máquina. Esse lastro é o conformador do "látego do feitor de escravos" em sua versão de "regulamento penal" da língua do código de fábrica, aplicado sobre o trabalhador no uso de si capitalístico.

> A novidade que vem crescendo entre nós é a da sobre-exploração do trabalho na indústria urbana, e mesmo o cativeiro. Não é de agora que a indústria dos países ricos recorre à mão de obra residente nos países pobres para pagar salários baixos por mercadorias que serão vendidas a preços de países ricos (...)[49].

Fragiliza-se a "voz silenciosa", antes da palavra, da justiça e se a relega à penumbra e, juntamente, a sua presença.

Término em 08 de agosto de 2012.

Maria Inês Rosa

---

47 O Estado de S. Paulo, 26/10/2009, p. A4.
48 O Estado de S. Paulo, 30/7/2011, p. A13.
49 MARTINS, José de Souza. A escravidão com etiqueta. In: O Estado de S. Paulo, 21/8/2011, p. J5.

Referências bibliográficas

ANTUNES, Ricardo. Entrevista (Labor sem rosto). In: O Estado de S. Paulo, 16/10/2011. p. J4-5.

ARENDT, Hannah. Que é autoridade. In: _____. *Entre o passado e o futuro*. São Paulo: Ed. Perspectiva, 1979. p. 127-187.

ARENDT, Hannah. *As origens do totalitarismo (III). Totalitarismo, o paroxismo do poder*. Rio de Janeiro: Editora Documentário, 1979. capítulo 4, p. 225-248.

ARENDT, Hannah. *A condição humana*. Rio de Janeiro: Forense Universitária/Salamandra; São Paulo: Editora da Universidade de São Paulo, 1981.

ARENDT, Hannah. Pensamento e considerações morais. In: _____. *Responsabilidade e julgamento*. São Paulo: Companhia das Letras, 2004. p. 226-257.

ARISTÓTELES. *Política*. Texto integral. São Paulo: Ed. Martin Claret, 2011. Livro I.capítulos I-XIII, p. 53-77.

ASSIS, Machado de. O espelho. Esboço de uma nova teoria da alma humana. In: GLEDSON, John. (Org.). *50 contos de Machado de Assis*. São Paulo: Companhia das Letras, 2007. p. 154-162.

BENJAMIN, Walter. O narrador: Considerações sobre a obra de Nikolai Leskov. In: _____. *Magia e técnica, arte e política. Ensaios sobre literatura e história da cultura. Obras Escolhidas. Vol.1*. São Paulo: Brasiliense, 1985. p. 197-221.

BENJAMIN, Walter. Experiência e pobreza. In: _____. *Magia e técnica, arte e política. Ensaios sobre literatura e história da cultura. Obras Escolhidas. Vol. 1*. São Paulo: Brasiliense, 1985. p. 114-119.

BENJAMIN, Walter. Sobre a linguagem em geral e sobre a linguagem humana. In: _____. *Sobre arte, técnica, linguagem e política*. Lisboa: Anthropos/Relógio d'Água, 1992. p. 177-196.

BENJAMIN, Walter. "Experiência". In: _____. *Reflexões sobre a criança, o brinquedo e a educação*. São Paulo: Duas Cidades/ Editora 34., 2002. p. 21-25.

BLANCHOT, Maurice. La parole quotidienne. In: _____. *L'entretien infini*. Paris: Gallimard, 1969. p. 355-366.

BLOCH, Marc. *A estranha derrota*. Rio de Janeiro: Zahar, 2011.

BOURDIEU, Pierre. *Contre-feux: propos pour servir à la resistence contre l'invasion néo-libérale*. Paris: Liber-Raison d'Agir, 1998.

BOTTOMORE, T.B.; RUBEL, M. *Sociologia e filosofia social de Karl Marx.* Rio de Janeiro: Zahar Ed., 1964.

CANGUILHEM, Georges. Milieu et normes de l'homme au travail. *Cahiers Internationaux de Sociologie,* Paris, Ed. Seuil, vol. III, Cahier double, Deuxième Année, p. 120-136, 1947. Publicado: *Pró-posições,* Campinas, vol. 12, n. 2-3 (35-36), p. 109-121, jul./nov. 2001.

CANGUILHEM, Georges. Machine et organisme. In: _____. *La connaissance de la vie.* Paris: Librarie Philosophique J. Vrin, 1992. p. 101-127.

COELHO, João Marcos. Ensaios de uma obsessiva maestria. In: O Estado de S. Paulo, p. S8, 04/08/2012.

Constituição da República Federativa do Brasil. São Paulo: Atlas, 1989.

DEJOURS, Christophe; BÉGUE, Florence. *Suicide et travail: que faire? Briser la loi du silence.* Paris: PUF, 2009.

DERRIDA, Jacques. *Adieu à Emmanuel Levinas.* Paris: Galilée, 1997.

DERRIDA, Jacques. *Anne Dufourmantelle invite Jacques Derrida à repondre. De l'hospitalité.* Paris: Calmann-Levy, 1997.

ELIAS, Norbert. *La societé des individus.* Paris: Fayard, 1991.

ELIAS, Norbert. *Qu'est-ce que la sociologie?* La Tour d'Aigues: Ed. de l'Aube, 1991.

ELIAS, Norbert. *Teoria simbólica.* Oeiras: Celta Ed., 1994.

ELIAS, Norbert. *A solidão dos moribundos.* Rio de Janeiro: Jorge Zahar Editor, 2001.

FOUCAULT, Michel. *Vigiar e punir.* Petrópolis: Editora Vozes Ltda, 1977.

FOUCAULT, Michel. *História da sexualidade 1. A vontade de saber.* Rio de Janeiro: Graal, 1979.

FREIRE, Nelson. Entrevista. In: O Estado de S. Paulo, p. D1, 24/09/2011.

FREUD, Sigmund. *Psicopatologia de la vida cotidiana.* Obras Completas. Vol. I. Madrid: Editorial Biblioteca Nueva, 1948. p. 634-777.

FREUD, Sigmund. *Mas alla del principio del placer.* Obras Completas. Vol. I. Madrid: Editorial Biblioteca Nueva, 1948. p. 1111-1139.

FREUD, Sigmund. *A interpretação dos sonhos.* Vol. IV. Edição Standard Brasileira das Obras Psicológicas Completas de Sigmund Freud. Rio de Janeiro: Imago, 1972.

FREUD, Sigmund. *Duelo y melancolia.* Obras Completas. Vol. II. Madrid: Editorial Biblioteca Nueva, 1973. p. 2091-2100.

FREUD, Sigmund. *Introducción al narcisismo.* Obras Completas. Vol. II. Madrid: Editorial Biblioteca Nueva, 1973. p. 2017-2033.

FREUD, Sigmund. *O ego e o Id*. Rio de Janeiro: Imago, 1997.

FREUD, Sigmund. *Um estudo autobiográfico*. Rio de Janeiro: Imago, 1998.

FREUD, Sigmund. *Três ensaios sobre a teoria da sexualidade*. Rio de Janeiro: Imago, 2002.

FREUD, Sigmund. *Os chistes e a sua relação com o inconsciente (1905)*. Vol. III. Edição Standard Brasileira de Obras Psicológicas Completas de Sigmund Freud. Rio de Janeiro: Imago, 2006. Parte C: cap. VI, p. 151-169.

GAGNEBIN, Jeanne Marie. História e cesura. In: _____. *História e narração em Walter Benjamin*. São Paulo: Ed. Perspectiva, 2004. cap. 5, p. 93-114.

GAGNEBIN, Jeanne Marie. Memória, história, testemunho. In: *Lembrar, escrever, esquecer*. Rio de Janeiro: Ed. 34, 2006. cap. 4, p. 49-57.

GERAS, Norman. Essência e aparência: aspectos da análise da mercadoria em Marx. In: COHN, Gabriel (Org.). *SOCIOLOGIA: para ler os clássicos*. Rio de Janeiro: LTCEd, 1977. p. 259-282.

GINZBURG, Carlo. *O queijo e os vermes. O cotidiano e as ideias de um moleiro perseguido pela Inquisição*. São Paulo: Companhia de Bolso, 2006.

GODIN, Christian. *Dictionnaire de philosophie*. (S.I.): Fayard/Éditions du Temps. p. 321; p. 625.

GUIMARÃES, Nadya Araujo. Flexibilizando o flexível: mercado de intermediação e procura de trabalho em São Paulo. in: GUIMARÃES, Nadya Araujo; HIRATA, Helena; SUGITA, Kurumi (Orgs.). *Trabalho flexível, empregos precários?* São Paulo: Editora da Universidade de São Paulo, 2009. p. 271-312.

JEDLOWSKI, Paolo. L'esperienza nella modernitá. Walter Benjamin e la "fine dell'esperienza". In: _____. *Memoria, esperienza e modernitá. Memorie e societá nel XX secolo*. Milano: Franco Angeli, 2007. cap. 1, p. 13-42.

KLEIN, Melanie. *Psicanálise da criança*. São Paulo: Ed. Mestre Jou, 1969. Introdução: p.19-21. Parte I: cap. 1, p. 25-39.

KLEMPERER, Victor. *LIT – A linguagem do terceiro reich*. Rio de Janeiro: Contraponto, 2009.

LAFER, Celso. *A reconstrução dos direitos humanos*. São Paulo: Companhia das Letras, 1988.

LANDA, Fábio. *Ensaio sobre a criação em Psicanálise. De Ferenczi a Nicolas Abranham e Maria Torok*. São Paulo: Ed. UNESP/FAPESP, 1999.

LANDA, Fábio. Loucura da língua e o assassinato do vivente. *Pró-posições*, Campinas, vol. 13, n, 3(39), p. 11-17, set./dez. 2002.

LAPLANCHE, J.; PONTALIS, J.-B. *Vocabulário da Psicanálise*. São Paulo: Martins Fontes, 2001. p. 136; p. 321.

LEVINAS, Emmanuel. *Totalité et infini. Essai sur l'extériorité*. Paris: Martinus Nijhoff/ La Haye, 1961.

LEVINAS, Emmanuel. Verité du dévoilement et verité du témoignage. *Archivio di Filosofia*. Padova, n. 1-2, p. 101-110, 1972.

LEVINAS, Emmanuel. *Autrement qu'être ou au-delà de l'essence*. Paris: Le Livre de Poche, 1990.

LEVINAS, Emmanuel. *De l'existence à l'existant*. Paris: Librairie Philosophique J. Vrin, 1993.

LEVINAS, Emmanuel. *En découvrant l'existence avec Husserl et Heidegger*. Paris: Librairie Philosophique J. Vrin, 1994.

LEVINAS, Emmanuel. *Le temps et l'autre*. Paris: Quadrige/PUF, 1994.

LEVINAS, Emmanuel. *Liberté et commandement*. (S.I.): Fata Morgana, 1994.

LÖWY, Michel. Walter Benjamin crítico do progresso: à procura da experiência perdida. In: _____. *Romantismo e messianismo*. São Paulo: Editora da Universidade de São Paulo/ Ed. Perspectiva. cap. 9, p. 189-202.

LÚCIO, Clemente Ganz e outros. *A informalidade e o movimento sindical*. São Paulo: (S.N.), 2009. 20 páginas. Site: http://www.dieese.org.br/cedoc/026370.pdf.

MARTINS, José de Souza. A cultura do desemprego anunciado. In: O Estado de S. Paulo, p. J3, 01/02/2009.

MARTINS, José de Souza. *Uma arqueologia da memória social. Autobiografia de um moleque de fábrica*. São Paulo: Ateliê Editorial, 2011.

MARTINS, José de Souza. A escravidão com etiqueta. In: O Estado de S. Paulo, p. J5, 21/08/2011.

MARTINS, José de Souza. O cineminha do padre. In: O Estado de S. Paulo, p. C6, 02/01/2012.

MARTINS, José de Souza. Simples e velha honestidade. In: O Estado de S. Paulo, p. J6, 15/07/2012.

MARX, Karl. *Introducción general a la crítica de la economia política* (1857). Cuadernos Pasado y Presente/1, Cordoba, 1969.

MARX, Karl. *O capital (Crítica da Economia Política). Livro 1: O processo de produção capitalista*. Vol. 1. Rio de Janeiro: Civilização Brasileira, 1971.

MARX, Karl. *O capital (Crítica da Economia Política). Livro 1: O processo de produção capitalista*. Vol. 2. Rio de Janeiro: Civilização Brasileira, 1971. capítulos XIV, XVII, XXI, XXIII, respectivamente p. 583-594; p. 617-625; p. 659-673; p. 712-752.

MARX, Karl. *El capital. Libro I. Capítulo VI (Inédito)*. Córdoba: Siglo XXI: Argentina Editores S.A., 1974.

NAVILLE, Pierre. *Le nouveau Léviathan 1. De l'alienation à la jouissance (la genèse de la Sociologie du Travail chez Marx et Engels)*. Paris: Anthropos, 1970. 2a. parte, capítulos X-XII, respectivamente p. 369-396; p. 397-417; p. 418-437.

NOGUEIRA, Otávio Pupo. *A indústria em face da lei do trabalho*. São Paulo: Escolas Profissionais Salesianas, 1935.

PAIS, José Machado. Conferência: A esperança em gerações de futuro sombrio. In: *Seminário Internacional sobre Sociologia e Esperança*. FFLCH- USP, set./out. 2011.

POLLAK, Michael. Memória, esquecimento, silêncio. *Estudos Históricos*, Rio de Janeiro, vol. 2, n. 3, p. 3-15, 1989.

POLLAK, Michael. Memória e identidade social. *Estudos Históricos*, Rio de Janeiro, vol. 5, n. 10, p. 200-215, 1989.

RICOEUR, Paul. Individu et identité personnelle. *Sur l'individu*. Colloque de Royaumont. Paris: Seuil, 1987. p. 54-72.

RICOEUR, Paul. Travail et parole. *Esprit*, p. 96-117, jan. 1953.

ROSA, Maria Inês. *A indústria brasileira na década de 60: as transformações nas relações de trabalho e a estabilidade (de emprego)*. Dissertação (Mestrado em Sociologia), 1982. 292 f. (Apêndice: 7 f.). Instituto de Filosofia e Ciências Humanas. Universidade Estadual de Campinas.

ROSA, Maria Inês. *Condições de trabalho e penalização do corpo* (Depoimento). *Psicologia Ciência e Profissão*, p. 33-35, n. 1/90.

ROSA, Maria Inês. Relações de trabalho: o dizimamento da vida do trabalhador. *Serviço Social & Sociedade*, Ano XIII, n.38, p. 96-107, abr. 1992.

ROSA, Maria Inês. "Velhice" do trabalhador e relações de trabalho. *Tempo & Presença*. Publicação CEDI, n. 264, Ano 14, p. 18-21, jul./ago.1992.

ROSA, Maria Inês. *Trabalho, subjetividade e poder*. São Paulo: Editora da Universidade de São Paulo/ Editora Letras & Letras, 1994.

ROSA, Maria Inês. Do governo dos homens: "novas responsabilidades" do trabalhador e acesso aos conhecimentos. *Educação & Sociedade*, Campinas, n. 64/Especial, p. 130-147, set. 1998.

ROSA, Maria Inês. Trabalho – nova modalidade de uso de si: debates/confrontos de valores. *Pró-posições*, Campinas, vol. 11, n. 2(32), p. 51-60, jul.2000.

ROSA, Maria Inês. Desregulamentação e legalização das normas organizacionais do trabalho: a cidadania em questão. *Pró-posições*, Campinas, vol. 13, n.3 (39), p. 31-44, set./dez. 2002.

ROSA, Maria Inês. *Usos de si e testemunhos de trabalhadores. Com estudo crítico da Sociologia Industrial e da Reestruturação Produtiva*. São Paulo: Letras & Letras, 2004.

ROSA, Maria Inês. Usos de si e densificação do trabalho. *Psicologia e Política*, vol. 4, n. 7, p. 45-66, jan./jun. 2004.

ROSA, Maria Inês. Uso de si no trabalho e densificação: nova modalidade. In: FÍGARO, Roseli. (Org.). *Gestão da comunicação no mundo do trabalho, educação, terceiro setor e cooperativismo*. São Paulo: Atlas, 2005. p. 117-134.

ROSA, Maria Inês. Privilégio e apagamento do "sujeito". *Educação: teoria e prática*, Rio Claro, vol. 18, n. 31, p. 87-102, jul./dez. 2008.

ROSA, Maria Inês. Formar, não treinar: o lugar da palavra. *Pró-posições*, Campinas, vol. 21, n. 3 (63), p. 155-172, set./dez. 2010.

SCHWARTZ, Yves. *Expérience et connaissance du travail*. Paris: Messidor/Ed. Sociales, 1988. capítulos 8, 9, 14, 20, respectivamente p. 224-233; p. 245-290; p. 439-470; p. 679-741.

SCHWARTZ, Yves. Travail et l'usage de soi. In: _____. *Travail et philosophie. Convocations mutuelles*. Toulouse: Octares, 1992. Texte 1,2, p. 43-66. Publicado: *Pró-posições*, Campinas, vol. 11, n. 2 (32), p. 34-50, jul. 2000.

SCHWARTZ, Yves. *Travail et philosophie. Convocations mutuelles*. Toulouse: Octares, 1992. Texte 1,3, p. 67-82.

SCHWARTZ, Yves. De l'inconfort intellectuel, ou: comment penser les activités humaines? In: COURS-SALIES, Pierre (Org.). *La liberté du travail*. Paris: Ed. Syllepse, 1995. p. 99-149.

SCHWARTZ, Yves. Les ingrédients de la compétence: un exercice nécessaire pour une question insoluble. *Éducation Permanente*, n. 133, p. 9-34, 1997-4. Publicado: *Educação & Sociedade*, Campinas, n. 65, p. 101-139, dez. 1998.

SCHWARTZ, Yves. Discipline épistémique, discipline ergologique. Paideia et politeia. In: MAGGI, Bruno (Org.). *Manières de penser, manières d'agir en éducation et en formation*. Paris: PUF, 2000. p. 33-68.

SCHWARTZ, Yves. *Le paradigme ergologique ou un métier de Philosophe*. Toulouse: Octares, 2000. Introduction. Métier philosophique, p. 1-68; Textes 14, 25, respectivamente, p. 333-358; p. 505-516.

SCHWARTZ, Yves. Travail, activité et economie. Les neutralisations du travail. (S.I.). Mimeografado, p. 1-15, s.d.

SCHWARTZ, Yves. Transmissão e ensino: do mecânico ao pedagógico. *Pró-posições*, Campinas, vol. 16, n.3 (48), p. 229-244, set./dez. 2005.

SIMMEL, Georg. *Philosophie de l'argent*. Paris: PUF, 1987. Partie Analytique: capítulos 1, 2, 3, respectivamente p. 21-124; p. 125-233; p. 235-341. Partie Synthétique: capítulos 4, 6, respectivamente p. 345-410; p. 545-562.

SUPIOT, Alain. *Critique du droit du travail*. Paris: PUF, 1994.

TELLES, Sérgio. Encharcado de emoções. In: O Estado de S. Paulo, p. D10, 24/12/2011.

THIOLLENT, Michel. *Crítica metodológica, investigação social e enquete operária*. São Paulo: Polis, 1980. cap. III, p. 79-99.

TRAGTENBERG, Maurício. Conferência: Condições de trabalho na indústria brasileira. *Sociedade Brasileira Para o Progresso da Ciência*, 1978.

VILAÇA, Alcides. Pulsão de vida e de morte. In: O Estado de S. Paulo, p. S5, 25/02/2012.

WIEVIORKA, Michel. *La violence. Voix et regards*. Paris: Ed. Balland, 2004.

WINNICOTT, Donald Woods. *O ambiente e os processos de maturação. Estudos sobre a teoria do desenvolvimento emocional*. Porto Alegre: Artmed, 1983. capítulos 1, 2, 4, 6, 7, 8 respectivamente p. 19-30; p. 31-37; p. 55-61; p. 70-77; p. 79-87; p. 88-98.

ZYLBERSTAJN, Hélio. Reforma trabalhista. In: O Estado de S. Paulo, p. A2, 18/01/2011.

Outras referências

Filmes
A vida dos outros, Alemanha.

Jornais da grande imprensa
Folha de S. Paulo, São Paulo.
Jornal do Brasil, Rio de Janeiro.
Jornal da Tarde, São Paulo.
O Estado de S. Paulo, São Paulo.
Última Hora, São Paulo.

Periódicos
Revista *Época*, São Paulo.

Sites
www.prevencaoonline.net/..../0-numero-de-afts-fiscais-do.html
http://www.lgdh.org/Convencao%20n 105% 20da200IT%20sobre%20a20 Abolicao
http://www.planalto.gov.br /ccvil 03/leis/L 7998.htm.
http:// portal mte.gov.br/data/files/FF808081 2BE914E6012BF2
http:// guiatrabalhista.com.br/legislacao/nr24.htm#refeitorios

Este livro foi composto na Oficina Editorial, com as tipografias Adobe Garamond, Frutiger e Helvetica Neue e impresso na Editora Gráfica Bernardi Ltda em papel pólen soft 80g (miolo) e papel cartão 250g (capa), em março de 2014.